▶▶ (주)한경전자의 재무지표 분석

(1) 수익성지표

항목	(주)한경전자의 재무비율	표준비율	업종평균비율*	
			전자부품 제조업	제조업 전체
매출액순이익률	4%	5%	5.6%	4.9%
매출액영업이익률	10%	20%	5.5%	5.9%
매출총이익률	27.7%	30%	19.9%	17.7%
자기자본이익률	11.3%	20%	9.8%	11.1%
총자산이익률	5%	10%	6.0%	5.6%

＊ 한국은행 《기업경영분석》에서 인용

(2) 안정성지표

항목	(주)한경전자의 재무비율	표준비율	업종평균비율	
			전자부품 제조업	제조업 전체
유동비율	140%	130%	144.4%	121.3%
당좌비율	89.8%	100%	116.2%	90.6%
현금비율	3%	20%	19.2%	14.5%
부채비율	120%	200%	60.9%	97.8%
차입금의존도	35%	30%	15.6%	22.7%
이자보상비율	569.3%	200%	579.2%	469.8%
순이자보상비율	1,109.1%	400%	1,219.0%	856%
금융비용부담률	1.75%	3%	0.94%	1.2%
비유동장기적합률	76.3%	60%	86.2%	88.6%
자기자본비율	45%	40%	62.1%	50.5%

＊ (주)한경전자의 재무제표는 책 뒤에 있습니다. 절취하신 후 본문에서 (주)한경전자의 재무비율과 투자지표를 계산할 때 참조하시기 바랍니다.

(3) 활동성지표

항목	(주)한경전자의 재무비율	표준비율	업종평균비율	
			전자부품 제조업	제조업 전체
총자산(총자본)회전율	1.2회	1.5회	1.1회	1.2회
자기자본회전율	2.8회	3회	1.8회	2.3회
재고자산회전율	7회	6회	15.7회	10.8회
매출채권회전율	4.7회	6회	10.4회	7.5회
매입채무회전율	12.2회	8회	14.3회	11회

(4) 성장성지표

항목	(주)한경전자의 재무비율	표준비율	업종평균비율	
			전자부품 제조업	제조업 전체
매출액증가율	2.9%	20%	4.4%	9.3%
자기자본증가율	7.2%	20%	13.2%	14.1%
총자산증가율	4.9%	20%	10.4%	13.5%
유동자산증가율	12.8%	20%	12.0%	14.3%
유형자산증가율	7.3%	20%	2.1%	4.9%

(5) 생산성지표

항목	(주)한경전자의 재무비율	표준비율	업종평균비율	
			전자부품 제조업	제조업 전체
부가가치율	26.7%	30%	26.1%	22.8%
종업원 1인당 부가가치	8,432만원	–	9,167만원	8,846만원
총자본투자효율	33.2%	30%	24.9%	23.1%

(6) 현금흐름지표

항목	(주)한경전자의 재무비율	업종평균비율	
		전자부품 제조업	제조업 전체
영업현금흐름 대 매출액비율	3%	14.4%	9.1%
영업현금흐름 대 총부채비율	6.6%	40.6%	19.8%
영업현금흐름 대 차입금비율	10.4%	108.9%	47.1%
현금흐름이자보상비율	271%	1,842.8%	894.1%
현금흐름보상비율	24%	287.2%	88.7%

(7) 원가지표

항목	(주)한경전자의 구성비	표준비율	업종평균비율	
			전자부품 제조업	제조업 전체
매출액	100%	–	100%	100%
매출원가	72.3%	70% 이하	80%	82.2%
판매비와관리비	17.7%	10% 이하	14.5%	11.9%
영업이익	10%	20% 이상	5.5%	5.9%
변동비 대 매출액	62.3%	30% 이하	58.0%	66.5%
고정비 대 매출액	29.5%	50% 이하	40.9%	31.4%
손익분기점률	89.4%	70% 이하	83.9%	81.0%

(1) 주당가치지표

항목	투자지표
주당이익(EPS)	3,500원
주당 EBITDA	9,070원
주당현금흐름(CFPS)	2,560원
주당순자산(BPS)	31,980원
주당매출액(SPS)	85,640원
주당배당금(DPS)	500원

(2) 주가관련지표

항목	투자지표
주가수익비율(PER)	13배
주가순자산비율(PBR)	1.4배
주가매출액비율(PSR)	0.54배
주가현금흐름비율(PCR)	18배

(3) 기업가치지표

항목	투자지표
EV/매출액	10.6%
EV/EBITDA	7.1배
EV/EBITDAP	6.4배
잉여현금흐름(FCF) : 영업현금흐름기준	253억원
잉여현금흐름(FCF) : 세후영업이익기준	569억원
세후영업이익(NOPLAT)	606억원
투하자본(IC)	4,617억원
투하자본수익률(ROIC)	13.1%
가중평균자본비용(WACC)	9.26%
경제적 부가가치(EVA) : 시가총액기준	△33억원
경제적 부가가치(EVA) : 장부가기준	177억원

프로직장인들이 가장 궁금해하는 재무제표분석

주식·펀드 투자에서 기업분석 실무까지

프로직장인들이 가장 궁금해하는 재무제표분석

초판 1쇄 발행 2008년 3월 15일
초판 19쇄 발행 2020년 9월 04일

지은이 이병권
펴낸이 한준희
펴낸곳 (주)새로운 제안

등록 2005년 12월 22일 제2020-000041호
주소 (14556) 경기도 부천시 조마루로 385번길 122 삼보테크노타워 2002호
전화 032-719-8041　　**팩스** 032-719-8042
홈페이지 www.jean.co.kr　　e-mail webmaster@jean.co.kr

값 14,000원
ISBN 978-89-5533-265-0(13320)

이 도서의 국립중앙도서관 출판시도서목록(CIP)은 e-CIP홈페이지
(http://www.nl.go.kr/ecip)에서 이용하실 수 있습니다. (CIP제어번호 : CIP2008000543)

프로직장인들이
가장 궁금해하는
재무제표분석

이병권 지음

새로운 제안

회사의 재무상태와 경영성과를 꿰뚫어보고 싶은 당신께

우리나라 자본시장이 외국인들에게 본격적으로 개방된 1990년대 중반 이후, 국내 주식투자자의 투자패턴은 외국인들의 투자패턴을 따라 변화했다. 무작정 주식을 매수하기보다는 투자하고자 하는 회사의 수익성 관련 지표, 예를 들면 주당이익(EPS)이나 자기자본이익률(ROE) 또는 주가수익비율(PER) 등을 기반으로 투자대상을 선정하게 되었다. 외환위기를 겪고 난 2000년 이후, 주가가 기업가치에 따라 자리매김하면서부터는 이른바 '가치투자'라는 말이 나올 정도로 기업가치를 중시하는 투자패턴이 형성되었다. 그 결과 회사의 수익력과 비교한 주가의 높고 낮은 정도를 나타내는 PER(주가수익비율)배수는 자본시장의 글로벌화에 힘입어 이제는 개별기업간이 아닌 국가간에도 비교대상이 되어 저평가된 나라의 주식으로 국제적인 자금이 이동하는 상황에 이르렀다.

이와 관련해 주식투자의 귀재인 워런 버핏은 "가치투자만이 성공적인 주식투자의 비결이며, 투자를 할 때는 주식을 사는 것이 아니라 자신이 직접 운영할 회사를 산다는 마음으로 주식을 고르라"고 했다. 그런데도 자산가치와 수익가치를 포함한 회사의 내재가치가 어느 정도인지 또는 그 회사의 재무상태와 경영성과가 어느 정도인지를 제대로 평가하고 투자하는 사람은 그리 많지 않다. 그러나 분명한 것은 주가는 기업의 가치에 따라 결정되는 만큼 주식투자자가 재무제표에 대한 분석을 통해 회사의 내재가치를 미리 따져보고 장기투자한다면 성공할 수밖에 없다는 것이다.

최소한 사야 할 회사와 절대 사서는 안 될 회사를 구분할 수만 있어도 투자에서 실패하지는 않을 것이며, 깊이 있는 분석까지는 아니더라도 최소한 증권회사나 인터넷 등을 통해 제공되는 기업분석 자료를 보고 이해할 수는 있어야 한다. 회사의 PER, PBR, PCR, ROE, ROA, EBITDA, NOPLAT 등 중요하고 좋은 재무정보 자료가 아무리 많이 제공되더라도 이것이 무슨 의미인지 모른다면 모두 무용지물일 뿐이다.

비단 주식투자자뿐 아니라 회사에 근무하는 임직원들도 자신이 다니는 회사의 재무상태와 경영성과에 대한 지표 정도는 읽고 해석할 수 있어야 한다. 회사의 모든 영업활동과 투자 및 재무활동의 결과는 회계라는 수단을 통해 재무제표로 만들어지므로 재무제표를 들여다보고 분석하면 회사의 현재 상태와 미래를 가늠해볼 수 있기 때문이다.

이런 재무분석적인 사고의 틀을 통해 특정 부서나 사업 부문이 아닌 기업 전체를 바라보는 재무적인 안목과 시각이 점진적으로 구축된다면 이는 향후 매우 요긴하게 활용될 수 있을 것이다. 왜냐하면 재무적인 관점에서 회사 전체를 꿰뚫어볼 수 있는 안목과 식견(insight) 그리고 재무적인 마인드와 분석 능력은 마케팅 능력이나 리더십 능력 못지않게 장차 회사가 필요로 하는 핵심인재가 되기 위해서 반드시 갖추어야 할 필수적인 핵심역량이기 때문이다.

재무제표 분석이라고 하면 대다수의 사람들이 굉장히 어렵고 이해하기 어려울 것이라는 선입견을 가지고 있는데, 이 책은 재무나 경영을 전공하지 않은 사람들도 재무제표를 쉽게 읽고 이해 · 분석할 수 있도록 한 것으로 투자자나 프로직장인들에게 재무제표를 통해 회사를 꿰뚫어 볼 수 있는 안목을 길러줄 것이다.

이 책이 많은 사람들에게 저자가 의도했던 대로 활용되어 작으나마 도움이 된다면 더 이상의 보람은 없을 것이다. 이번에도 책의 발간을 위해 애써준 (주)새로운 제안의 백광옥 대표와 송준화 팀장을 비롯한 기획 편집팀 직원들께 감사드린다.

이병권

CONTENTS

1부 _ 재무제표 보는 법

3장 _ 이익잉여금처분계산서 보는 법
…회사가 번 이익을 어떻게 처분하는지 궁금하다

4장 _ 자본변동표와 현금흐름표 보는 법
…주주자본의 변동내역과 번 돈의 행방이 궁금하다

3부 _ 현금흐름 분석과 기업가치 평가법

9장 _ 현금흐름 분석법

…회사가 돈을 어떻게 벌어서 어디에 쓰는가?

10장 _ 기업가치 평가법

…얼마짜리 회사인가? 주가가 싼가, 비싼가?

4부 _ 기업위험 평가법

11장 _ 손익구조 분석법…얼마나 팔아야 가까스로 본전일까?

12장 _ 경영 및 재무위험(레버리지) 분석법
…매출이 줄어들면 얼마나 위험할까?

<키워드 색인>

* 각 쪽수는 해당 키워드가 있는 절을 의미합니다.

1부_ 재무제표 보는 법

1장 _ 손익계산서 보는 법

:: 경영성과가 궁금하다

"재무제표를 모르면 임원 될 자격이 없다"

이는 박삼구 금호아시아나그룹 회장이 최근 각 계열사 임원들에게 재무제표를 완벽히 공부하도록 지시하면서 경고한 말이다.

그룹에 따르면 최근 각 계열사의 모든 임원은 박 회장의 지시에 따라 2주 동안 재무제표에 대한 집중교육을 받고 있으며 자체 시험을 통해 숙지 여부까지 점검하고 있다고 한다. 그동안 박 회장은 일부 임원들을 대상으로 재무제표를 알아야 경영을 제대로 알 수 있다면서 공부할 것을 권해오다가 최근 대우건설 인수로 그룹 규모가 더욱 커지자 대우건설을 포함해 전 계열사 임원들에게 재무제표 숙지 명령을 내리기에 이르렀다.

특히 이번 교육대상에는 경영 및 관리담당 임원뿐 아니라 홍보임원까지 모두 포함돼 있다는 점이 눈길을 끄는데, 이처럼 재무제표에 신경을 쓰는 이유는 재무제표를 통해 매출, 경상수익 등 경영전반을 꿰뚫어볼 수 있고 또한 그룹의 공통목표를 인식하게 되어 계열사간 협력이 용이해질 수 있기 때문이다.

그룹 관계자는 "최근 박 회장의 주문으로 그룹 계열사 임원들이 보다 정신을 차리고 일하는 계기가 됐다"면서 "이제는 계열사 사원들 사이에서도 재무제표를 공부하는 분위기가 퍼지고 있다"고 전했다.

(중앙일보에서 발췌)

재무상태표

제12기 20XX년 12월 31일 현재
제11기 20XX년 12월 31일 현재

(주)한경전자   (단위 : 백만원)

과목	제12(당)기		제11(전)기	
	금액		금액	
자산				
Ⅰ. 유동자산		366,724		324,919
(1) 당좌자산		235,203		212,383
1. 현금및현금성자산 (주석3, 13)		7,830		12,457
2. 단기금융상품 (주석3)		52,327		46,575
3. 매출채권 (주석13, 22)	194,027	174,625	169,812	152,831
대손충당금	(−)19,402		(−)16,981	
4. 단기대여금		237		362
⋮		⋮		⋮
(2) 재고자산 (주석6)		131,521		112,536
자본 총계		319,832		298,274
부채 및 자본 총계		704,342		671,228

손익계산서

제12기 20XX년 1월 1일부터 12월 31일까지
제11기 20XX년 1월 1일부터 12월 31일까지

(주)한경전자   (단위 : 백만원)

과목	제12(당)기		제11(전)기	
	금액		금액	
Ⅰ. 매출액 (주석12, 15, 22)		856,425		832,519
1. 상품매출액	232,060		224,172	
2. 제품매출액	624,365		608,347	
Ⅱ. 매출원가 (주석22)		619,273		626,842
(1) 상품매출원가	117,998		109,275	
Ⅷ. 법인세비용차감전순이익		49,396		34,254
Ⅸ. 법인세비용 (주석14)		14,385		9,247
Ⅹ. 당기순이익		35,011		25,007
Ⅺ. 주당이익		3,500원		2,500원

재무보고서를 볼 때 유의할 점은 무엇인가요

01

전자부품을 제조하는 (주)한경전자 영업팀에 근무하는 명석한 대리는 요즘 신문 주식시세표를 들여다보는 것이 일과이다. 조만간 주식투자를 시작할 생각인데, 아무리 시세표를 들여다봐도 어느 회사에 투자해야 할지 도무지 알 수가 없다. 명 대리가 회사의 경영실적이나 재무상태 등을 직접 분석할 수 있는 방법은 없을까? 그리고 각종 재무보고 서류를 볼 때 주의해야 할 점은 무엇일까?

☑ 재무제표

회계년도가 끝난 후 회사의 재무상태와 경영성과 등을 외부에 알려주기 위해 작성하는 재무보고서로서 재무상태표, 손익계산서, 자본변동표, 현금흐름표 및 주석으로 구성된다. 한편, 상장법인 및 금융회사 등에 대해 적용되는 한국채택국제회계기준에서는 재무제표의 범위를 재무상태표, 포괄손익계산서, 자본변동표, 현금흐름표 및 주석으로 규정하고 있으며, 중소기업회계기준에서는 대차대조표, 손익계산서, 이익잉여금처분계산서(자본변동표로 선택 작성 가능)로 규정하고 있다.

재무제표(F/S : Financial Statement)는 '기업의 얼굴'로서 재무제표를 보면 그 기업의 모든 상황을 한눈에 들여다볼 수 있다. 영업과 투자 및 재무활동 등 회사의 모든 활동은 회계를 통해 빠짐없이 기록되고, 회계의 최종 결과물인 재무제표로 요약되어 외부에 보고되기 때문이다. 그러므로 회사의 얼굴인 재무제표를 포함한 재무보고서를 잘 살펴보면 장래에 투자자에게 큰 기쁨을 가져다 줄 대박주(?)를 발견할 수도 있다.

회사가 작성한 모든 재무보고서는 금융감독원의 전자공시시스템(http://dart.fss.or.kr)에 접속하면 조회 및 다운로드가 가능하다. 정기적인 감사보고서는 물론이고 지분변동 등 비정기적인 공시내용까지 모두 볼 수 있는데, 주식투자와 관련해 투자자가 가장 궁금해하는 정보는 회사의 현재 및 미래의 수익성과 현금흐름, 기업가치 3가지로서 이런 정보는 감사보고서상의 재무제표를 통해 들여다볼 수 있다.

일반기업회계기준에 따르면 재무제표는 재무상태표, 손익계산서, 자본변동표, 현금흐름표 및 주석으로 구성되어 있다(단, 상장법인 및 금융회사 등에 대해 적용되는 한국채택국제회계기준(K-IFRS)에서는 재무제표의 범위를 재무상태표, 포괄손익계산서, 자본변동표, 현금흐름표 및 주석으로 규정하고 있다). 이러한 재무제표를 통해 기업을 분석하고 진단할 때는 몇 가지 짚고 넘어가야 할 사항이 있다.

첫째, 기업이 작성한 재무제표가 신뢰할 수 있는 것인지 먼저 확인해야 한다. 분식회계 등 허위로 작성된 재무보고서라면 이를 토대로 한 어떤 분석결과도 의미가 없을 것이다. 재무제표의 신뢰성에 대해서는 현재 주식회사의 외부감사에 관한 법률에 따라 직전 사업년도말의 자산총액이 120억원 이상인 주식회사(자산총액이 70억원 이상인 회사로서 부채총액이 70억원 이상이거나 종업원수가 300명 이상인 회사를 포함)와 주권상장법인(해당 사업년도 또는 다음 사업년도에 상장예정인 회사 포함)은 공인회계사의 외부감사를 의무적으로 받게 되어 있으므로 감사의견을 가지고 판단하면 된다.

☑ **재무보고서**

재무제표 외에 각종 부속명세서나 사업보고서, 영업보고서 등 일체의 재무보고서류를 모두 포함한다.

☑ **감사보고서**

회사가 작성한 재무제표가 회계기준에 따라 제대로 작성되었는지를 공인받은 외부 전문가(공인회계사)가 검토하고 감사의견을 밝힌 보고서

☑ **분식회계**

회사의 재무상태나 경영성과를 좋게 표시하기 위해 회계처리나 재무제표를 작성하는 과정에서 고의로 수치를 조작하는 행위를 말한다. 일반적으로 자산과 수익을 실제보다 과대표시하고 부채나 비용을 축소시킴으로써 이익을 실제보다 과대하게 표시한다.

KeyWord_
재무제표, 감사보고서, 분식회계,
한국채택국제회계기준(K-IFRS)

회사가 회계처리하거나 결산을 해서 재무제표를 만들 때 반드시 따라야 하는 회계처리에 관한 준거기준으로서 한국회계기준원에서 제정한다. 회계기준에 따라 재무제표를 작성하지 않으면 외부감사에서 적정의견을 받을 수 없다. 한편, 우리나라도 국제적인 회계기준의 통일화 추세에 발맞추어 상장법인은 2011년부터 한국회계기준원이 별도로 제정한 한국채택국제회계기준(K-IFRS : Korean International Financial Reporting Standards)을 의무적으로 적용해야 한다. 다만, 비상장법인 중 외부감사대상법인은 국제회계기준을 적용하지 않고 별도로 제정된 일반기업회계기준을, 외부감사대상이 아닌 비상장법인은 중소기업회계기준을 적용하면 된다.

일반적 상거래(제품이나 상품을 판매하는 행위)에서 발생한, 회사가 거래처에서 받을 돈으로서 외상매출금과 받을어음을 합친 것이다.

매출채권 등 회사가 받을 채권에 대해 나중에 못받을 것으로 예상하는 금액을 추정해서 미리 비용처리를 해둔 금액을 말한다. 나중에 채권을 떼이게 되면(이를 대손이라고 한다) 대손충당금에서 털어낸다.

감사의견에는 적정, 한정, 부적정, 의견거절의 4종류가 있으므로 각각의 의미를 알아둘 필요가 있다. 우선 적정의견이란 재무제표가 회계기준에 맞게 제대로 작성되었다는 의미이다. 여기서 적정이라는 말은 회계처리가 적정하다는 뜻이지 회사의 재무상태가 적정하다는 의미는 아니다. 따라서 재무상태와 경영성과가 불량한 적자기업도 회계기준에 따라 결산을 하고 재무제표를 만들었다면 적정의견을 받을 수 있다. 그러므로 회사의 수익성과 재무적 안정성 및 장래의 성장성 등은 감사의견과는 관계없이 재무보고서를 이용하는 사람이 별도로 분석해 따져봐야 한다.

한정의견은 재무제표가 전체적으로는 회계기준에 맞추어 작성되었지만 일부 항목이 회계기준에 위배되었음을 뜻한다. 그러나 재무제표가 전체적으로 왜곡 표시된 것은 아니므로 당해 항목이 손익에 미치는 영향만 따로 감안하면 된다. 예를 들어 매출채권에 대한 대손충당금이 20억원 과소계상되었다면 이 때문에 당기순이익은 20억원 과대계상된 셈이므로 회사의 올바른 순이익은 20억원을 차감한 수치로 이해하면 된다.

그러나 부적정의견과 의견거절을 받은 재무제표는 절대 분석자료로 사용해서는 안 된다. 부적정의견은 재무제표가 전체적으로 회계기준에 맞지 않기 때문에 재무제표상의 수치를 도저히 믿을 수 없는 것이며, 의견거절은 감사인이 의견을 표명하지 않은 것이기 때문이다.

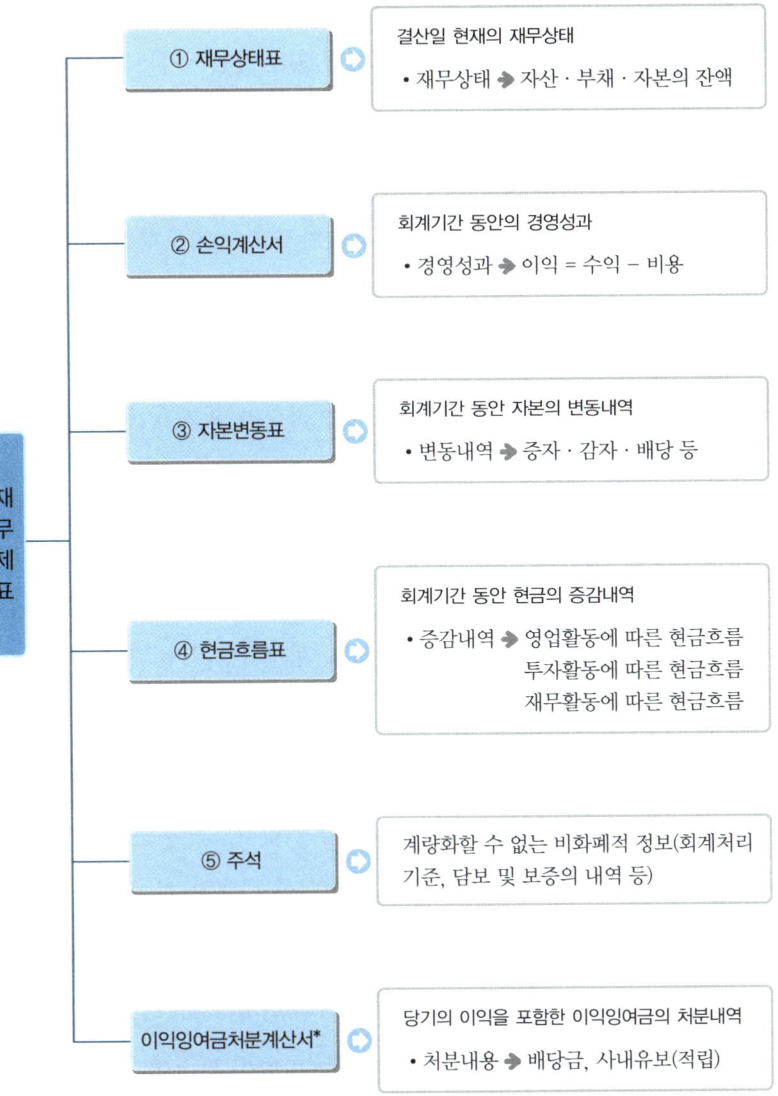

＊ 이익잉여금처분계산서는 재무제표의 범위에는 포함되지 않지만 주석으로 공시된다.

둘째, 회계변경이 있었는지를 체크해야 한다. 감가상각방법이나 재고자산평가방법 등 회계처리 방법만 변경해도 회사의 손익이 얼마든지 달라질 수 있다. 회계변경이 있었는지는 재무제표 뒤에 나오는 주석을 보면 알 수 있다.

셋째, 기업회계기준(일반기업회계기준과 한국채택국제회계기준(K-IFRS))에 따르면 재무상태표의 유형자산은 원가모형과 재평가모형 중 선택하여 표시하도록 하고 있다. 따라서 원가모형을 선택한 회사의 경우 재무상태표에 표시되는 자산(특히 토지·건물 같은 유형자산)금액은 현재의 시가가 아니라 과거 취득 당시 원가라는 점을 인식해야 한다. 이는 특히 기업의 순자산가치를 평가할 때 짚어봐야 하는데, 재무제표상의 자산가치는 장부상 가치로서, 실제 가치와는 차이가 있다는 점을 명심해야 한다. 아울러 재평가모형을 선택한 경우에도 재평가주기나 재평가액의 객관성과 타당성에 대해서는 별도로 체크해볼 필요가 있다.

넷째, 상장법인에게 적용되는 한국채택국제회계기준(K-IFRS)은 일반기업회계기준과는 다른 점이 많다. 특히 손익정보의 상당부분이 요약·축소 표시되고, 기업에 다양한 회계선택권을 부여하고 있기 때문에 단순히 재무제표상의 수치를 가지고 기업을 평가하거나 비교하는 것은 매우 위험하다. 그러므로 재무제표의 작성과정에 회사가 선택한 회계방법이 무엇인지, 비교대상인 기업과는 무엇이 다른지를 철저하게 따져봐야 한다.

▶▶ 재무제표를 통해 얻을 수 있는 정보

〈재무상태표〉

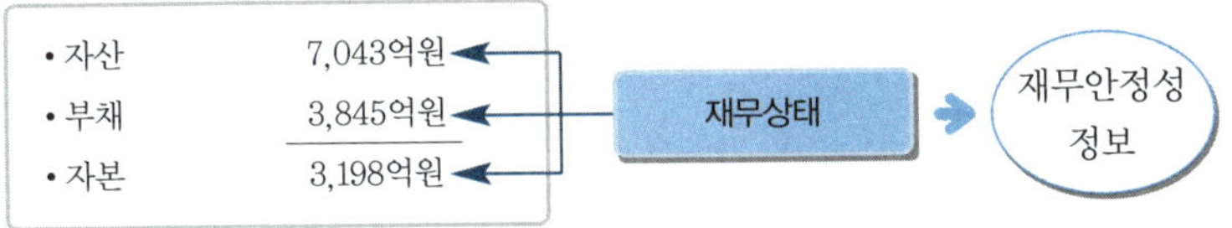

〈손익계산서〉

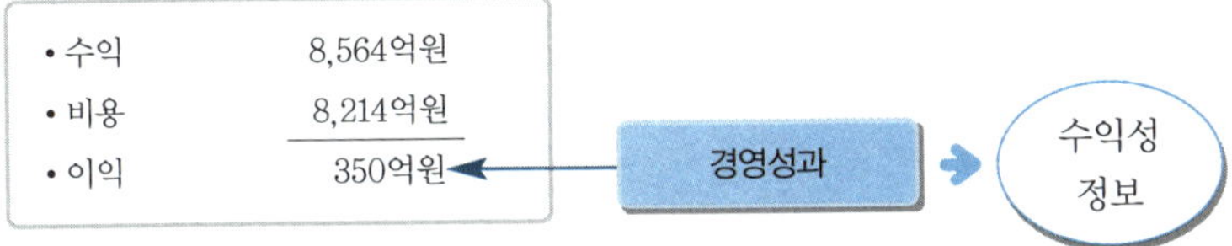

〈자본변동표〉

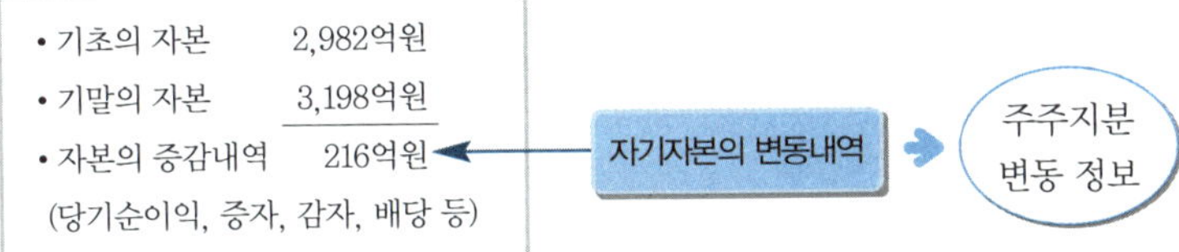

〈현금흐름표〉

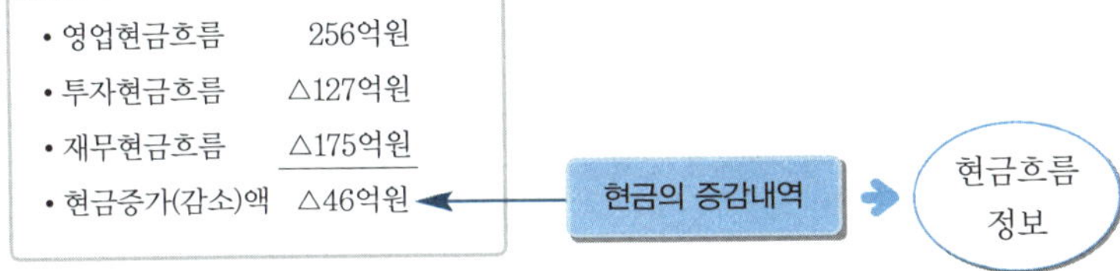

〈이익잉여금처분계산서〉

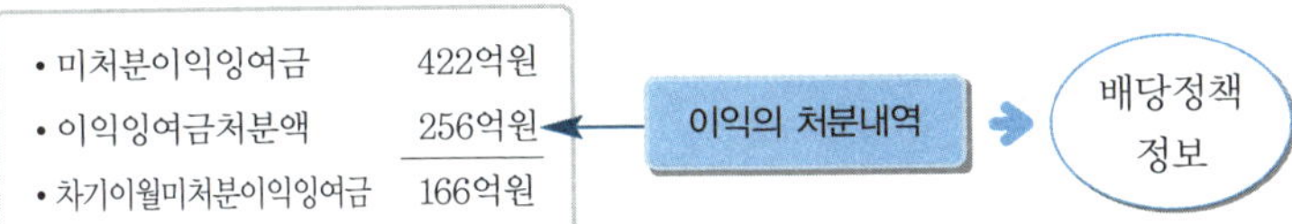

☑ **재평가모형**

유형자산을 최초에 취득원가로 인식한 이후, 공정가치가 변동했을 경우 공정가치로 재평가하여 보고하는 방식을 말한다. 재평가모형에서는 재평가일의 공정가치에서 이후의 감가상각누계액 등을 차감한 금액을 장부가액으로 보고한다. 단, 재평가모형을 채택한 경우에는 주기적으로 재평가를 수행해야 하며, 다시 원가모형으로 전환할 수 없다.

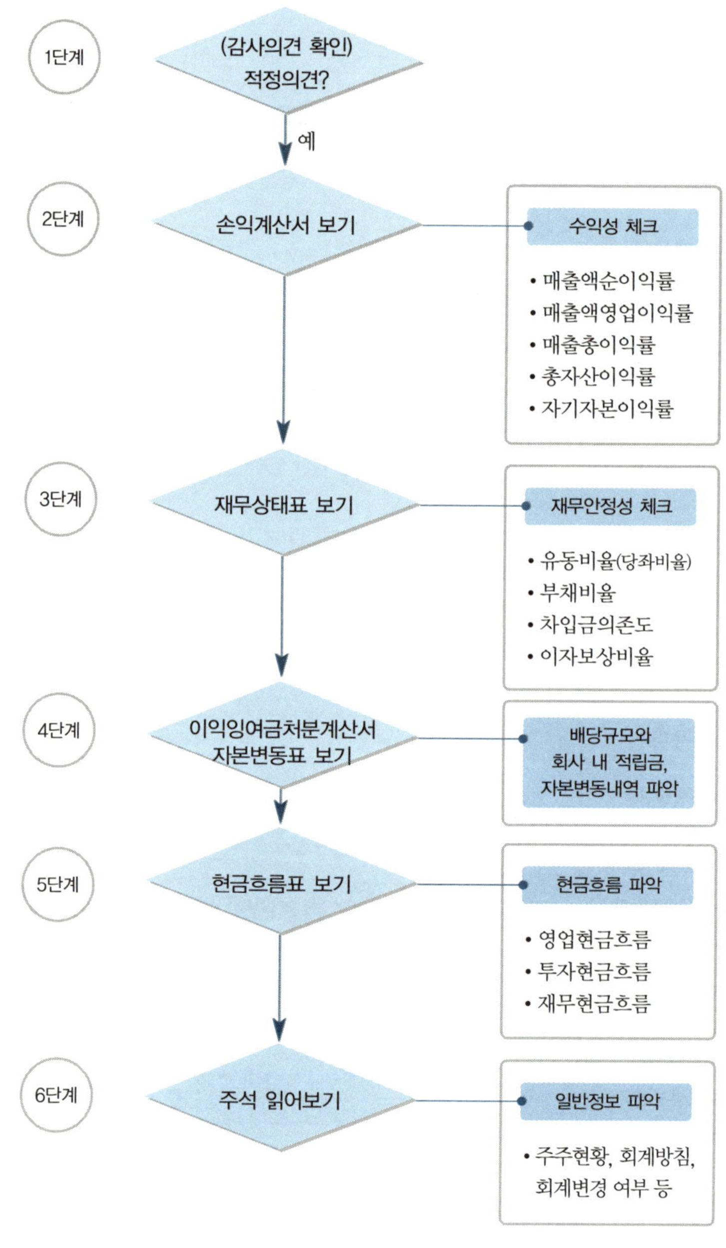
1단계
(감사의견 확인)
적정의견?
예
2단계
손익계산서 보기
수익성 체크
• 매출액순이익률
• 매출액영업이익률
• 매출총이익률
• 총자산이익률
• 자기자본이익률
3단계
재무상태표 보기
재무안정성 체크
• 유동비율(당좌비율)
• 부채비율
• 차입금의존도
• 이자보상비율
4단계
이익잉여금처분계산서
자본변동표 보기
배당규모와
회사 내 적립금,
자본변동내역 파악
5단계
현금흐름표 보기
현금흐름 파악
• 영업현금흐름
• 투자현금흐름
• 재무현금흐름
6단계
주석 읽어보기
일반정보 파악
• 주주현황, 회계방침,
회계변경 여부 등

손익계산서는 어떻게 구성되어 있나요

02

금융감독원 전자공시시스템으로 (주)한경전자의 재무제표에 접속한 명 대리는 회사의 손익계산서부터 들여다봤다. 그런데 항목이 너무 많아 도무지 한눈에 들어오지 않는다. 손익계산서가 어떤 항목으로 구성되어 있는지부터 알아야 할 것 같은데, 손익계산서는 어떻게 구성되어 있을까?

손익계산서(I/S : Income Statement)는 회사가 한 회계기간 동안 벌어들인 총수익에서 수익을 얻기 위해 쓴 비용을 차감해 이익이 얼마나 발생했는지를 보여주는 재무제표이다. 말하자면 회사의 성과를 이익으로 보여주는 일종의 '경영성적표' 또는 '경영성과보고서'로서 수익 · 비용 · 이익이 손익계산서의 구성요소이다.

손익계산서는 목표 이익을 달성해야 할 책임을 지는 경영자는 물론, 회사가 벌어들인 이익을 장차 배당금이나 주가상승을 통해 누리게 될 주주에게도 매우 중요한 재무제표이다.

KeyWord_
손익계산서, 매출총이익, 당기순이익, 현금(발생)기준

회사가 수익을 얻는 방법은 크게 영업활동을 통한 영업수익과 영업과 무관한 영업외수익으로 나뉜다. 영업수익을 회계에서는 매출액이라고 하므로 수익은 크게 매출액과 영업외수익으로 나뉘는 셈이다.

비용 또한 영업수익에 대응해 발생하는 영업비용과 영업외비용으로 나뉜다. 영업비용을 회계에서는 매출원가, 판매비와관리비라고 하므로 비용은 매출원가, 판매비와관리비 그리고 영업외비용으로 나뉘는 셈이다.

매출원가는 제품(상품)의 기초재고액에 당기의 제품제조원가(매입액)를 더한 다음 기말재고액을 빼서 계산한다. 손익계산서에 표시된 당기 제품제조원가의 구체적인 내역은 제조원가명세서에 나와 있다.

그럼 손익계산서를 순서대로 정리해보자. 우선 매출액에서 매출원가를 차감하면 매출총이익이 나온다. 매출총이익은 제품의 판매를 통해 남긴 이익을 의미하는 것으로 일종의 제품마진이라고 이해하면 된다. 예를 들어 원가가 10만원인 제품을 12만원에 매출했다면 2만원이 매출(총)이익인 셈이다. 그러나 영업비용에는 제품원가 외에도 여러 가지 판매비와관리비 등이 소요되는데 이런 비용을 마저 차감하면 영업이익이 계산된다. 이는 회사의 고유활동인 영업을 통해 벌어들인 돈이므로 가장 중요한 수익성지표라고 할 수 있다.

손익계산서

당기(12기) 20XX년 1월 1일부터 20XX년 12월 31일까지
전기(11기) 20XX년 1월 1일부터 20XX년 12월 31일까지

(주)한경전자 (단위 : 백만원)

과목	당기(12기)	전기(11기)
Ⅰ. 매출액	856,425	832,519
(1) 상품매출액	232,060	224,172
(2) 제품매출액	624,365	608,347
Ⅱ. 매출원가	619,273	626,842
(1) 상품매출원가	117,998	109,275
1. 기초상품재고액	17,264	22,365
2. 당기상품매입액	125,055	104,174
3. 기말상품재고액	24,321	17,264
(2) 제품매출원가	501,275	517,567
1. 기초제품재고액	52,586	49,276
2. 당기제품제조원가	507,087	520,877
3. 기말제품재고액	58,398	52,586
Ⅲ. 매출총이익	237,152	205,677
Ⅳ. 판매비와관리비	151,790	130,454
1. 급여	39,326	36,753
2. 퇴직급여	7,619	6,214
3. 복리후생비	6,324	2,149
4. 임차료	2,415	2,242
5. 접대비	915	849
6. 감가상각비	3,218	3,326
7. 무형자산상각비	819	725
8. 세금과공과	3,624	3,213
9. 광고선전비	24,386	18,472
10. 대손상각비	47	68
11. 차량유지비	1,024	748
12. 판매수수료	2,436	1,249
13. 수선비	4,128	2,427
14. 교육훈련비	3,241	2,736
15. 여비교통비	2,109	1,927
16. 운반비	14,326	925
17. 보험료	1,432	1,527
18. 통신비	928	463
19. 수도광열비	2,514	2,348
20. 견본비	3,215	1,292
21. 소모품비	10,426	11,274
22. 지급수수료	17,025	29,344
23. 도서인쇄비	293	183
Ⅴ. 영업이익	85,362	75,223
Ⅵ. 영업외수익	18,264	5,342
1. 이자수익	7,319	3,217
2. 배당금수익	842	421
3. 유형자산처분이익	6,274	319
4. 외환차익	2,456	521
5. 외화환산이익	1,246	642
6. 기타 영업외수익	127	222
Ⅶ. 영업외비용	54,230	46,311
1. 이자비용	15,084	14,921
2. 외환차손	1,402	−
3. 외화환산손실	3,126	15,830
4. 기부금	1,736	1,492
5. 유형자산처분손실	4,253	−
6. 기타 영업외비용	28,629	14,068
Ⅷ. 법인세비용차감전순이익	49,396	34,254
Ⅸ. 법인세비용	14,385	9,247
Ⅹ. 당기순이익	35,011	25,007
Ⅺ. 주당이익	3,500원	2,500원

제조원가명세서

당기(12기) 20XX년 1월 1일부터 20XX년 12월 31일까지

(주)한경전자   (단위 : 백만원)

과목	당기(12기)	구성비
Ⅰ. 원재료비	302,274	58.6%
Ⅱ. 노무비	54,325	10.5%
1. 급여 및 임금	51,483	
2. 퇴직급여	2,842	
Ⅲ. 제조경비	159,437	30.9%
1. 전력비	5,372	
2. 차량유지비	3,246	
3. 감가상각비	22,372	
4. 수선비	7,236	
5. 가스수도비	2,363	
6. 임차료	352	
7. 보험료	1,537	
8. 복리후생비	4,924	
9. 세금과공과	1,638	
10. 외주가공비	50,487	
11. 기타	59,910	
Ⅳ. 당기 총제조비용	516,036	100%
Ⅴ. 기초 재공품재고액	27,324*	
Ⅵ. 기말 재공품재고액	(36,273)*	
Ⅶ. 당기 제품제조원가	507,087*	

✽ 기초 및 기말 재공품은 재무상태표의 수치와 일치하고 당기 제품제조원
가는 손익계산서의 수치와 일치한다.

영업이익에다 영업활동과는 전혀 관계없이 발생한 영업외수익을 더하고 영업외비용을 빼면 법인세비용차감전순이익이 계산된다. 여기서 법인세비용을 빼면 최종적인 당기순이익이 계산되는데 최종적인 당기순이익은 주주의 몫이므로 이를 주주순이익이라고도 표현한다.

따라서 손익계산서에 표시되는 이익은 매출총이익, 영업이익, 법인세비용차감전순이익, 당기순이익 등 모두 4가지이며, 각각의 의미 또한 모두 다르다는 점을 알아야 한다.

또 하나 알아둬야 할 것은 손익계산서의 수치는 한 회계기간 동안 발생된 금액의 합계치이기 때문에 결산일 현재의 잔액을 표시하는 재무상태표와는 다르다는 점이다. 그리고 모든 수익과 비용은 현금기준이 아닌 발생기준에 따라 기록되기 때문에 당기순이익은 한 회계기간 동안 발생된 이익으로서 현금흐름액과는 전혀 무관한 발생주의에 따른 경영성과치라는 점을 알아야 한다.

한편 IFRS에서는 포괄손익계산서를 작성하게 되므로 당기순이익 다음에 기타포괄손익을 더해 총포괄손익을 나타내게 된다. 또한 포괄손익계산서에서는 비용을 매출원가나 판매비와관리비 등 기능별로 분류하는 방법과 원재료사용액·급여·감가상각비 등 성격별로 분류하는 방법 중 선택할 수 있다. 또 해당 기업의 특성에 맞게끔 보고양식을 마음대로 정할 수 있기 때문에 회사마다 포괄손익계산서의 모습은 제각각 다를 수밖에 없다.

✓ 현금기준

수익과 비용을 현금이 들어오고 나갈 때 각각 인식(회계장부에 기록하거나 전산입력)하는 기준이다.

✓ 발생기준

수익과 비용을 현금이 들어오고 나가는 것과 관계없이 발생했을 때 각각 인식(회계장부에 기록하거나 전산입력)하는 기준을 말한다. 매출수익은 판매대금의 회수와는 상관없이 제품이나 상품이 팔려나갈 때 발생된 것으로 본다.

✓ 기타포괄손익

기타포괄손익이란 유형자산의 재평가에 따른 손익이나 매도가능금융자산의 평가손익 등 당기손익에는 해당하지 않지만 주주지분에는 포함되는 항목을 말한다. 포괄손익계산서에는 주주의 투자 및 주주에 대한 배당 등 주주와의 자본거래를 제외하고는, 이와 같은 모든 자본변동을 손익의 원천으로 보고 이를 손익계산서에 포함시켜 보고한다.

손익계산서를 보면 무엇을 알 수 있나요

손익계산서의 구조를 이해하고 나자 명 대리는 손익계산서를 보기가 훨씬 수월해졌다. 그러나 말 그대로 손익계산서에 어떤 항목이 있는지를 보기만 할 뿐 거기서 어떤 내용을 알아내야 할지 막막하다. 손익계산서로 회사의 어떤 정보를 알아낼 수 있을까?

손익계산서에서 알아낼 수 있는 회사의 정보를 살펴보면 다음과 같다.

첫째, 회사가 계속 성장하고 있는지, 정체상태인지 알 수 있다. 이는 지난해 대비 매출증가율이 어느 정도인지로 따져볼 수 있다. 그리고 동종 업계에 속해 있는 회사의 매출액과 비교해 시장점유율이 어느 정도인지도 파악할 수 있다.

둘째, 회사의 비용관리가 제대로 이루어지고 있는지 알 수 있다. 회사가 이익을 높이기 위해서는 당연히 수익을 늘려야겠지만, 비용관리를 효율적으로 하지 못한다면 아무리 매출이 증가

▶▶ 손익계산서의 구조

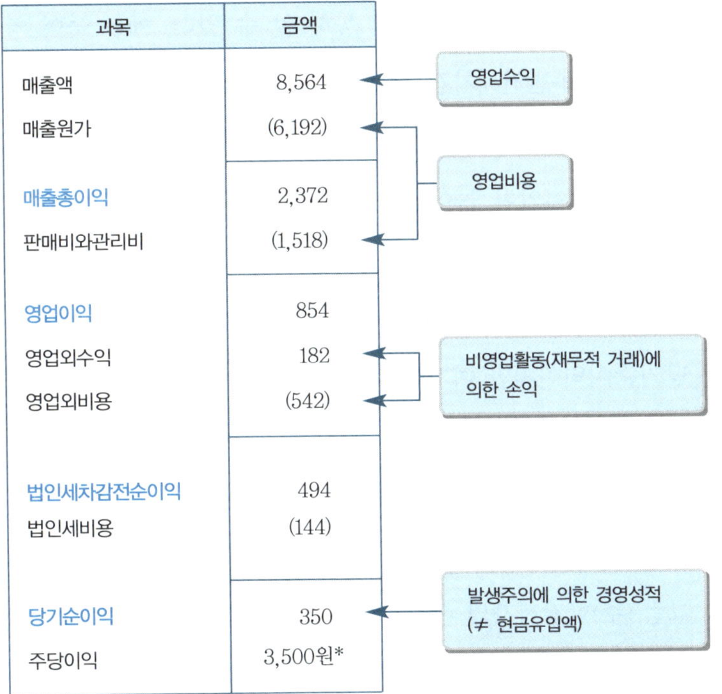

* 350억원 ÷ 1,000만주(발행주식주)

하더라도 이익은 늘어날 수 없다. 매출액에 대한 매출원가 또는 판매비와관리비의 비율을 전년도와 비교해보면 비용관리의 효율성을 체크할 수 있다.

셋째, 회사의 영업활동 및 재무활동의 성과를 알 수 있다. 영

KeyWord_
영업활동의 성과, 재무활동의 성과

업활동의 성과는 영업이익의 크기나 매출액 대비 영업이익의 비율(매출액영업이익률)을 통해 알 수 있으며, 재무활동의 성과는 영업외수익과 영업외비용에 의해 나타나므로 영업이익과 법인세(비용)차감전순이익의 비교를 통해 알 수 있다. 예를 들어 영업이익에 비해 법인세차감전순이익이 줄어들었다면 재무활동의 성과가 좋지 않았음을 의미하며, 반대로 영업이익에 비해 법인세전차감전순이익이 늘어났다면 재무활동의 성과가 좋았음을 의미한다.

넷째, 당해년도의 경영성과를 알 수 있다. 경영성과의 지표는 당기순이익이지만 여기에는 재무적인 활동의 결과도 포함되어 있으므로 영업활동에 의한 경영성과지표는 영업이익이라고 봐야 한다. 영업이익의 크기와 영업이익률은 회사의 장기적인 수익력을 나타내는 가장 중요한 지표이다.

그럼 (주)한경전자의 손익계산서를 보면서 이 회사에 대한 정보를 읽어보자. (주)한경전자의 매출액은 8,564억원이므로 매출원가 6,192억원을 차감하면 매출총이익은 2,372억원이다. 판매비와관리비 1,518억원을 차감하면 영업이익은 854억원이고 여기에 영업외손익을 가감한 법인세차감전순이익은 494억원, 법인세비용을 차감한 당기순이익은 350억원이다. 영업이익에 비해 법인세차감전순이익이 대폭 줄어든 것은 영업외비용의 규모가 너무 컸기 때문이라는 것을 알 수 있다.

▶▶ 손익계산서에서 얻을 수 있는 정보

손익계산서

20XX.1.1. ~ 20XX.12.31.

(주)한경전자   (단위 : 억원)

과목	금액			
	당기		전기	
매출액	8,564	100%	8,325	100%
매출원가	(6,192)	72.3%	6,268	75.3%
매출총이익	2,372	27.7%	2,057	24.7%
판매비와관리비	(1,518)	17.7%	1,305	15.7%
영업이익	854	10%	752	9%
영업외수익	182		53	
영업외비용	(542)		(463)	
법인세차감전순이익	494		342	
법인세비용	(144)		(92)	
당기순이익	350	4%	250	3%
주당이익	3,500원		2,500원	

매출이 계속 늘어나고 있는가?(성장성)

비용이 효율적으로 관리되고 있는가?

영업활동의 성과가 어떤가? (장기적인 수익력)

재무활동의 성과가 어떤가?

총체적인 경영성과 (순이익이 계속 늘어나고 있는가?)

전년도에 비해 매출은 2.8% 증가에 그쳤으나 매출원가율이 75.3%에서 72.3%로 낮아져 매출총이익률이 3% 포인트 개선되었다. 그러나 판매비와관리비가 대폭 증가해 영업이익률은 9%에서 10%로 1% 포인트 증가하는 데 그쳤고 매출액순이익률도 3%에서 4%로 1% 포인트 증가하는 데 그쳤다.

영업수익과 영업외수익은 무엇을 말하는 건가요

04

영업수익이 곧 매출액임을 이해한 명 대리는 이번에는 영업외수익 항목에서 잠시 주춤한다. 영업외수익이란 말 그대로 회사가 영업활동이 아닌 다른 활동을 통해 얻는 수익이라는 것까지는 알겠는데 과연 어떤 원천에 의해 수익을 얻는 것일까?

영업수익은 회사의 주된 사업활동에 의해 벌어들이는 수익으로서 매출액을 의미한다. 매출액에는 상품이나 제품의 매출액처럼 유형의 재화를 고객에게 판매하고 얻는 수익은 물론 무형의 서비스나 용역을 제공하고 벌어들이는 것도 모두 포함된다. 즉, 매출의 발생형태와 관계없이 그것이 기업의 주된 수익 창출 활동에 의한 것이라면 모두 매출액에 포함된다.

이에 반해 영업외수익은 주된 영업활동과는 관계없이 발생하는 수익으로서 주로 금융상품이나 유가증권, 부동산 등의 보유와 운용과정에서 발생하는 수익을 말한다. 예를 들면 이자수익

▶▶ 영업수익과 영업외수익

손익계산서
20XX.1.1. ~ 20XX.12.31.

(주)한경전자   (단위 : 억원)

과목	금액
매출액	**8,564**
매출원가	(6,192)
매출총이익	2,372
판매비와관리비	(1,518)
영업이익	854
영업외수익	**182**
영업외비용	(542)
법인세차감전순이익	494
법인세비용	(144)
당기순이익	350
주당이익	3,500원

〈영업수익〉

상품매출액, 제품매출액, 용역매출액 등

〈영업외수익〉

- 이자수익 → 금융기관에 예금한 금융상품에서 발생한 이자수입
- 배당금수익 → 투자한 주식에서 받은 현금배당금
- 임대료 → 건물 등을 빌려주고 받은 수입
- 단기매매증권처분이익 → 단기매매증권을 장부가보다 비싸게 팔아 번 돈
- 단기매매증권평가이익 → 보유 중인 단기매매증권의 시가가 올라 발생한 평가차익
- 외환차익 → 환율변동으로 생긴 실현된 이익
- 외화환산이익 → 보유 중인 외화자산(부채)의 환율변동에 따른 미실현이익
- 유형자산처분이익 → 설비자산을 장부가보다 비싸게 매각해 번 돈
- 사채상환이익 → 사채를 상환하면서 생긴 이익
- 매도가능증권처분이익 → 매도가능증권을 장부가보다 비싸게 팔아 생긴 이익
- 지분법이익 → 자회사의 경영실적(이익)을 반영한 것
- 전기오류수정이익 → 회계오류로 인해 전기에 이익을 적게 잡은 것을 당기에 이익으로 잡은 것

이나 배당금수익, 주식평가이익 및 주식처분이익과 같은 유가증권관련이익, 부동산 등 유형자산처분이익이나 임대료수입 및 환율변동에 따라 외화자산과 외화부채에서 발생하는 외환차익 등이 이에 해당한다.

영업외수익은 과거 영업활동의 결과 축적된 금융자산이나 유가증권 및 부동산 등이 비교적 많거나 이를 잘 운용하는 회사에서 많이 발생한다. 개인들도 사업자나 근로자의 경우, 주수입원은 사업소득과 근로소득이지만 과거의 소득으로 비교적 많은 금융자산과 부동산 등을 보유하고 있다면 이자 및 배당소득이나 임대소득 등 사업소득이나 근로소득 이외의 소득이 많이 발생하게 되는 것과 같은 이치이다.

단, 회사의 장기적인 수익력을 평가할 때 이자수익이나 임대료수입 등과 같은 것은 지속적으로 발생이 가능하지만 유가증권관련손익이나 유형자산처분이익과 같은 것은 매년 반복적으로 발생하기 어렵다는 점을 고려해야 한다.

영업비용과 영업외비용은 무엇을 말하는 건가요

명 대리는 지금까지 영업비라는 말을 들을 때마다 늘 판매비를 머릿속에 그려왔다. 그러나 영업비용이란 판매활동을 지원하기 위한 판매비만을 의미하지 않는다는 재무팀장의 말을 듣고는 궁금증이 생겼다. 영업비용과 영업외비용은 어떻게 구분되며 각각 어떤 항목이 있을까?

회사가 영업수익을 얻기 위해서는 반드시 영업비용을 투입해야 한다. 따라서 최소의 영업비용으로 최대의 영업수익을 얻을 수 있다면 회사의 수익성은 날개를 다는 것이다.

가장 주된 영업비용은 매출원가이다. 형태가 있는 제품이나 상품, 형태가 없는 서비스(용역)를 고객에게 제공하기 위해서는 반드시 원가가 수반되는데, 발생된 제조(용역)원가 중에서 매출된 부분에 대한 원가를 매출원가라고 한다. 제조기업의 경우 매출원가는 기초제품재고액에다 당기의 제품제조원가를 더하고 기말제품재고액을 차감해 계산하는데, 이러한 계산과정은 손익

KeyWord_
영업비용, 매출원가율, 매출이익률, 영업외비용

계산서에도 나와 있다.

매출액에 대한 매출원가의 비율을 매출원가율이라고 하는데 우리나라 제조업의 평균 매출원가율은 80% 내외이다. 매출원가율이 80%라는 의미는 매출이익률이 20%라는 것으로 매출액 100만원당 20만원의 매출이익이 발생한다는 뜻이다.

그러나 회사가 매출수익을 얻기까지 제조원가만 들어가는 것은 아니다. 만들어진 물건을 팔려면 판매비용도 들어가야 하고 여러 가지 관리비도 들어가야 하는데 이런 과정에서 발생하는 비용이 판매비와관리비이다.

매출원가가 주로 공장 등 생산현장이나 작업현장에서 발생하는 비용이라면 판매비와관리비는 본사 또는 영업현장에서 발생하는 비용이다. 따라서 본사 및 영업조직의 임직원 인건비나 대손상각비 등의 마케팅비용, 통신비, 복리후생비, 임차료, 수수료, 교육훈련비 등이 모두 이에 해당한다(제조원가의 대부분을 차지하는 재료비나 인건비 등이 변동비인 반면에 판매관리비는 대부분 고정비의 성격을 띤다는 점에서 차이가 있다).

한편, 영업외비용은 영업외수익과는 반대로 금융부채(차입금)에 대한 이자비용이나 주식평가손실 및 주식처분손실과 같은 유가증권관련손실 그리고 환율변동에 따라 외화자산과 외화부채에서 발생하는 외환차손 및 임차료 등이 해당한다. 영업이익이 120억원인데도 법인세차감전순이익이 40억원으로 줄어든 회사

▶▶ 영업비용과 영업외비용

손익계산서

20XX.1.1. ~ 20XX.12.31.

(주)한경전자   (단위 : 억원)

과목	금액	
매출액	8,564	100%
매출원가	(6,192)	72.3%
매출총이익	2,372	27.7%
판매비와관리비	(1,518)	17.7%
영업이익	854	10%
영업외수익	182	
영업외비용	(542)	
법인세차감전순이익	494	
법인세비용	(144)	
당기순이익	350	
주당이익	3,500원	

영업비용

의 경우처럼 과다한 영업외비용은 영업이익을 갉아먹게 되므로 철저한 관리가 매우 중요하다. 월급을 받는 개인들이 은행대출금에 대한 거액의 이자비용을 지출하거나 주식투자 실패로 돈을 까먹으면 주된 소득인 근로소득이 줄어드는 것과 마찬가지 이치이다.

(주)한경전자의 경우에도 영업이익 854억원에 비해 법인세차감전순이익이 494억원으로 대폭 줄어든 것은 영업외비용의 규모가 너무 컸기 때문이며, 이는 차입금의 규모가 과다하거나 회사의 재무활동의 성과가 양호하지 못했음을 알리는 신호이다.

손익계산서의 중점 체크포인트는 무엇인가요

06

손익계산서의 구성과 보는 방법에 자신감이 붙은 명 대리는 이번에는 회사의 경영성적을 좀 더 자세히 알아봐야겠다고 마음 먹고 손익계산서를 다시 펼쳐들었다. 그런데 어떤 항목을 중점적으로 봐야 하는지, 무엇과 무엇을 비교해야 하는지 알 수가 없다. 손익계산서를 통해 중점적으로 체크해야 할 사항은 무엇일까?

손익계산서가 회사의 수많은 손익정보를 담고 있기는 하지만 요모조모 뜯어보지 않으면 상세한 정보를 알기 어려운데, 결국 이는 전적으로 투자자를 비롯한 분석자의 몫이다.

손익계산서를 볼 때는 먼저 매출총이익의 크기를 통해 회사가 취급하는 제품 또는 서비스의 부가가치가 어느 정도인지 알아야 한다. 매출액에 대한 이익의 비율, 즉 매출총이익률이 극도로 낮다면 매출증가를 통한 이익창출에 한계가 있을 수밖에 없기 때문이다. 또한 매출총이익률도 과거와 어떤 변화가 있는지, 경쟁업체와 비교해서 어느 정도인지 따져봐야 한다.

☑ 매출총이익률

매출액에 대한 이익의 비율로서 제품이나 상품의 마진률을 의미한다. 매출총이익률이 30%라면 매출원가율은 70%라는 의미다.

KeyWord_
매출총이익률, 영업이익률

매출액에 대한 영업이익의 비율로서 매출액에 대한 영업성과가 어느 정도인지를 마타낸다. 영업이익률이 20%라면 매출원가와 판매관리비를 합친 영업비용이 매출액의 80%라는 뜻이다.

매출액에 대한 판매비와관리비의 비율을 의미한다. 이 비율이 과다할 경우에는 매출이익이 많이 나와도 영업이익을 확보하기가 어려우므로 적정수준을 유지하도록 관리하고 통제하는 것이 필요하다. 제조업의 경우 평균적인 판매비와관리비의 규모는 매출액의 14% 내외다.

회사의 영업이익의 크기를 결정하는 주요 변수는 판매비와관리비인데 이 부분에 대한 관리 여부도 영업이익률의 비교를 통해 체크할 수 있다. 매출이익에 비해 판매비와관리비의 규모가 적정한지 또는 매출이익에 비해 관리직 인건비가 과다하지는 않은지를 짚어봐야 한다.

매출총이익과 영업이익의 비교를 통해 회사의 경영체질도 따져볼 수 있는데 매출총이익이 많고 영업이익도 많은 회사라면 돈을 잘 버는 이익체질형의 회사라고 할 수 있다. 그러나 매출총이익이 많은데도 영업이익이 대폭 줄어들었다면 관리가 부실한 방만경영형의 회사라고 할 수 있으며, 반대로 매출총이익에 비해 영업이익이 그다지 줄지 않았다면 관리를 잘하는 회사로 보면 된다. 물론 이 과정에서 반드시 업종의 특성을 감안해야 하는데, 일반적으로 음식료제조회사나 제약회사처럼 영업비용(판매비)이 많이 투입되는 업종은 일반 제조업과는 달리 매출원가의 비중이 낮은 대신 판매비와관리비의 비중이 높은 편이다.

한편, 영업이익과 법인세차감전순이익을 비교하면 자금이 부족한 회사인지 여유자금이 많은 회사인지를 알 수 있다. 영업이익에 비해 법인세차감전순이익이 많으면 회사는 여유자금의 활용을 통해 많은 금융수익을 얻고 있을 가능성이 높으며, 반대로 영업이익에 비해 법인세차감전순이익이 적으면 차입의존형의 회사로서 과다한 금융비용이 지출되고 있을 가능성이 높다. 물

1. 매출총이익과 영업이익으로부터 경영체질을 파악한다

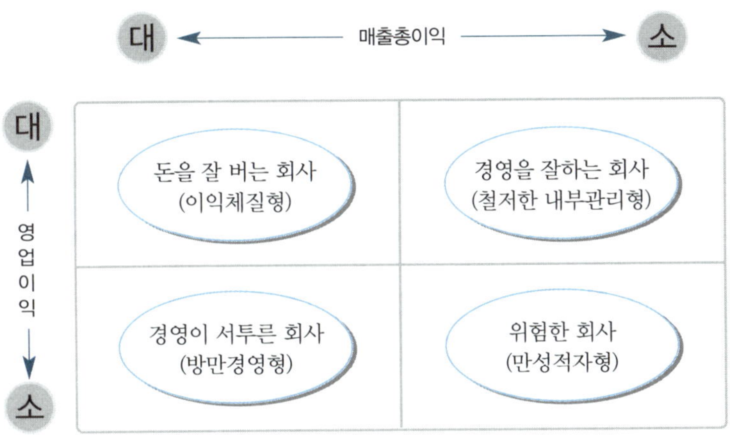

2. 영업이익과 법인세차감전순이익에서 자금의 여유도를 파악한다

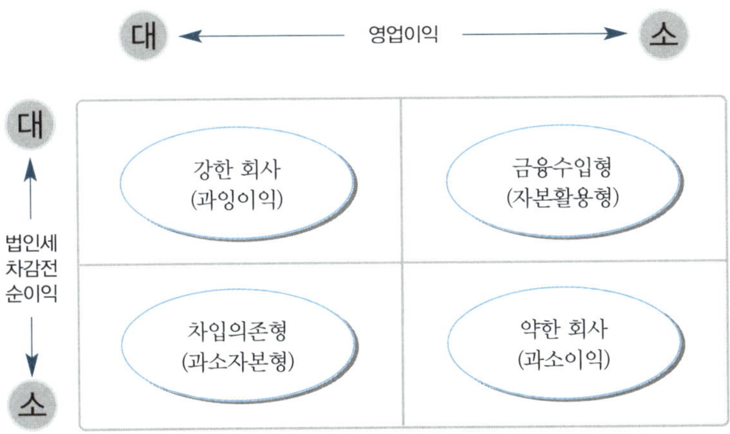

론 영업외손익의 내용에는 이자수익과 이자비용 외에도 여러 가지 항목이 있으므로 상세한 원인은 항목을 하나하나 들여다본 후 판단해야 한다.

마지막으로 손익항목 중 자산매각에 따른 이익(유형자산처분 이익)처럼 일시적으로 발생하는 손익이 포함된 경우에는 이를 충분히 고려해야 한다. 이런 항목은 매년 반복적으로 발생하는 항목이 아니므로 회사의 장기적인 수익력을 평가할 때는 일단 제외시켜야 한다.

손익계산서

20XX.1.1. ~ 20XX.12.31.

(주)한경전자   (단위 : 억원)

과목	금액	한경전자의 구성비	전자부품 제조업종의 평균구성비*
매출액	8,564	100%	100%
매출원가	(6,192)	72.3%	80%
매출총이익	2,372	27.7%	20%
판매비와관리비	(1,518)	17.7%	14.5%
영업이익	854	10%	5.5%
영업외수익	182	2.1%	5.6%
영업외비용	(542)	6.3%	4.3%
법인세차감전순이익	494	5.7%	6.8%
법인세비용	(144)	1.7%	1.2%
당기순이익	350	4%	5.6%
주당이익	3,500원	–	–

경영체질

자금여유도

* 한국은행 〈기업경영분석〉에서 인용

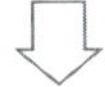

(주)한경전자는 동종 업계 평균치보다 매출원가율이 낮아 상품과 제품의 마진이 높은 편이다. 그러나 판매비와관리비의 비중이 높아 영업이익률은 10%에 그치고 있으므로(방만경영형) 판매비와관리비의 감축이 필요하다. 한편 타사의 경우 영업외수익과 영업외비용의 비중이 비슷하지만 (주)한경전자는 영업외비용이 매우 많아(차입의존형) 영업이익에 비해 법인세차감전순이익이 대폭 줄어드는 현상을 보이고 있다.

주당이익이 중요한 이유는 무엇인가요

손익계산서를 들여다보던 명 대리는 (주)한경전자의 순이익이 경쟁사인 K전자부품(주)의 순이익 240억원보다 많은 350억원임을 확인하고는 자사의 수익력이 더 좋다고 결론지었다. 과연 손익계산서의 당기순이익이 많으면 수익력이 더 좋은 것일까?

손익계산서의 순이익은 절대치로서 한 회사의 경영성과를 기간별로 비교할 때는 그 의미가 있다. 작년도 이익이 200억원인데 올해 400억원으로 늘었다면 그 회사의 수익력은 2배로 늘어난 셈이다. 그러나 기업 규모가 서로 다른 회사끼리 수익력을 비교할 때는 절대금액으로서의 당기순이익은 그 의미를 잃게 된다. 예를 들어 (주)한경전자의 자본금은 500억원인 반면에 K전자부품(주)의 자본금은 150억원이라면 투자된 납입자본금에 비해 (주)한경전자는 70%, K전자부품(주)은 160%의 이익을 얻은 셈이다. 따라서 K전자부품(주)의 수익력이 더 좋다는 결론

▶▶ 주당이익의 중요성

순이익
(주)한경전자
350억원
순이익
K전자부품(주)
240억원

자본금 500억원
(÷)
발행주식수 1,000만주
자본금 150억원
(÷)
발행주식수 300만주
주당이익
(EPS)
3,500원
8,000원
70%
160%
납입자본금
대비 이익률

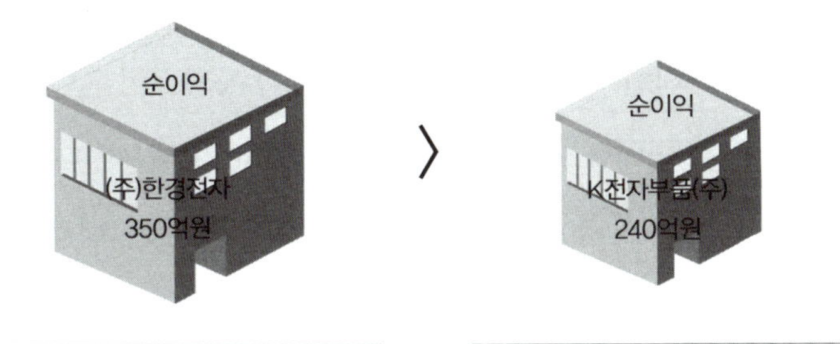

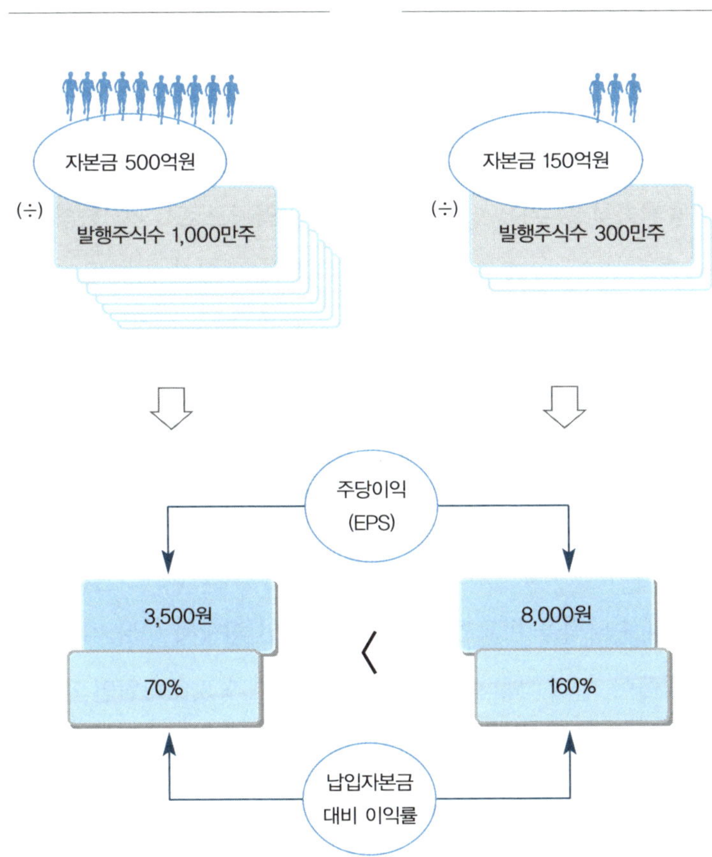

회사가 발행한 보통주식 1주당 얼마나 벌었는지를 계산한 것으로 당기순이익을 보통주 발행주식수로 나눠 계산한다. 회사의 이익은 주주의 몫이므로 이를 발행주식으로 나누면 1주당 돌아갈 수 있는 이익이 계산된다.

자본금

회사가 발행한 주식의 액면총액으로서 등기된 자본금을 말한다. 발행주식이 100만주이고 주당 액면가가 5,000원이라면 자본금은 50억원이 된다.

액면가액

주식의 거래단위로서 100원, 200원, 500원, 1,000원, 2,500원, 5,000원 등 다양하다.

이 나온다.

이처럼 회사에 투자된 돈에 비해 얼마나 많은 수익을 올렸는가 하는 상대적인 수익력이 더 중요하다. 투자자금이 많은 회사에서 더 많은 이익을 얻는 것은 너무도 당연하기 때문이다.

이와 같이 회사의 당기순이익을 투자된 자본금과 비교해 평가하기 위해 사용되는 개념이 주당이익(EPS : Earning Per Share)이다.

(주)한경전자의 당기순이익은 350억원이지만 이를 발행주식수 1,000만주로 나누면 주당이익은 3,500원으로 계산된다. 반면 K전자부품(주)은 당기순이익이 240억원으로서 (주)한경전자보다 적지만, 발행주식수가 300만주이기 때문에 주당이익은 8,000원으로 더 높게 나온다. 납입자본금에 대한 이익률도 자본금이 적은 K전자부품(주)이 더 높게 나오는 것은 당연하다.

회사의 이익이 많을수록, 발행주식물량(자본금)이 적을수록 주당이익은 커진다. 반면에 순이익이 줄어들거나 발행주식물량이 많아지면 주당이익은 감소한다. 따라서 주당이익으로 여러 회사의 수익력을 비교할 때는 비교대상인 회사의 주당 액면가액이 같아야 한다. 왜냐하면 주식의 액면가가 5,000원인 회사에 비해 액면가가 500원인 회사는 자본금이 같더라도 발행주식수는 10배 많아지고, 주당이익은 1/10로 줄어들 수밖에 없기 때문이다.

흑자기업이 도산하는 이유는 무엇 때문인가요

08

뉴스에서 부동산 경기 침체로 S건설이 부도가 났다는 소식을 들은 명 대리는 급히 전자공시시스템에 접속해 S건설의 재무제표를 살펴봤다. 그런데 S건설의 손익계산서를 보던 명 대리는 도무지 이해가 안 되었다. 손익계산서에 버젓이 당기순이익이 나타나 있었기 때문이다. 그렇다면 당기순이익으로 기업을 평가하는 데도 한계가 있다는 말인데 이처럼 흑자기업이 도산하는 이유는 무엇일까?

회사가 부도에 직면하는 가장 주된 요인은 유동성, 즉 자금부족 때문이다. 자금회전이 원활하지 못해 현금및현금성자산이 부족하면 결제자금을 막지 못해 부도사태에 이르게 된다. 그러므로 적정한 현금및현금성자산의 확보가 관건인데 이는 회계상의 이익창출과는 전혀 별개의 문제이다. 왜냐하면 회계상 이익은 영업활동의 결과인 데 반해, 영업과는 무관하게 현금이 지출될 수도 있기 때문이다. 예를 들어 영업을 통해 확보한 자금을 새로운 장기투자사업에 모두 투입한다면 자금이 부족할 수 있다.

또 이런 투자활동 외에 재무활동에 의해 차입금을 갚거나 배

☑ 현금성자산

단기간에 현금으로 전환하기 쉬운 자산으로서 만기가 3개월 이내인 채권, 양도성예금증서(CD), 종합자산관리계좌(CMA), 머니마켓펀드(MMF) 등이 이에 해당한다.

KeyWord_
현금성자산, 매출채권, 매입채무, 재고자산

당금을 지급하는 데 사용했다면 자금이 없어지기는 마찬가지다. 즉, 영업활동을 통해 회사에 유입된 자금이 투자나 재무활동으로 다시 유출될 수도 있으므로 현금및현금성자산의 증감 여부는 얼마든지 달라진다.

경우에 따라서는 영업활동에 의한 현금유입액이 당기순이익과 전혀 다르게 나타나기도 한다. 매출수익과 영업외수익이 실제 현금유입을 수반하지 않는 것이라면 현금증가액이 당기순이익보다 현저하게 적어진다. 예를 들어 매출액의 상당 부분이 외상매출이거나 영업외수익의 대부분이 자산평가에 따른 이익이라면 이런 것은 발생주의 회계에서 당기수익에 포함되기는 하지만 실제 현금수입을 가져다주지는 않는다.

회계상 이익과 현금흐름이 달라지는 가장 큰 이유는 매출채권과 매입채무, 재고자산 등과 같은 영업관련 항목이 변화하기 때문이다. 재고자산과 매출채권이 작년에 비해 증가한 경우라면 그만큼 자금회수가 안 됐다는 의미이므로 발생주의 이익에 비해 현금수입액이 적어진다. 매입채무가 증가하면 반대로 현금수입액이 많아진다.

S건설이 비록 회계상으로는 이익이 발생했을지라도 신축아파트(분양을 목적으로 하는 것이므로 재고자산)의 미분양이 쌓이거나 분양된 아파트의 중도금(매출채권)이 제때에 들어오지 않았다면 이는 모두 현금상태가 나빠지는 이유가 된다.

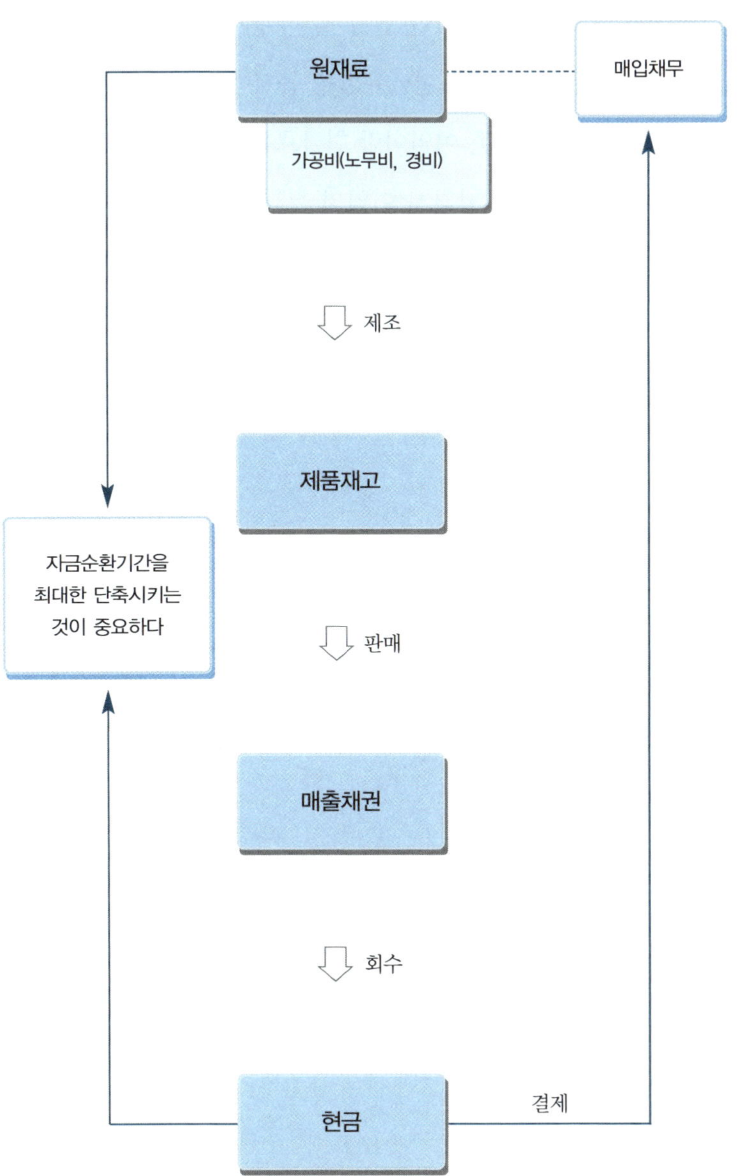
원재료
매입채무
가공비(노무비, 경비)
제조
제품재고
자금순환기간을
최대한 단축시키는
것이 중요하다
판매
매출채권
회수
현금
결제

그러므로 회사의 수익성 지표인 당기순이익을 보는 것도 중요하지만 그 이익의 질적인 면을 같이 평가해야 한다. 이 경우 질적으로 좋은 이익이란 현금유입을 동시에 가져다주는 이익을 말하며, 질적으로 나쁜 이익이란 현금흐름을 뒷받침해주지 못하는 이익을 의미한다. 따라서 이익의 질적인 면을 체크하려면 재무상태표에서 재고자산이나 매출채권, 매입채무 등과 같은 영업 관련 항목의 변화를 살펴보고, 손익계산서에서는 현금유입이 수반되지 않는 수익이 얼마나 포함되어 있는지 살펴봐야 한다.

▶▶ 이익의 질을 따져봐야 한다

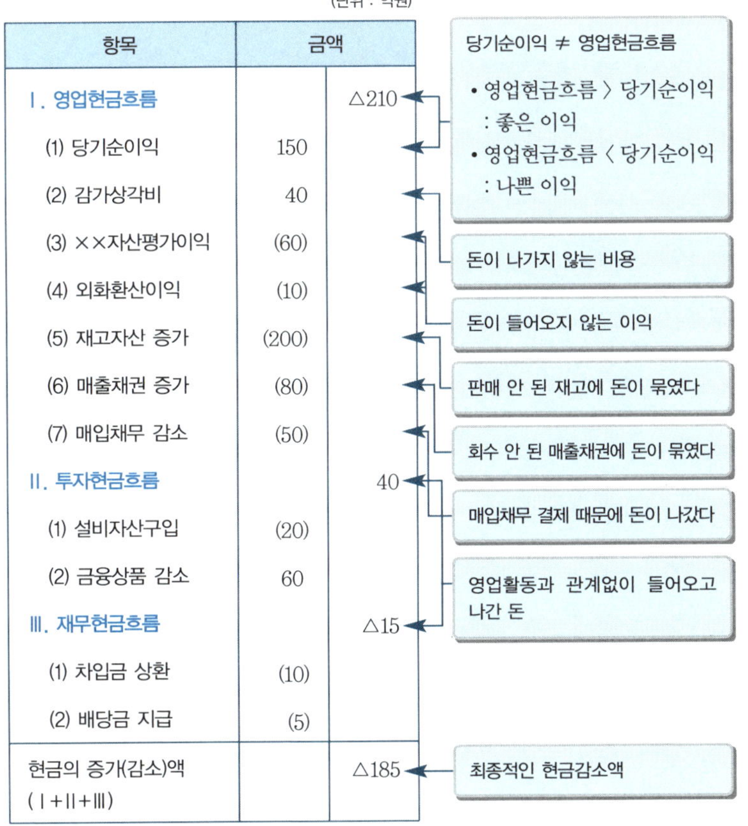
S건설의 현금흐름표

20XX.1.1. ~ 20XX.12.31.

(단위 : 억원)

항목
금액

Ⅰ. 영업현금흐름
△210

(1) 당기순이익
150

(2) 감가상각비
40

(3) ××자산평가이익
(60)

(4) 외화환산이익
(10)

(5) 재고자산 증가
(200)

(6) 매출채권 증가
(80)

(7) 매입채무 감소
(50)

Ⅱ. 투자현금흐름
40

(1) 설비자산구입
(20)

(2) 금융상품 감소
60

Ⅲ. 재무현금흐름
△15

(1) 차입금 상환
(10)

(2) 배당금 지급
(5)

현금의 증가(감소)액
(Ⅰ+Ⅱ+Ⅲ)
△185

당기순이익 ≠ 영업현금흐름

• 영업현금흐름 〉 당기순이익
  : 좋은 이익
• 영업현금흐름 〈 당기순이익
  : 나쁜 이익

돈이 나가지 않는 비용

돈이 들어오지 않는 이익

판매 안 된 재고에 돈이 묶였다

회수 안 된 매출채권에 돈이 묶였다

매입채무 결제 때문에 돈이 나갔다

영업활동과 관계없이 들어오고 나간 돈

최종적인 현금감소액

당기순이익이 150억원인데도 현금은 작년 말보다 185억원이나 줄어들었다.

1부_ 재무제표 보는 법

2장_ 재무상태표 보는 법

:: 재무상태가 궁금하다

09

재무상태표는 어떻게 구성되어 있나요

손익계산서를 통해 회사의 경영성과를 대략적으로 파악한 명 대리는 재무상태표에 도전했다. 그런데 재무상태표는 일단 명칭부터 바로 와닿지 않는데다가 잉여금·비유동부채·자본조정 등 생소한 항목이 너무 많아 당혹스럽다. 재무상태표를 쉽게 이해하는 방법은 무엇일까?

손익계산서가 경영성과를 보여주는 재무보고서라면, 재무상태표는 재무상태를 보여주는 재무보고서이다. 여기서 재무상태란 회사가 가지고 있는 자산, 부채, 자본의 결산일 현재 잔액상태를 의미하는 것이다. 말하자면 재무상태표는 '재무상태잔액표' 또는 '재무상태보고서' 인 셈이다. 자산·부채·자본의 잔액은 매일매일 변하는데, 재무상태표에 표시된 금액은 결산일 현재의 잔액을 의미한다.

재무상태표는 크게 차변의 자산과 대변의 부채 및 자본으로 구성되어 있다. 대변의 부채와 자본은 기업자금의 조달 원천을 보여주는 것으로, 기업활동에 필요한 자금이 어디서 얼마나 조달되었는지를 나타낸다. 그리고 이렇게 조달된 자금이 어떻게 운용되고 있는지는 차변의 각 자산계정이 보여준다. 조달된 자금은 현재 운용되고 있는 자산의 합계액과 일치해야 하므로 '자산총액 = 부채총액 + 자본총액'이라는 등식이 성립된다. 여기서 부채는 반드시 갚아야 하는 자금으로서 타인자본이라고 하며, 자본은 주주로부터 조달된 자금으로서 상환할 필요가 없으므로 자기자본이라고 한다. 총자본이란 부채를 포함한 모든 자본을 뜻하므로 총자산과 같은 것이지만, 순자산은 자산에서 부채를 차감한 것으로서 결국 주주에 의해 조달된 자기자본만을 의미한다.

재무상태표에서는 기업의 유동성에 관한 정보를 제공하기 위해 자산을 다시 유동자산과 비유동자산으로 나눈다. 결산일로부터 1년 안에 현금화할 수 있는 자산을 유동자산, 그렇지 않은 자산을 비유동자산이라고 한다. 부채 또한 결산일로부터 1년 안에 갚아야 하는 유동부채와 그렇지 않은 비유동부채로 구분한다. 이렇게 구분해 표시하면 유동자산과 유동부채의 비교를 통해 단기부채의 상환능력 등 재무적 안정성을 체크할 수 있다.

일반적으로 유동자산에는 재고자산도 포함된다. 재고자산은 판매라는 과정을 거쳐 현금화되는 것이므로 금융상품이나 매출채권보다는 현금화되는 속도가 느리다고 볼 수 있다. 게다가 경

KeyWord_
재무상태표, 유동(비유동)자산, 유동(비유동)부채, 당좌자산

기가 안 좋을 경우 반드시 1년 안에 현금화가 된다고 단정하기도 어렵다. 따라서 유동자산 중 재고자산을 제외한 나머지 자산을 당좌자산(Quick Asset)이라 해서 따로 구분해 표시한다. 즉, 유동자산은 당좌자산과 재고자산으로 나뉘는데, 회사의 유동성을 엄격하게 평가할 때는 재고자산을 제외하는 것이 바람직하다.

한편, 자본은 자본금과 자본잉여금, 이익잉여금, 기타포괄손익누계액 및 자본조정으로 나뉜다. 회계상 자본은 회사의 자산총액에서 갚아야 할 부채를 차감한 것이므로 순자산의 의미를 갖는다. 또한 자본은 자산 중에서도 주주의 몫에 해당되므로 주주지분이라고도 하며, 타인자본인 부채가 제외된 것이므로 자기자본이라고도 한다.

재무상태표상으로 볼 때 (주)한경전자는 타인자본 3,845억원과 자기자본 3,198억원으로 자본을 조달해 총자산규모가 7,043억원에 이르는 회사이다. 자산 중 유동자산은 3,667억원, 비유동자산은 3,376억원이며, 부채 중 유동부채는 2,619억원, 비유동부채는 1,226억원이다. 또한 발행자본금은 500억원이지만 이익잉여금이 2,350억원으로 자기자본의 규모가 비교적 큰 회사임을 알 수 있다.

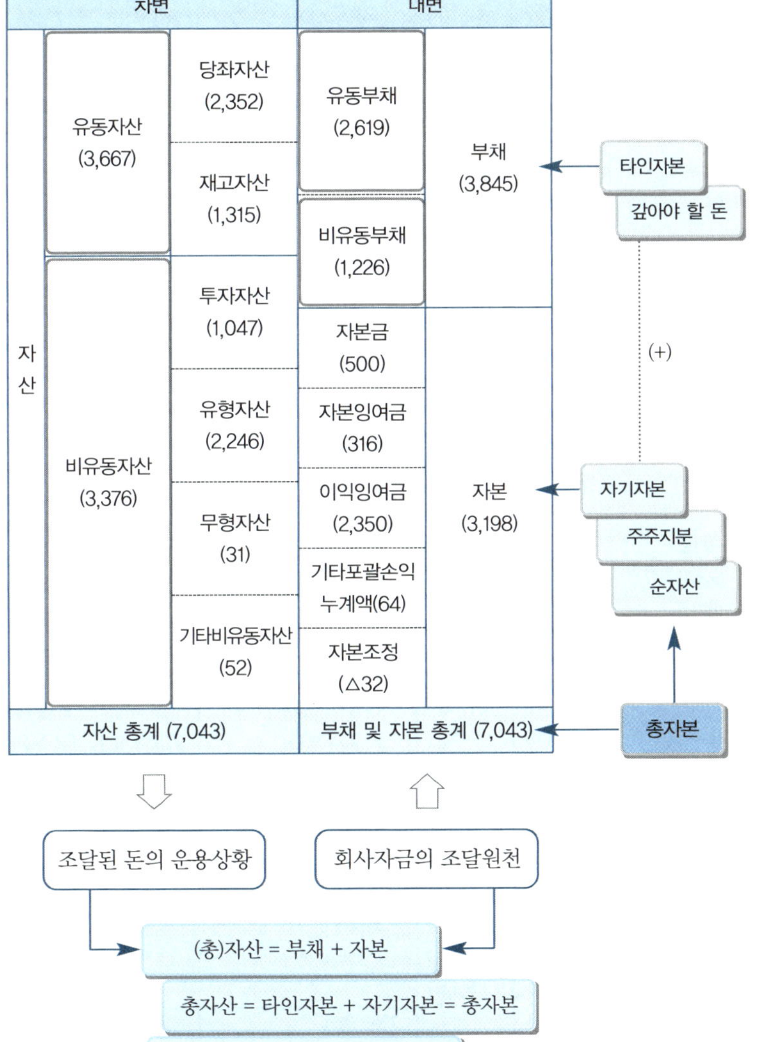

☑ **자본조정**

재무상태표의 자기자본(자본총계)에서 가산 또는 차감표시하는 항목으로서 자기주식과 주식할인발행차금은 차감(−)표시하고 주식매수선택권 등은 가산(+)표시한다.

재무상태표

당기(12기) 20XX년 12월 31일 현재
전기(11기) 20XX년 12월 31일 현재

(주)한경전자   (단위 : 백만원)

과목	당기(12기)	전기(11기)	과목	당기(12기)	전기(11기)
Ⅰ. 유동자산	366,724	324,919	Ⅰ. 유동부채	261,943	247,325
(1) 당좌자산	235,203	212,383	1. 매입채무	83,641	56,744
1. 현금및현금성자산	7,830	12,457	2. 단기차입금	152,360	167,240
2. 단기금융상품	52,327	46,575	3. 미지급법인세	12,450	11,639
3. 매출채권	174,625	152,831	4. 선수금	4,724	2,914
4. 단기대여금	237	362	5. 예수금	6,852	7,362
5. 미수수익	95	72	6. 기타 유동부채	1,916	1,426
6. 선급금	37	54			
7. 선급비용	52	32	Ⅱ. 비유동부채	122,567	125,629
(2) 재고자산	131,521	112,536	1. 장기차입금	94,273	76,561
1. 상품	24,321	17,264	2. 퇴직급여충당부채	21,468	19,247
2. 제품	58,398	52,586	3. 기타 비유동부채	6,826	29,821
3. 원재료	12,529	15,362			
4. 재공품	36,273	27,324	부채 총계	384,510	372,954
Ⅱ. 비유동자산	337,618	346,309	Ⅰ. 자본금	50,000	50,000
(1) 투자자산	104,720	127,859			
1. 장기금융상품	88,240	115,019	Ⅱ. 자본잉여금	31,625	31,625
2. 매도가능증권	12,880	9,240	1. 주식발행초과금	29,547	29,547
3. 장기대여금	3,600	3,600	2. 기타자본잉여금	2,078	2,078
(2) 유형자산	224,632	209,365			
1. 토지	120,416	104,212	Ⅲ. 이익잉여금	235,012	215,001
2. 건물	42,512	37,365	1. 법정적립금	19,271	17,771
3. 기계장치	39,249	28,321	2. 임의적립금	173,469	162,142
4. 비품	6,837	7,625	3. 미처분이익잉여금	42,272	35,088
5. 차량운반구	11,256	24,321			
6. 기타	4,362	7,521	Ⅳ. 기타포괄손익누계액	6,410	4,863
(3) 무형자산	3,126	3,945	1. 매도가능증권평가이익	6,410	4,863
1. 산업재산권	1,427	1,826			
2. 개발비	1,699	2,119	Ⅴ. 자본조정	(3,215)	(3,215)
(4) 기타비유동자산	5,140	5,140	1. 자기주식	(3,215)	(3,215)
1. 보증금	5,140	5,140			
			자본 총계	319,832	298,274
자산 총계	704,342	671,228	부채 및 자본 총계	704,342	671,228

재무상태표를 보면 무엇을 알 수 있나요

■ ■ ■ ■ ■ ■ ■ ■ ■

10

명 대리는 재무상태표를 통해 회사의 재무상태를 알 수 있다고 들었다. 구체적으로 재무상태란 무엇을 의미하며 재무상태표를 가지고 어떤 정보를 얻을 수 있을까?

재무상태표를 보면 회사의 재무상태에 관한 다음과 같은 사항을 알 수 있다.

첫째, 총자산금액을 통해 회사의 규모를 알 수 있다. 총자산이 많다는 것은 그만큼 조달된 자금, 즉 자본총액이 많다는 것이고 그에 따라 더 많은 자본비용이 발생하기 때문에 더 많은 이익을 얻어야 함을 의미한다. 왜냐하면 자본 사용에는 반드시 그 원가가 발생하기 때문이다. 따라서 회사가 조달한 자금의 원가, 즉 자본비용이 어느 정도이며 투자된 자본에 대해 얼마나 많은 성과(이익)를 내는지 따져야 한다.

☑ **자본비용**

회사가 자본을 사용하는 대가로 지불해야 하는 비용을 말한다. 일반적으로 차입금과 같은 타인자본에 대해서는 이자비용이, 자기자본에 대해서는 배당금이 자본비용으로 발생한다.

KeyWord_
재무구조, 이익잉여금, 1주당 순자산가치(BPS)

둘째, 부채금액과 자본금액의 비교를 통해 회사의 재무구조가 건전한지를 알 수 있다. 재무구조란 타인자본인 부채와 자기자본인 자본의 구성비율을 의미하는 것으로 구체적으로는 자기자본비율이나 부채비율로 측정한다. 자기자본의 비중이 너무 낮거나 부채비율이 너무 높으면 재무적 안정성이 떨어진다.

셋째, 이익잉여금의 크기를 통해 과거 영업활동으로 내부 유보된 자금이 얼마인지를 알 수 있다. 이익잉여금이 많다는 것은 단기적인 손실을 감당할 여력이 그만큼 충분하다는 의미이다. 반면에 이익잉여금이 충분하지 않다는 것은 경영환경이 악화되어 손실이 발생하면 자본금을 까먹을 가능성이 있다는 것이다.

넷째, 유동자산과 유동부채의 비교를 통해 단기채무의 상환능력 등 회사의 유동성에 관한 정보를 얻을 수 있다. 회사가 단기부채를 아무 무리없이 상환하기 위해서는 최소한 유동부채보다 더 많은 유동자산을 보유하고 있어야 한다.

다섯째, 회사의 순자산가치가 얼마인지를 파악할 수 있다. 재무상태표의 자산에서 부채를 차감한 금액은 결산일 현재 회사의 장부상 순자산금액으로서 이를 발행주식수로 나누면 1주당 순자산가치(BPS : Book-value Per Share)가 계산된다. 이는 만약 회사가 청산을 한다면 1주당 회사재산이 얼마나 분배될 수 있는지를 보여주는 수치이므로 장부상 회사 재산에 대해 1주가 가지는 권리금액이라고 보면 된다.

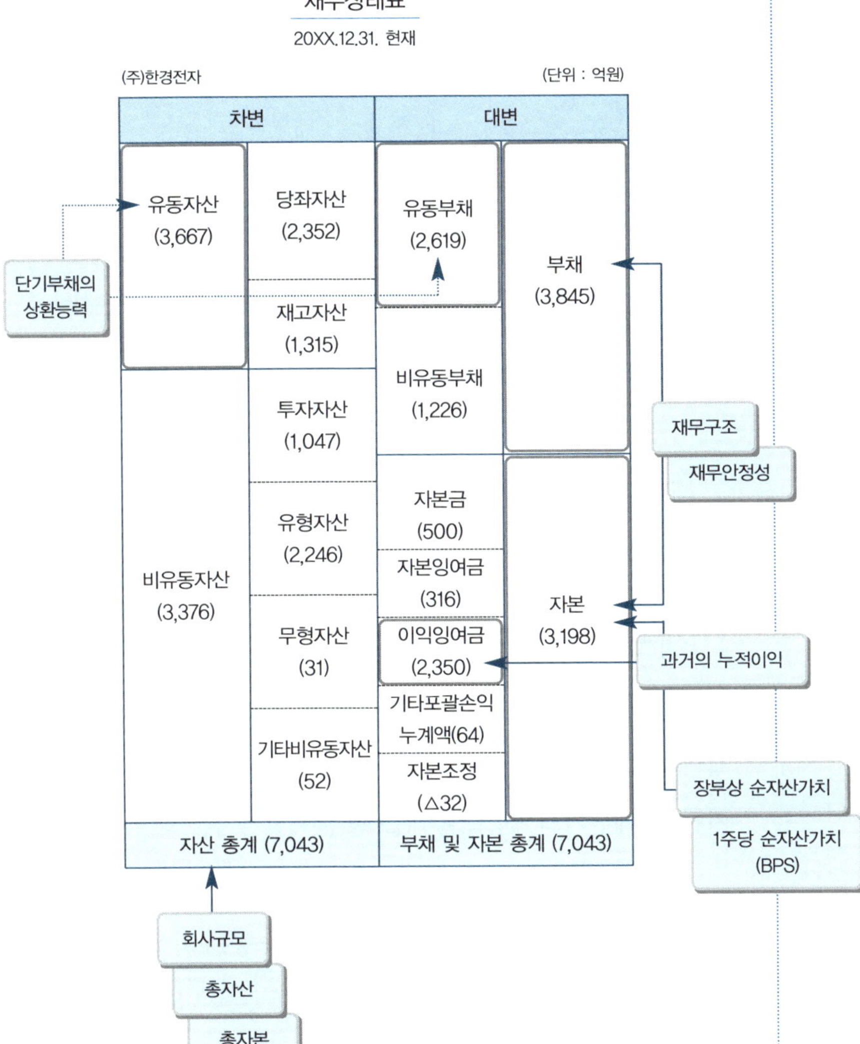
재무상태표
20XX.12.31. 현재
(주)한경전자
(단위 : 억원)
차변
대변
유동자산
(3,667)
당좌자산
(2,352)
재고자산
(1,315)
유동부채
(2,619)
부채
(3,845)
비유동부채
(1,226)
투자자산
(1,047)
비유동자산
(3,376)
유형자산
(2,246)
자본금
(500)
자본잉여금
(316)
자본
(3,198)
무형자산
(31)
이익잉여금
(2,350)
기타비유동자산
(52)
기타포괄손익
누계액(64)
자본조정
(△32)
자산 총계 (7,043)
부채 및 자본 총계 (7,043)
단기부채의
상환능력
재무구조
재무안정성
과거의 누적이익
장부상 순자산가치
1주당 순자산가치
(BPS)
회사규모
총자산
총자본

총자산과 순자산은 어떻게 다른가요

11

명 대리는 자신의 순재산을 따져보았다. 현재 살고 있는 아파트가 약 4억원, 펀드 및 금융재산이 1억원 정도니까 총 5억원의 재산을 가지고 있는 셈이다. 여기서 아파트를 살 때 2억원을 대출받았으므로 명 대리 자신의 순재산은 3억원이라고 할 수 있다.

재무상태표를 보면 자산이 표시되어 있는데 재무상태표의 자산은 총자산을 의미할까, 순자산을 의미할까?

재무상태표에 표시되는 자산은 회사가 장래에 갚아야 할 부채까지 포함된 총자산이다. 총자산은 단지 그 회사의 규모를 알려줄 뿐이므로 주주의 입장에서 기업가치를 따질 때는 회사 자산 중 채권자의 몫, 즉 부채를 뺀 순자산가치를 봐야 한다.

회사의 총재산을 의미하는 자산에서 부채를 차감한 잔여재산가액이 곧 주주의 지분이 되는 셈인데, 부채를 통해 회사 규모를 불리는 것은 마치 개인들이 금융기관에서 잔뜩 돈을 빌려 자산을 불려나가는 것과 같은 것이다. 따라서 투자자의 입장에서는 총자산 규모보다는 순자산 규모가 더 중요하다고 할 수 있다.

KeyWord_
총자산, 순자산

타인자본과 자기자본은 어떻게 다른가요

12

명 대리는 부채와 자본 모두 기업자금의 조달 원천으로서 총자본을 구성한다는 면에서는 같지만 차이점도 있다는 얘기를 들었다. 타인자본인 부채와 자기자본인 자본은 어떤 차이가 있으며, 어느 쪽으로 자금을 조달하는 것이 더 유리할까?

흔히 말하는 재무구조란 회사가 필요로 하는 자금을 조달하는 2가지 수단, 즉 타인자본을 가리키는 부채와 자기자본을 가리키는 자본의 구성비를 말한다.

부채든 자본이든 회사가 자금을 가져다 쓰기 위해서는 반드시 그 대가를 지불해야 하는데 이를 자본비용(Cost of Capital)이라고 한다. 일반적으로 타인자본을 사용할 때는 금융기관 등 채권자에게 이자비용이 지급되고, 자기자본을 사용할 때는 주주에게 배당금이 지급된다. 여기서 이자비용은 회사 사정에 관계없이 반드시 사전에 정한대로 지급해야 하는 고정비의 성격이지

☑ **고정비**

매출액이 변동하더라도 항상 일정하게 발생하는 비용으로서 감가상각비나 보험료, 세금과공과, 임차료, 이자비용 등이 이에 해당한다.

KeyWord_
타인(자기)자본, 손금, 법인세 감세효과, 최적자본구조

만, 배당은 비용이 아니라 이익을 분배하는 것이므로 배당 가능한 이익잉여금이 없다면 지급을 하지 않아도 무방하다.

또한 이자비용은 회사의 비용이면서 세무상 손금으로 인정되므로 이에 대해서는 법인세 감세효과가 발생한다. 예를 들어 이자비용 1억원이 지출되었더라도 세무상 손금으로 인정되면 법인소득이 그만큼 줄어들어 법인세율이 20%일 경우 2,200만원(지방소득세 포함)의 법인세가 줄어드는 효과가 생긴다. 따라서 이자지급으로 인해 실제 유출된 현금은 7,800만원인 셈이다.

그러나 배당금은 비용과 손금으로 들어가는 것이 아니기 때문에 이런 효과가 발생하지 않는다. 다만, 우리나라는 시가배당이 아니라 액면가를 기준으로 배당을 하기 때문에 자본금이 아닌 전체 자본을 기준으로 한 배당률은 그리 높지 않다고 봐야 한다.

마지막으로 타인자본은 일정 기한이 되면 반드시 상환해야 하지만 자기자본은 그럴 필요가 없다는 점에서 차이가 있다. 그만큼 자금을 장기간 더 안정적으로 사용할 수 있다는 의미이다. 이렇게 보면 타인자본보다 자기자본이 더 유리하다고 생각할 수 있는데, 이는 자기자본의 사용에 대한 기회비용을 고려하지 않았을 경우라는 점을 알아야 한다. 자기자본의 사용에 대한 기회비용을 감안하면 자기자본비용이 반드시 유리하다고 단정할 수는 없다는 뜻이다.

예를 들어 30억원을 자본금으로 출자한 주주의 경우 그 돈을 회사에 출자하지 않고 다른 투자대상(부동산이나 펀드, 예금 등)에 투자했더라면 얻을 수 있었던 수익을 놓친 것이므로 당연히 기회비용으로서의 원가가 발생한다. 또한 주주의 입장에서는 자기자본의 비중이 높아질수록 자신들이 투자한 돈에 대한 이익률(자기자본이익률)이 낮아지므로 타인자본의 사용이 더 유리하다고 생각하고 이를 원할 수도 있다.

그러므로 타인자본과 자기자본의 이와 같은 특성을 감안해 가중평균자본비용이 가장 적게 발생하는 최적자본구조를 유지하면서 영업이익 또는 영업현금흐름 등 자산수익률을 최대화하는 것이 기업가치를 극대화하는 길이다.

타인자본(차입금)에 대한 자본비용과 자기자본에 대한 자본비용을 그 구성비율로 평균한, 회사 전체의 평균적인 자본비용을 말한다. 차입금과 자기자본이 각각 20%와 80%이고 각각의 자본비용이 6%(법인세율이 20%일 경우 세금효과를 감안하면 4.8%)와 10%라면 가중평균자본비용은 8.96%((0.2×0.048)+(0.8×0.1))로 계산된다.

기업가치의 극대화를 위해서는 부채와 자기자본의 가중평균자본비용(WACC)이 가장 적게 발생하는 자본구조를 선택하는 것이 필요하다. 이때 가중평균자본비용을 최소로 하는 부채와 자기자본의 최적 결합을 말한다.

자본금과 자본은 어떤 차이가 있나요

회사의 재무상태표를 들여다보던 명 대리는 자본이라는 항목 속에 자본금이 있는 것을 보고, 회사의 자본은 자본금을 말하는 것이 아닌가 하는 생각에 고개를 갸우뚱한다. 자본과 자본금은 어떻게 다를까?

주주들이 출자를 통해 회사에 자본을 제공하는 방법은 회사가 발행한 주식을 사는 것이다. 주식은 그 증서에 거래단위를 나타내는 액면가가 표시되어 있는데, 자본금이란 이 액면가를 기준으로 한 발행자본금액을 말한다. 즉, 회사가 발행한 주식수에 주당 액면가액을 곱한 것이 자본금인 셈이다. 예를 들어 회사가 발행한 주식이 1,000만주이고 주당 액면가액이 5,000원이라면 자본금은 500억원이 된다.

이에 반해 자본은 회사의 총자산에서 부채를 뺀 순자산으로서 일반적으로 자본금보다는 클 수밖에 없다. 왜냐하면 회사가

▶▶ 자본금과 자본의 차이

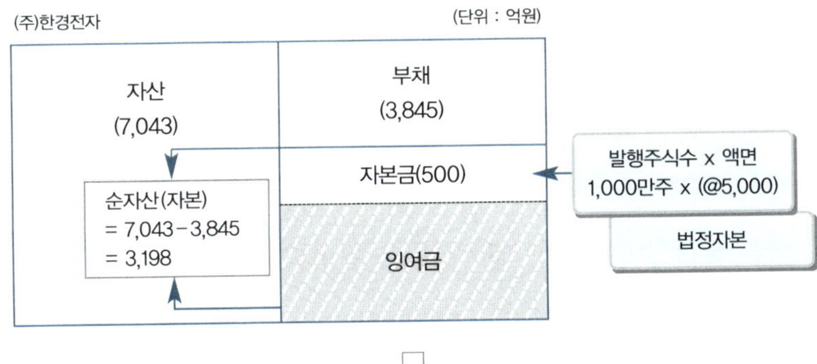

자본금은 500억원인데 순자산이 3,198억원으로 증가한 이유는 회사설립 이후 순이익(잉여금)이 발생했기 때문이다.

만약 자산총액이 4,340억원이라면 부채(3,845억원)를 차감한 순자산(495억원)이 자본금(500억원)보다 적은 자본잠식 상태가 된다.

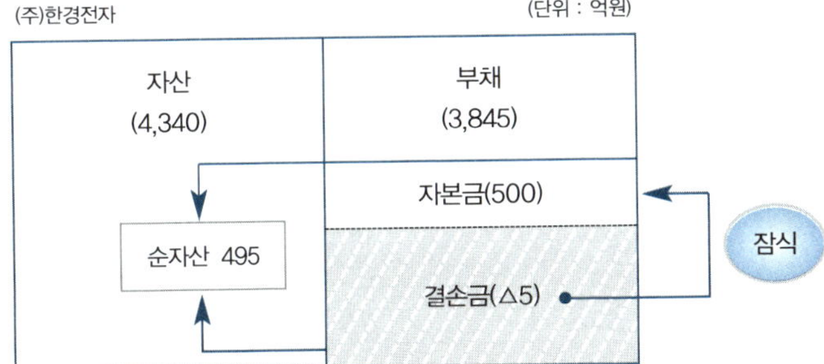

특정년도의 비용이 수익을 초과해서 발생한 당기순손실을 결손금이라고 하고 결손금이 전기이월미처분이익잉여금보다 더 많은 경우 그 초과액을 미처리결손금이라고 한다.

영업활동을 통해 이익을 얻게 된 만큼 회사의 순자산이 늘어나게 되므로 자본금보다는 순자산금액이 많아지는 것이 일반적이기 때문이다.

이 경우 순자산금액이 자본금을 초과하는 부분을 잉여금이라고 한다. 잉여금이 있는 회사는 회사의 순자산이 자본금보다 많다는 의미이며 잉여금이 마이너스인 회사, 즉 결손금이 있는 회사는 순자산이 자본금보다 적다는 의미로 자본금을 까먹었다는 얘기가 된다.

회사의 자산에 대한 주주의 지분은 자본금을 포함한 전체 자본에 대한 것이므로 이런 의미에서 자본을 주주지분이라고 한다. 그리고 자본금은 상법에 따라 회사의 법인등기부에 등재된 자본이므로 이를 법정자본이라고 한다.

자본잉여금과 이익잉여금은 무엇이 다른가요

14

법정자본금을 초과한 회사의 순자산금액이 잉여금임을 알게 된 명 대리는 잉여금에도 자본잉여금과 이익잉여금이 있다는 사실을 알게 되었다. 자본잉여금과 이익잉여금은 어떻게 다를까?

회사가 잉여금, 즉 순자산가치를 증가시키는 방법에는 여러 가지가 있다. 먼저 회사가 영업활동을 통해 이익을 창출하면 순자산이 늘어난다. 예를 들어 원가가 100만원인 제품을 130만원에 현금 또는 외상으로 팔았다고 가정하면 제품판매라는 영업활동을 통해 회사의 자산은 30만원이 증가한다. 왜냐하면 제품자산이 100만원 감소하는 대신 현금 또는 매출채권이라는 자산이 130만원 증가하기 때문이다. 영업외적인 이자수익을 받은 경우에도 회사자산은 그만큼 증가하게 된다.

반대로 영업비용을 지출하는 경우를 생각해보자. 판매비나

KeyWord_
이익(자본)잉여금, 결손금보전,
자본전입

관리비 등을 지출하면 순자산은 그만큼 감소하게 된다. 그러므로 회사가 회계기간 동안 벌어들인 이익은 결국 그 기간 동안 순자산가치가 그만큼 증가했다는 뜻이다. 이는 주주의 몫으로서 재무상태표상 자기자본을 증가시키는 결과를 가져다준다.

이처럼 회사의 손익활동을 통해 순자산가치가 증가한 것의 누계액을 이익잉여금이라고 한다. 그러니까 이익잉여금의 원천은 매 회계년도의 당기순이익인 셈이며, 매년 벌어들인 당기순이익 중 주주에 대한 배당금 지급을 통해 회사 바깥으로 유출되지 않고 남아 있는 금액이 바로 이익잉여금이다.

한편 자본잉여금은 회사의 순자산이 늘어난 것이라는 점에서는 이익잉여금과 같지만 그 발생원인이 영업활동이 아닌 주주와의 자본거래라는 점에서 차이가 있다. 예를 들어 회사가 증자를 한다고 가정해보자. 주당 액면가액은 5,000원이지만 회사의 현재 자산가치가 1주당 5,000원이 넘는다면 발행가는 5,000원 이상일 것이다. 만약 8,000원을 발행가로 정했다면 1주당 8,000원의 주식발행대금이 회사로 들어오게 된다. 그러나 자본금은 액면가인 5,000원만 늘어나게 되는데, 이때 발행가와 액면가의 차이 3,000원을 주식발행초과금이라고 한다. 이는 주식발행이라는 자본거래를 통해 주주에게서 1주당 3,000원씩 더 받은 결과로 발생한 순자산의 증가분인데 이와 같이 자본거래를 통해 발생한 순자산증가, 즉 잉여금을 자본잉여금이라고 한다.

▶▶ 자본잉여금과 이익잉여금

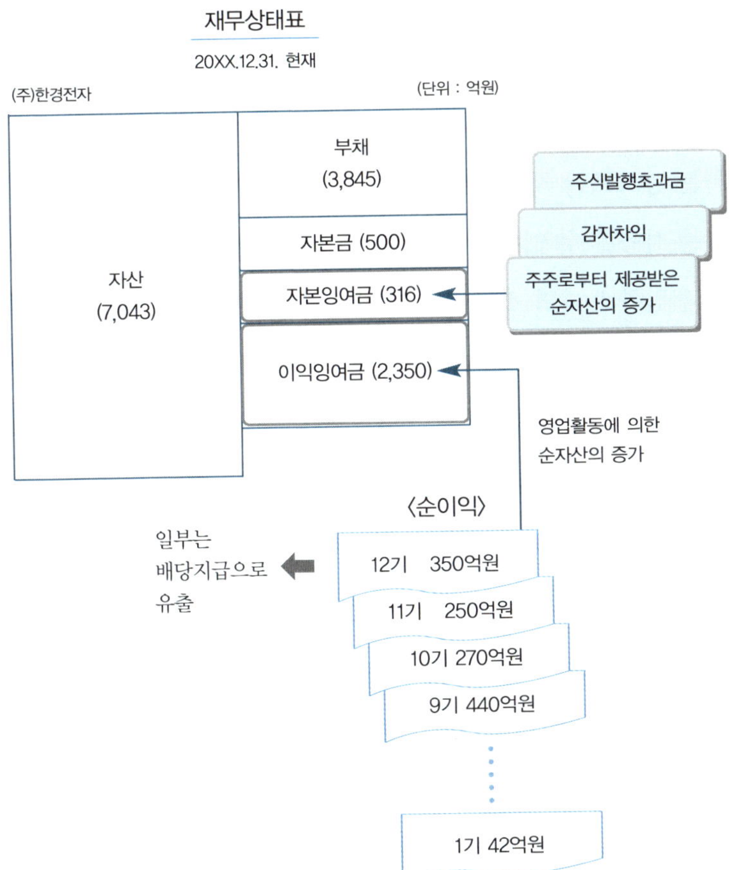
재무상태표
20XX.12.31. 현재
(주)한경전자
(단위 : 억원)
부채
(3,845)
자산
(7,043)
자본금 (500)
자본잉여금 (316)
이익잉여금 (2,350)
주식발행초과금
감자차익
주주로부터 제공받은
순자산의 증가
영업활동에 의한
순자산의 증가
〈순이익〉
일부는
배당지급으로
유출
12기   350억원
11기   250억원
10기 270억원
9기 440억원
1기 42억원

이처럼 자본잉여금과 이익잉여금을 구분하는 것은 자본잉여금에 대해서는 상법에서 그 용도를 제한하고 있기 때문이다. 이익잉여금은 주주에 대한 배당금의 재원으로 사용할 수 있지만 자본잉여금은 향후 회사의 결손금을 보전한다든지 자본에 전입하는 용도로만 사용해야 한다. 즉, 주주에 대한 배당의 재원으로는 사용할 수 없다는 뜻이다. 그러나 결손금을 메우거나 자본에 전입하게 되면 결국 주주가 혜택을 보게 된다는 점에서는 큰 차이가 없다.

▶▶ 잉여금의 분류

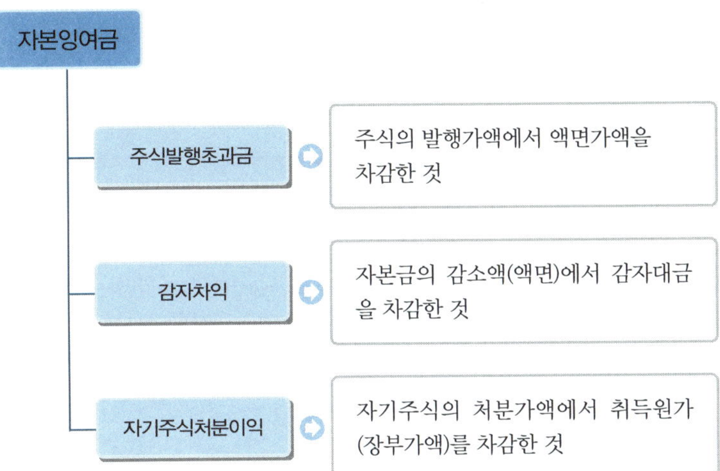
자본잉여금

주식발행초과금
주식의 발행가액에서 액면가액을 차감한 것

감자차익
자본금의 감소액(액면)에서 감자대금을 차감한 것

자기주식처분이익
자기주식의 처분가액에서 취득원가(장부가액)를 차감한 것

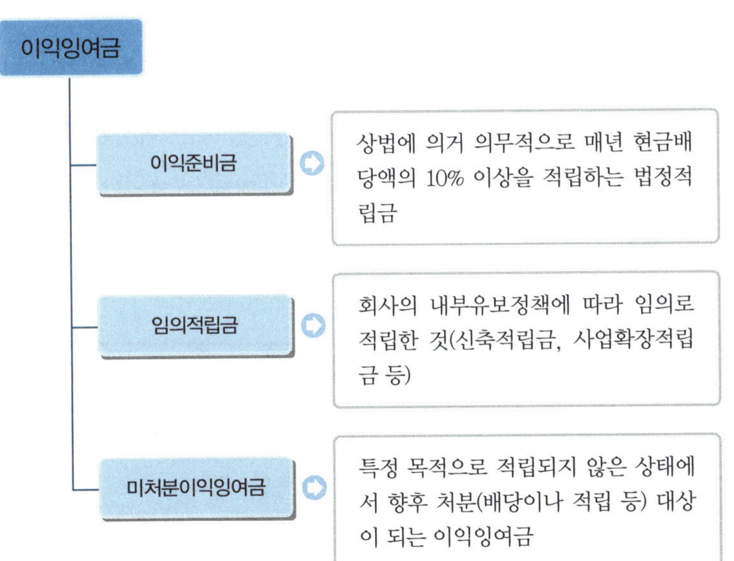
이익잉여금

이익준비금
상법에 의거 의무적으로 매년 현금배당액의 10% 이상을 적립하는 법정적립금

임의적립금
회사의 내부유보정책에 따라 임의로 적립한 것(신축적립금, 사업확장적립금 등)

미처분이익잉여금
특정 목적으로 적립되지 않은 상태에서 향후 처분(배당이나 적립 등) 대상이 되는 이익잉여금

증자나 감자를 하면 회사의 재무상태에 어떤 변화가 생기나요

15

아침에 신문을 보던 명 대리는 Y카드사가 10:1로 감자를 실시한다는 기사를 봤다. 회사가 감자를 하는 이유는 무엇이며 증자나 감자를 실시하면 회사의 재무상태에 어떤 변화가 생길까?

회사 자본금에 변화가 생기는 것은 자본금을 늘리는 경우(증자)와 줄이는 경우(감자) 2가지이다. 증자는 회사가 필요한 자금을 조달할 목적으로 새로 주식을 발행해 회사 규모를 늘리는 것이고, 감자는 반대로 이미 발행했던 주식을 없애(이를 소각이라고 한다) 회사 규모를 줄이는 것이다.

주식대금을 실제로 납입받고 증자하는 경우를 유상증자라고 하는데, 유상증자의 결과 회사의 자산과 자본은 발행가만큼 증가하게 된다. 이때 자본금은 액면가만큼만 증가하며 액면초과액은 주식발행초과금이라는 자본잉여금으로 들어가게 된다.

그러나 증자대금을 전혀 받지 않고 기존 주주들에게 신주를 교부할 수도 있는데 이를 무상증자라고 한다. 무상증자는 아무런 대가 없이 주식을 나눠주는 것이므로 이를 실시하려면 그만한 재원(자본잉여금과 이익잉여금)이 있어야 한다. 자본잉여금은 과거에 주주와의 거래를 통해 주주들에게서 벌어들인 돈이고 이익잉여금도 어차피 주주의 돈이므로 이를 재원으로 주식을 공짜로 나눠줄 수 있는 것이다.

이렇게 무상증자를 실시하면 잉여금은 감소하는 대신 자본금이 증가하게 되므로 회사의 순자산에는 아무런 변화가 생기지 않으며, 다만 발행주식수가 늘어남에 따라 주당이익이 감소하는 결과가 초래될 수 있다.

자본금을 줄이는 감자의 경우에도 유상감자와 무상감자가 모두 가능하다. 유상감자는 주식대금을 다시 돌려주고 주식을 반환받아 이를 소각하는 것이며 무상감자는 주식대금을 전혀 돌려주지 않고 주식을 반환받아 이를 소각하는 것이다. 이때 돌려준 주식대금이 액면가보다 많으면 감자차손이, 액면가보다 적으면 감자차익이 발생한다.

회사의 자본금이 너무 많은데도 마땅히 투자할 데가 없는 경우 주주에게 자본금을 되돌려줄 목적으로 유상감자를 실시하기도 한다. 그러나 감자는 회사의 규모를 축소하는 것이므로 일반적으로 재무상태가 좋지 않은 회사에서 주로 발생한다. 따라서

☑ **자본잉여금**

주주와의 자본거래(증자나 감자 등)를 통해 회사의 순자산이 늘어난 것으로서 주식발행초과금, 감자차익, 자기주식처분이익 등이 이에 해당한다.

☑ **이익잉여금**

영업활동을 통해 회사의 순자산이 늘어난 것으로서 매년도 손익계산서의 당기순이익(배당을 통해 주주에게 지급된 것을 제외)이 누적된 것이다.

☑ **주당이익**

회사의 당기순이익을 발행주식(보통주)수로 나눠 보통주 1주당 얼마나 벌었는지를 나타내는 것으로서 발행주식규모가 서로 다른 회사의 상대적인 수익력을 비교하기 위해 사용된다.

KeyWord_
유상증자, 무상증자, 유상감자, 무상감자, 감자차손, 감자차익

줄어드는 자본금보다 더 적은 금액을 돌려주거나 아예 돌려주지 않음으로써 감자차익이 발생하는 경우가 대부분이다. 감자차익은 주주와의 자본거래를 통해 회사자산이 늘어난 것이므로 자본잉여금에 해당한다. 이때 유상감자의 경우에는 소각된 주식의 액면가액과 감자대금의 차액이 감자차익이 되고, 무상감자의 경우에는 소각된 주식의 액면가액 전액이 감자차익이 될 것이다.

명 대리가 봤던 Y카드사의 10:1 감자란 기존 주식 10주를 1주로 병합하는 것을 의미한다. 예를 들어 액면가 5,000원짜리 주식 1,000주를 가진 주주의 경우 감자가 실시되면 주식수가 100주로 줄어들게 된다. 결국 이 주주는 감자를 통해 900주의 주식을 잃는 셈이며, 회사는 이 주주에게서 450만원(900주×@5,000)의 감자차익을 얻게 된다. 이처럼 감자는 기존 주주에게 손실을 주는 것이 일반적이기 때문에 상법상 주주총회의 특별결의를 거쳐야 하는 등 그 요건이 매우 까다롭다.

한편 감자를 통해 얻은 감자차익은 회사의 결손을 보전하거나 먼 후일 자본에 전입하는 등의 용도로 사용된다. 만일 감자차익을 이월결손금을 보전하는 데 사용했다면 자본잉여금(감자차익)과 이월결손금 모두 감소하게 된다. 결국 주주가 자신의 자본금을 털어 회사의 손실을 메우는 결과가 되는 셈이다.

▶▶ 유상증자의 효과

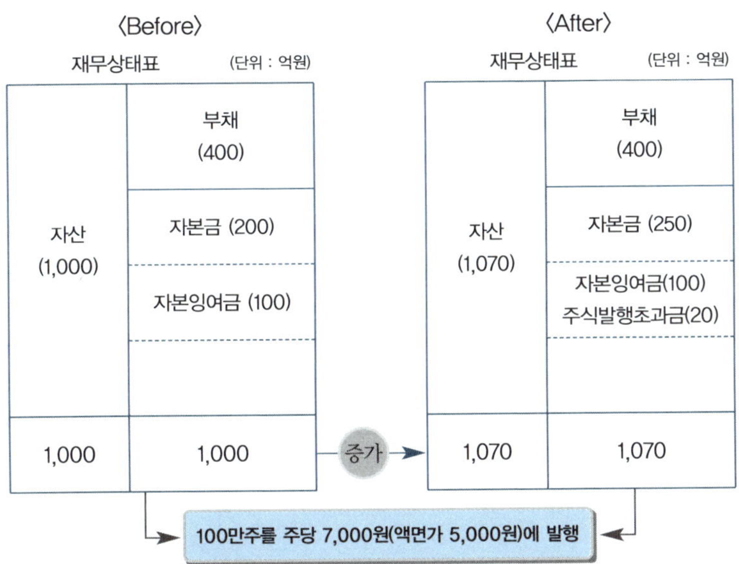

▶▶ 무상감자의 효과

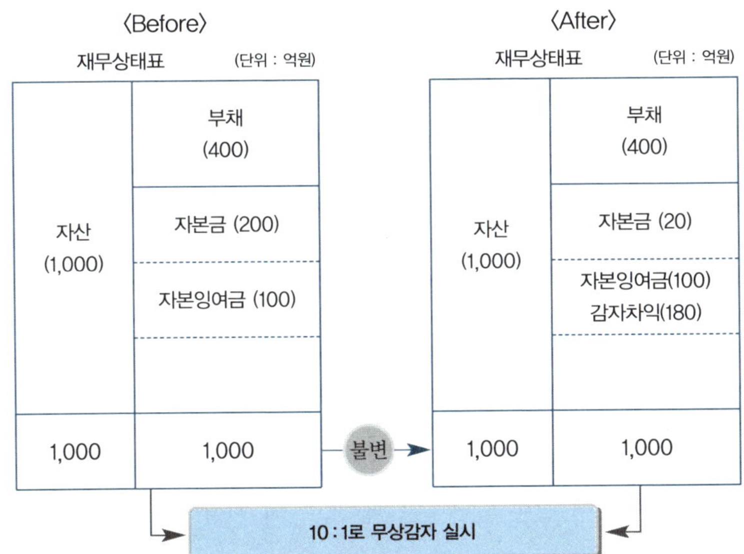

16 자본잠식은 어떤 상태를 말하는 건가요

모 증권사에서 발간한 기업분석자료를 보던 명 대리는 어떤 회사의 자기자본란에 '자본잠식'이라고 쓰여 있는 것을 봤다. 언뜻 생각하기로는 자본을 까먹었다는 의미인 것 같은데, 자본잠식이란 구체적으로 무엇이며 어떤 식으로 진행될까?

✓ 이월이익잉여금

당기의 미처분이익잉여금(전기이월미처분이익잉여금에 당기순이익을 더한 것)에 대해 처분(배당지급이나 적립금 적립)을 하고 남은 잔액으로서 다음 회계년도로 넘어가는 이익잉여금을 차기이월미처분이익잉여금이라고 한다. 그리고 이 금액은 다음 회계년도에는 전기이월미처분이익잉여금이 되어 다음 회계년도의 순이익과 함께 미처분이익잉여금을 구성한다.

정상적인 회사의 재무상태표는 항상 자산총액이 부채보다 많아야 하며(즉, 순자산이 플러스 상태이어야 한다), 순자산은 주주에 의해 불입된 자본금인 발행주식의 액면가치와 잉여금의 합계액과 같아야 한다.

그러나 회사에 수년간 손실이 발생하게 되면 처음에는 기존의 이월이익잉여금을 까먹는 정도로 끝나지만, 이것마저도 바닥이 나면 미처리결손금이 생기게 된다. 미처리결손금은 이미 적립되어 있던 임의적립금과 법정적립금의 순서대로 메워 나간다. 모든 적립금이 결손을 메우는 데 쓰여 더 이상 메울 것이 없을 때는 미처리결손금이 재무상태표에 그대로 나타나게 된다.

예를 들어 자본금이 30억원인 회사의 자산총액이 100억원이고 부채가 80억원이라면 순자산총액은 20억원으로 자본금보다 더 적은 상태가 된다. 이런 경우는 회사의 결손금 10억원이 이미 자본금을 잠식하기 시작한 것이라 할 수 있는데 결국 영업활동을 잘못해 자본금 중 10억원을 이미 까먹은 셈이다.

만약 결손이 더욱 커져 자산총액이 80억원으로 줄어든다면 순자산금액과 자기자본은 모두 0이 되어 자본금 30억원을 전부 까먹은 완전자본잠식 상태가 된다. 완전자본잠식 상태는 회사 재산에 대한 주주의 지분이 하나도 없다는 의미로 주주가 회사 재산에 대해 주장할 수 있는 주식의 가치가 전혀 없음을 보여주는 것이다. 이 상태에서 자본잠식이 더 진행되면 부채가 자산을 초과하는 상황, 즉 순자산(자기자본)이 마이너스인 상황이 될 수도 있다.

따라서 회사가 자본잠식 상태에 들어갔다면 주주들의 추가출자에 의해 자본을 보충해 사업을 계속 영위할 수도 있지만, 그렇지 못하다면 청산하는 수밖에 없을 것이다. 이와 관련해 증권시장에서는 투자자보호를 위해 회사 자본금의 50%가 잠식되면 관리종목으로 지정하고, 자본금이 완전히 잠식되면 상장을 폐지하도록 하고 있다.

☑ 임의적립금

회사 이익 중 일부를 장래에 특정 목적을 위해 사용할 목적으로 배당하지 않고 내부에 적립해둔 것(적립된 부분은 배당의 재원으로 사용할 수 없다)을 말한다. 사업확장적립금, 신축적립금 등이 있다.

☑ 법정적립금

법에 의해 회사 이익의 일부를 강제적으로 적립한 것을 말한다. 상법에서는 기업이 벌어들인 이익을 모두 배당으로 지급하지 못하게 하기 위해 현금배당액의 10% 이상을 자본금의 1/2에 달할 때까지 강제적으로 적립하도록 하고 있는데, 이를 이익준비금이라고 한다.

☑ 결손금

특정년도의 비용이 수익을 초과해서 발생한 당기순손실을 결손금이라고 하고 결손금이 전기이월미처분이익잉여금보다 더 많은 경우 그 초과액을 미처리결손금이라고 한다.

☑ 완전자본잠식

미처리결손금이 자본금과 같아져서 자본금을 완전히 까먹은 상태로서 장부상으로는 자기자본이 0인 상태를 말한다. 자산총액과 부채총액이 같아 순자산금액도 0원인 상태가 된다.

KeyWord_
이월이익잉여금, 임의적립금, 법정적립금, 결손금, 자본잠식

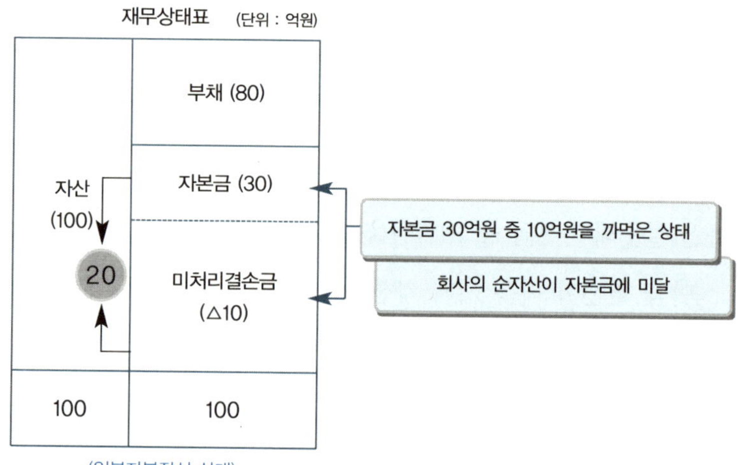

(일부자본잠식 상태)

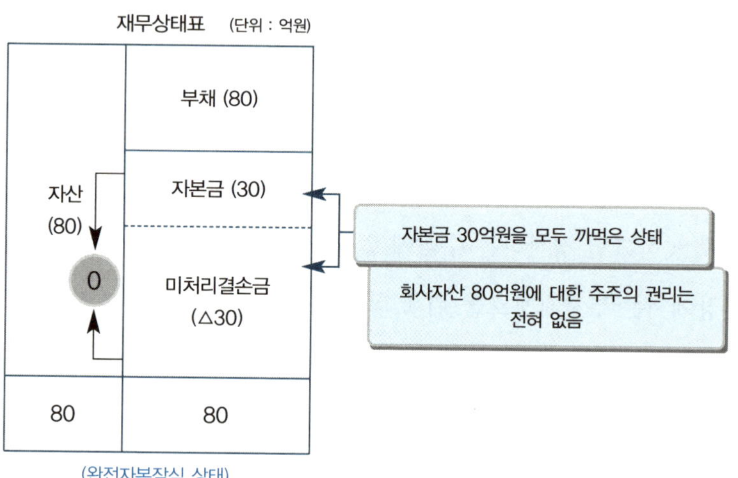

(완전자본잠식 상태)

재무상태표의 중점 체크포인트는 무엇인가요

17

재무상태표를 보면 회사의 재무상태가 어떤지를 알 수 있다고 하는데, 여러 항목 가운데서도 특히 어떤 항목을 어떻게 봐야 할지 난감하다. 재무상태표를 통해 회사의 재무상태를 진단하려면 주로 어떤 항목을 체크해야 할까?

재무상태표를 볼 때에는 먼저 총자본의 구성상태를 확인해야 한다. 즉, 전체 자본 중 부채와 자기자본의 비중이 어느 정도인지를 따져봐야 하는데, 자기자본의 비중이 너무 낮거나 차입금 등 부채의 비중이 높다면 이는 그만큼 재무적으로 안정성이 떨어지는 회사라고 할 수 있다.

그리고 조달된 자본이 어느 자산에 얼마나 투자되어 있는지를 자산항목을 통해 파악해야 한다. 영업활동과 무관한 투자자산에 대해서는 손익계산서의 관련 이익을 통해 투자성과가 제대로 나오고 있는지 살펴봐야 한다.

KeyWord_
대손충당금, 비유동자산, 비유동부채

영업과 관련된 자산 중에서는 매출채권과 재고자산이 가장 중요하다. 만약 매출채권과 재고자산의 비중이 너무 높으면(각각 총자산의 20%를 넘는 것을 위험하다고 본다) 자금회전상 문제가 생길 뿐만 아니라 자산회전율을 떨어뜨려 수익성에도 악영향을 미치기 때문이다.

또한 매출채권과 재고자산이 적정하게 평가되어 있는지도 확인해야 한다. 매출채권에 대해서는 충분한 대손충당금이 차감되어 있는지, 재고평가는 적정한지, 불량재고는 없는지를 체크하는 것도 중요한 포인트이다. 아울러 1년 안에 갚아야 하는 유동부채를 감당할 만한 충분한 유동자산을 보유하고 있는지도 확인해야 한다.

끝으로 장기자금과 단기자금의 균형도 따져봐야 한다. 비유동자산과 같은 장기성 자산에 투자된 자금은 단기간 내에 회수하기 어려운 자금이므로 가급적 비유동부채나 자기자본과 같은 장기성 자금으로 조달되어야 한다. 만약 비유동자산금액이 비유동부채와 자기자본의 합계금액보다 많다면 장기성 자산의 일부가 유동부채와 같은 단기자금으로 조달되었다는 뜻으로 재무적인 안정성에 문제가 생길 수 있음을 암시하는 것이다.

재무상태표의 중점 체크포인트

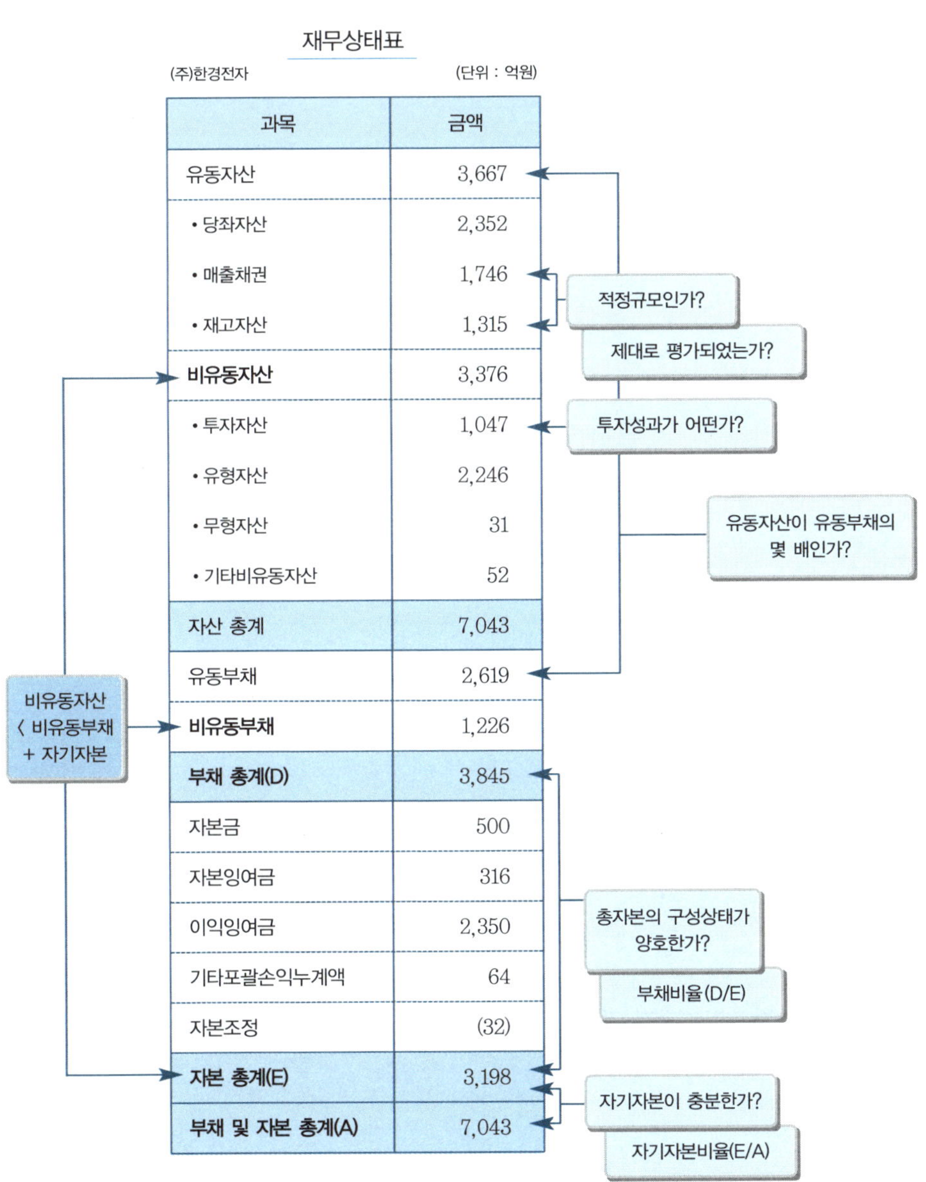
재무상태표
(주)한경전자
(단위 : 억원)

과목 | 금액
유동자산 | 3,667
· 당좌자산 | 2,352
· 매출채권 | 1,746
· 재고자산 | 1,315
비유동자산 | 3,376
· 투자자산 | 1,047
· 유형자산 | 2,246
· 무형자산 | 31
· 기타비유동자산 | 52
자산 총계 | 7,043
유동부채 | 2,619
비유동부채 | 1,226
부채 총계(D) | 3,845
자본금 | 500
자본잉여금 | 316
이익잉여금 | 2,350
기타포괄손익누계액 | 64
자본조정 | (32)
자본 총계(E) | 3,198
부채 및 자본 총계(A) | 7,043

적정규모인가?
제대로 평가되었는가?
투자성과가 어떤가?
유동자산이 유동부채의 몇 배인가?
비유동자산 〈 비유동부채 + 자기자본
총자본의 구성상태가 양호한가?
부채비율(D/E)
자기자본이 충분한가?
자기자본비율(E/A)

1부_ 재무제표 보는 법

3장_ 이익잉여금처분계산서 보는 법

:: 회사가 번 이익을 어떻게 처분하는지 궁금하다

18

이익잉여금처분계산서를 보면 무엇을 알 수 있나요

손익계산서를 살피던 명 대리는 갑자기 회사가 벌어들인 돈의 행방이 궁금해졌다. 그래서 재무팀장에게 매년 벌어들인 이익이 다 어디로 가는지 물었다. 그러자 재무팀장은 귀찮다는 듯 이익잉여금처분계산서를 보면 다 나온다는 대답만 할 뿐이었다. 이익잉여금처분계산서에는 과연 어떤 정보가 담겨 있을까?

회사의 이익은 전액 주주의 몫이다. 따라서 회사의 이익은 주주들에게 배당을 통해 나눠주는 것이 원칙이며 배당을 하면 그에 해당하는 만큼 회사의 자산(현금)과 자기자본(미처분이익잉여금)이 줄어든다.

그러나 모든 회사 이익을 주주들에게 배당으로 나눠주기는 어렵다. 왜냐하면 장래 신규사업의 진출이나 시설투자, 차입금 상환 등의 재무구조 개선이나 경영환경의 어려움에 대비하기 위해서는 회사 내부에 어느 정도 자금을 유보해둘 필요가 있기 때문이다.

이익잉여금처분계산서

제12(당)기 20XX년 1월 1일부터   제11(전)기 20XX년 1월 1일부터
           20XX년 12월 31일까지   20XX년 12월 31일까지
처분확정일 20XX년 3월 30일   처분확정일 20XX년 3월 23일

(주)한경전자   (단위 : 백만원)

과목	제12(당)기		제11(전)기	
	금액		금액	
Ⅰ. 미처분이익잉여금		42,272		35,088
1. 전기이월미처분이익잉여금	7,261		10,081	
2. 당기순이익	35,011		25,007	
Ⅱ. 이익잉여금처분액		25,624		27,827
1. 이익준비금	624		1,500	
2. 배당금(주석17)	5,000		15,000	
가. 현금배당(주당배당금(율))				
당기 : 500원 (10%)				
전기 : 1,500원 (30%)				
3. 임의적립금	20,000		11,327	
Ⅲ. 차기이월미처분이익잉여금		16,648		7,261

    이익잉여금처분계산서는 당기순이익을 포함한 미처분이익잉
여금을 어떻게 처분했는지를 보여주는 것이다. 이익처분은 결산
일 이후 주주총회에서 확정할 사항이므로 재무제표를 작성할 때
는 일단 처분계획(안)이 만들어진다. 그러므로 재무상태표에 표
시된 이익잉여금은 당기의 이익처분(안)이 반영되지 않은 것이
며, 주주총회에서 확정되는 시점에 회계장부에 반영된다.

    이익잉여금처분계산서 맨 처음에 나오는 미처분이익잉여금

KeyWord_
이익잉여금처분계산서, 미처분이
익잉여금, 이익준비금, 법정적립금

은 전기에서 처분되지 않고 넘어온 전기이월미처분이익잉여금에 당기순이익을 더한 금액을 말하는 것으로 이것이 재무상태표에 표시되는 이익잉여금이다. 이익잉여금처분액은 미처분이익잉여금에 대한 구체적인 처분내역을 나타낸다. 처분유형은 크게 회사 내부에 유보되는 것과 배당금과 같이 회사 바깥으로 유출되는 부분으로 나뉜다.

내부에 유보되는 항목은 이익준비금과 같은 법정적립금을 비롯하여 사업확장적립금, 시설투자적립금 등 다양한 목적의 임의적립금이 있다. 이런 항목은 비록 이익처분이라고는 하지만 회사 자산이 외부로 빠져나가는 것은 전혀 없으며, 단지 미처분이익잉여금을 법정 또는 임의적립금 형태로 대체시킨 것에 불과하므로 자기자본 총액에는 아무런 변화가 없다.

미처분이익잉여금에서 이익잉여금처분액을 차감하면 차기이월미처분이익잉여금이 산출된다. 미처분이익잉여금을 이런 식으로 처분해 줄이게 되면 향후 주주에게 배당가능한 차기이월미처분이익잉여금이 줄어들게 된다.

이와 같이 이익잉여금처분계산서를 보면 회사가 벌어들인 이익을 어떻게 사용하고 있는지 알 수 있다. 즉, 주주에게 배당을 많이 하는 회사인지, 내부유보를 많이 하는 회사인지 그리고 적립금의 항목을 통해 회사가 장래 계획하고 있는 정책(예를 들면 사업확장, 결손대비, 시설투자, 사옥신축 등)이 무엇인지도 알 수 있다.

▶▶ 이익처분과 재무상태표의 관계

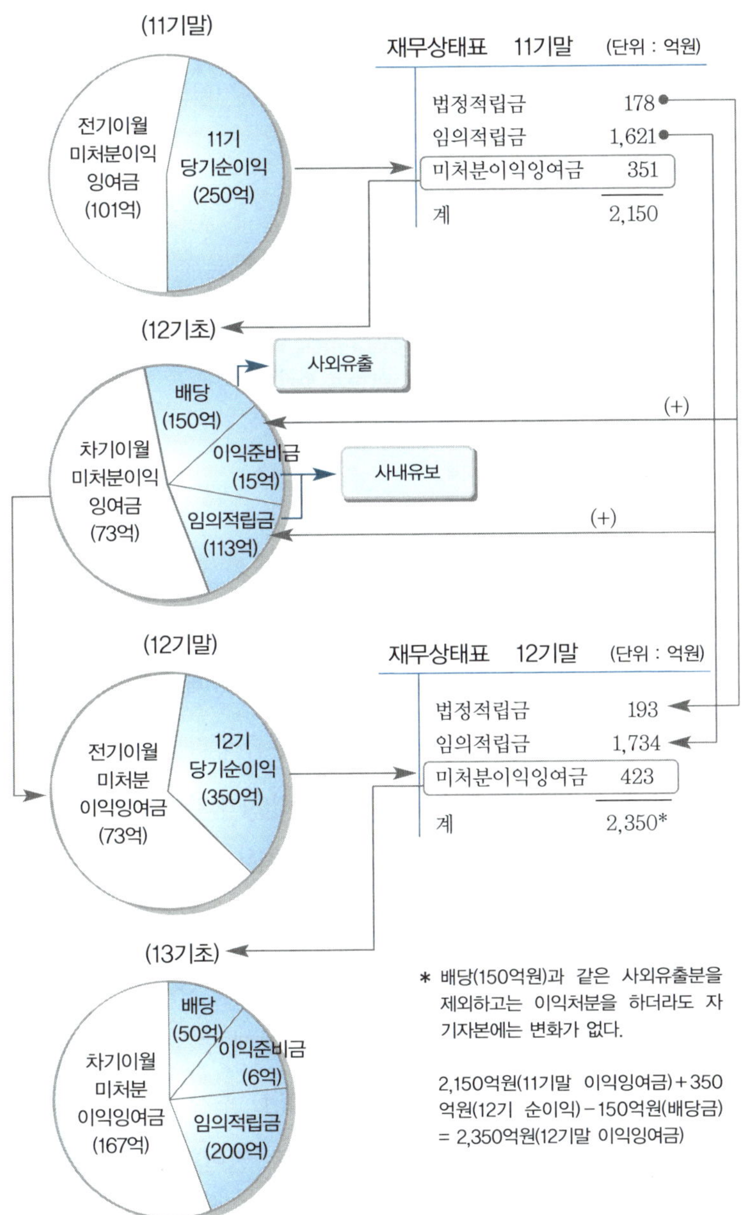
(11기말)
전기이월
미처분이익
잉여금
(101억)
11기
당기순이익
(250억)

재무상태표   11기말   (단위 : 억원)
법정적립금   178
임의적립금   1,621
미처분이익잉여금   351
계   2,150

(12기초)
사외유출
배당
(150억)
이익준비금
(15억)
사내유보
차기이월
미처분이익
잉여금
(73억)
임의적립금
(113억)
(+)
(+)

(12기말)
전기이월
미처분
이익잉여금
(73억)
12기
당기순이익
(350억)

재무상태표   12기말   (단위 : 억원)
법정적립금   193
임의적립금   1,734
미처분이익잉여금   423
계   2,350*

(13기초)
차기이월
미처분
이익잉여금
(167억)
배당
(50억)
이익준비금
(6억)
임의적립금
(200억)

* 배당(150억원)과 같은 사외유출분을
  제외하고는 이익처분을 하더라도 자
  기자본에는 변화가 없다.

2,150억원(11기말 이익잉여금)+350
억원(12기 순이익)−150억원(배당금)
= 2,350억원(12기말 이익잉여금)

배당금지급률과 배당수익률은 같은 건가요

19

연말이 다가올수록 배당투자에 관심을 가질 필요가 있다는 증권회사 직원의 말을 들은 명 대리는 배당투자는 연말에 배당금을 받을 목적으로 투자하는 것이므로 무조건 배당금지급률이 높은 회사에 투자하면 되겠다는 생각이 들었다. 과연 배당금지급률만 보고 투자해도 될까?

배당은 주주에게 회사 이익의 일부를 분배하는 절차로서 주주로서는 당연히 배당금을 많이 받을수록 좋다고 할 수 있다.

그런데 배당금지급은 주식의 현재가치(시가)가 아닌 액면가액을 기준으로 지급된다. 예를 들어 발행주식의 액면가가 5,000원인 회사가 8%의 배당을 실시하기로 결정했다면 주당 400원의 배당금(이를 주당배당금(DPS : Dividend Per Share)이라고 한다)이 지급된다. 이 경우 만약 이 회사의 현재 주가가 5,000원이라면 1주당 배당수익률도 8%가 되겠지만, 주가가 10,000원이라면 투자금액에 대한 배당수익률은 4%로 떨어지게 된다.

구분	A 회사	B 회사	(주)한경전자
① 액면가	5,000원	5,000원	5,000원
② 시가	400,000원	8,000원	46,000원
③ 주당배당금(DPS)	4,000원	400원	500원
④ 배당금지급률(③/①)	80%	8%	10%
⑤ 배당수익률(③/②)	1%	5%	1.08%

☑ 배당금지급률

1주당 액면가액을 기준으로 계산한 1주당 배당금의 비율을 말한다. 액면가가 5,000원인 주식의 주당배당금이 1,000원이라면 배당금지급률은 20%가 된다.

그러므로 주가가 액면가보다 현저하게 비싼 회사는 배당금지급률이 아주 높지 않은 이상 적정한 배당수익률을 달성하기가 어렵다. 예를 들어 주가가 80만원(액면가는 5,000원)인 삼성전자(주)의 배당금지급률은 150%(주당 7,500원)로 매우 높지만, 투자금액(시가)에 대한 배당수익률은 고작 0.9%에 불과하다(참고로 우리나라 상장기업들의 평균 배당수익률은 1~2% 내외이다). 이에 반해 어떤 회사는 배당금지급률은 7%(350원)이지만, 주가가 액면가인 5,000원보다 그리 높지 않은 7,000원이기 때문에 배당수익률이 5%에 이르기도 한다.

그러므로 투자자에게는 액면가를 기준으로 한 배당금지급률보다는 투자금액에 대해 얼마나 배당금을 받을 수 있는지를 나타내는 배당수익률이 더 중요하며, 일시적인 배당목적의 투자라면 고가의 주식보다는 저가의 주식을 대상으로 하는 것이 더 유

KeyWord_
주당배당금(DPS), 배당수익률, 배당금지급률

리하다고 할 수 있다.

　(주)한경전자의 당기 이익처분(안)을 보면 주당배당금은 500원으로서 배당금지급률은 10%이다. 그러나 현재의 주가를 46,000원으로 가정하면 배당수익률은 1.08%에 지나지 않는다.

배당성향과 유보율의 상관관계는 무엇인가요

명 대리는 배당금 지급비율은 회사마다 모두 다를 것이라고 생각했다. 명 대리의 생각대로라면 주주로서는 당연히 배당 인심이 후한 회사에 투자하는 것이 좋을 텐데, 회사가 벌어들인 이익에서 어느 정도를 배당하는지 체크하려면 어떻게 해야 할까?

배당금을 지급하려면 일단 배당 가능한 이익이 있어야 한다. 여기서 배당 가능한 이익이란 꼭 당해년도에 벌어들인 이익만을 의미하지는 않는다. 즉, 당해년도에는 이익이 발생하지 않았거나 손실이 발생했다 하더라도 과거의 미처분이익잉여금을 재원으로 배당금을 지급할 수도 있는 것이다.

그러나 현실적으로는 당기의 이익을 가지고 배당을 하는 경우가 일반적이므로 배당성향을 따질 때는 당기의 이익을 가지고 계산한다. 배당성향이란 회사가 당기에 벌어들인 이익의 몇 %를 주주들에게 배당으로 나눠주는지 나타낸 것으로 이를 통해

KeyWord_
배당성향, 유보율

회사의 배당정책 또는 유보정책이 어떠한지를 파악할 수 있다.

배당성향은 당기에 지급한 배당금총액을 당기순이익으로 나눠 계산하거나 주당배당금을 주당이익으로 나눠 계산한다. 예를 들어 발행주식수 100만주인 회사의 당기순이익이 90억원이라고 가정하면 주당이익은 9,000원으로 계산된다. 따라서 주당배당금을 1,800원, 배당금총액을 18억원으로 결정했다면 배당성향은 20%(18억원÷90억원 또는 1,800원÷9,000원)로 계산된다.

배당성향이 20%라는 의미는 회사가 벌어들인 이익의 20%를 주주들에게 나눠주고 나머지 80%는 회사 내부에 남겨둔다는 의미이므로 배당성향이 높을수록 유보율은 낮아지고, 배당성향이 낮을수록 유보율은 높아진다.

한편 유보율을 회사 내에 유보된 자본잉여금과 이익잉여금이 자본금의 몇 배에 해당하는가로 나타내기도 하는데, 이때에는 잉여금을 자본금으로 나누어 계산한다. 예를 들어 유보율이 1,000%라는 것은 자본금의 10배에 상당하는 잉여금이 회사 내부에 쌓여있다는 뜻이며, 유보율이 높을수록 장래의 경제적 불황이나 재무적 어려움을 극복할 수 있는 적응능력이 크다는 것을 의미한다.

(주)한경전자의 당기 이익잉여금처분계산서(안)를 보면 주당배당금은 500원으로서 발행주식 1,000만주에 대한 배당금총액은 50억원이다. 따라서 당기순이익 350억원에 대한 배당성향은

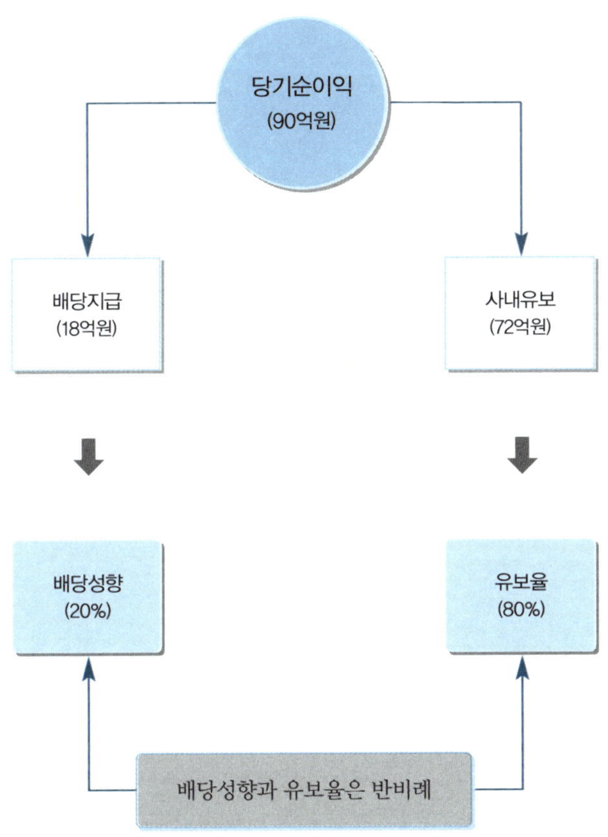

14.3%로서 전년도의 배당금 150억원에 비해 매우 낮아졌음을 알 수 있다. 그 이유는 임의적립금 적립액이 전기보다 87억원 증가했기 때문으로 풀이된다.

☑ 임의적립금

회사이익 중 일부를 장래에 특정 목적을 위해 사용할 목적으로 배당하지 않고 내부에 적립해둔 것(적립된 부분은 배당의 재원으로 사용할 수 없다)을 말한다. 사업확장적립금, 신축적립금 등이 있다.

1부_ 재무제표 보는 법

4장_ 자본변동표와 현금흐름표 보는 법

:: 주주자본의 변동내역과 번 돈의 행방이 궁금하다

자본변동표를 보면 무엇을 알 수 있나요

재무상태표를 보니 (주)한경전자의 자본총액이 전기말 2,982억원에서 당기말 3,198억원으로 216억원 증가했음을 알 수 있었는데, 자기자본이 이렇게 늘어난 이유가 무엇인지 궁금하다. 자기자본의 변동내역을 한눈에 들여다보는 방법은 무엇일까?

자본변동표란 한 회계기간 동안 자기자본 총액이 변하게 된 이유를 한눈에 알아볼 수 있도록 만든 재무제표이다. 자기자본에는 자본금과 자본잉여금, 이익잉여금, 기타포괄손익누계액 및 자본조정이 모두 포함된다.

회사의 자기자본이 증가하는 이유에는 여러 가지가 있다. 먼저 손익계산서에서 계산된 당기순이익의 경우 미처분이익잉여금으로 대체되므로 그만큼 기말의 자기자본이 늘어난다. 이러한 손익거래 외에도 증자 등과 같은 주주와의 자본거래를 통해 자기자본이 늘어날 수 있다. 증자를 하면 일반적으로 자본금과 주

▶▶ 자기자본의 변동내역

자본변동표

20XX년 1월 1일부터 20XX년 12월 31일까지

(주)한경전자   (단위 : 억원)

구분	자본금	자본 잉여금	자본조정	기타 포괄손익 누계액	이익 잉여금	총계
20XX.12.31.(11기말)	500	316	(32)	48	2,150	2,982
연차배당					(150)	(150)
처분후이익잉여금					2,000	2,832
유상증자(감자)					–	–
(12기)당기순이익(손실)					350	350
자기주식 취득					–	–
매도가능증권평가이익				16	–	16
20XX.12.31.(12기말)	500	316	(32)	64	2,350	3,198

식발행초과금이라는 자본잉여금이 증가한다.

그리고 회사가 자기주식을 취득하면 취득가액만큼 자기자본에서 차감표시(이를 자본조정(–)이라고 한다)되어 자기자본이 일시적으로 감소한다. 이를 취득가액보다 더 비싸게 매각하면 그 과정에서 마이너스의 자본조정이 없어지는 동시에 자기주식처분이익이라는 자본잉여금이 발생해 자기자본이 다시 늘어나기도 한다.

한편, 감자를 하거나 현금으로 배당금을 지급하는 경우에는 자기자본이 감소하는데 이는 감자를 하면 자본금이, 배당금을 지급하면 미처분이익잉여금이 각각 감소하기 때문이다.

　　그러나 무상으로 증자나 감자를 실시하거나 주주에게 주식배당을 하는 경우에는 자기자본 총액에 아무런 변화가 생기지 않는다. 무상증자의 경우에는 증자의 재원인 잉여금이 감소하는 대신 자본금이 증가하고, 무상감자의 경우에는 자본금이 감소하는 대신 감자차익이라는 자본잉여금이 증가하기 때문이다. 또한 주식배당의 경우에도 미처분이익잉여금이 감소하는 대신 배당으로 지급된 주식의 액면가액만큼 자본금이 늘어난다.

　　이처럼 자본변동표에는 한 회계기간 동안의 자기자본 총액에 대한 모든 변화내역이 담겨 있기 때문에 주주에게 가장 중요한 자기자본의 가치가 한 회계기간 동안 무슨 이유로, 어떻게 달라졌는지 한눈에 파악할 수 있다. 이때 자기자본의 증가사유가 순이익에 의한 것인지 아니면 자본거래에 의한 것인지를 따져보는 것이 매우 중요하다.

　　(주)한경전자의 자기자본은 당기순이익(350억원)과 매도가능증권의 평가이익(16억원)으로 모두 366억원이 증가했고, 배당금 지급으로 150억원이 감소해 결과적으로 216억원이 증가했음을 알 수 있다.

현금흐름표를 보면 무엇을 알 수 있나요

22

재무상태표를 보다가 당기말 현금잔액이 작년 말에 비해 많이 줄어든 사실을 발견한 명 대리는 "이상하네요? 손익계산서에는 당기순이익이 350억원이고 영업이익도 854억원인데, 영업을 해서 번 돈이 다 어디로 간 거죠?"라고 재무팀장에게 질문한다. 그러자 팀장은 "현금흐름표를 봐야지 손익계산서를 보면 어떡해?"라며 슬그머니 면박을 준다.
현금흐름표에는 어떤 정보가 담겨 있을까?

현금흐름표는 한 회계기간 동안 회사의 현금이 어떤 이유로 들어오고 나갔는지, 즉 '돈의 흐름'을 일목요연하게 보여주는 재무제표로서 여기서 말하는 현금은 재무상태표의 맨 처음에 나오는 현금및현금성자산을 의미한다. 현금및현금성자산의 결산일 현재의 잔액과 당기중 증감액은 재무상태표에도 나타나 있지만, 현금유출입의 내역을 보다 구체적으로 보여주는 것은 현금흐름표이다.

회사의 가치는 수익성으로 나타내지만, 현금흐름이 수반되지 않는 이익은 아무런 의미가 없다. 그래서 회사의 현금창출능력,

☑ **현금및현금성자산**

회계상 현금에는 통화 외에도 통화와 마찬가지 효력이 있는 타인발행수표 등 통화대용증권이 모두 포함될 뿐만 아니라 당좌예금이나 보통예금처럼 이자수익을 목적으로 하지 않는 예금도 포함된다. 현금성자산에는 단기간 내에 현금으로 전환이 쉬운 만기가 3개월 이내인 채권, 양도성예금증서(CD), 종합자산관리계좌(CMA), 머니마켓펀드(MMF) 등이 포함된다.

KeyWord_
현금흐름표, 가치중심경영(VBM), 영업활동, 투자활동, 재무활동

단순한 회계상의 이익만이 아니라 실질적인 가치창출을 기업경영의 최고목표로 삼는 것을 말한다. 이 경우 가치는 현금흐름(cashflow)이나 경제적 부가가치(EVA) 등이 될 수 있다.

영업활동

기업의 주된 활동으로서 제품을 제조하거나 상품을 구입해서 매출하는 활동을 말한다

투자활동

영업활동을 뒷받침하기 위해 각종 자산을 취득하거나 매각하는 활동을 말한다.

재무활동

투자활동을 뒷받침하기 위해 자금을 조달하거나 상환하는 활동을 말한다.

특히 영업현금흐름을 가지고 기업가치를 측정하기도 한다. 그만큼 현금흐름은 가치중심경영(VBM : Value Based Management)에서 매우 중요한 지표라고 할 수 있다.

회사의 현금은 크게 영업활동, 투자활동 및 재무활동을 통해 매일매일 들어오고 나간다. 이 가운데 영업활동의 결과는 손익계산서의 순이익으로 나타난다. 그런데 현금기준이 아닌 발생주의에 따라 계산된 것이므로, 이를 다시 현금기준으로 수정하면 영업활동을 통한 현금유입액이 계산된다. 또한 영업활동을 통해 현금을 창출하려면 투자를 해야 하는데, 이에 필요한 자금은 영업활동을 통해 유입된 자금이 사용되기도 하지만 재무활동을 통해 조달되기도 한다. 따라서 현금흐름표의 현금증감액은 크게 영업활동에 의한 현금흐름과 투자 및 재무활동에 의한 현금흐름으로 구분된다.

일반적으로 영업활동에 의한 현금흐름은 유입인 경우가 대부분이지만 투자와 재무활동에 의한 현금흐름은 유입인 경우도 있고 유출인 경우도 있다. 한편 투자현금흐름은 대부분 재무상태표의 자산계정과 관련된다고 보면 된다. 투자자산이나 유형자산 등 회사의 각종 자산을 매각한 것은 투자활동에 따른 현금유입이지만, 취득한 것은 투자활동에 따른 현금유출로 표시된다.

재무활동에 따른 현금흐름은 재무상태표의 부채나 자본계정과 관련된다고 보면 된다. 차입금이나 자본계정이 증가한 것은

현금흐름표

20XX년 1월 1일부터 20XX년 12월 31일까지

(주)한경전자　　　　　　　　　　　　　　　　　　　　　　　　(단위 : 억원)

과목	금액	
Ⅰ. 영업활동으로 인한 현금흐름		256
1. 당기순이익	350	
2. 현금유출이 없는 비용 가산		
(1) 감가상각비	255	
(2) 기타	63	
3. 현금유입이 없는 수익 차감		
(1) 외환차익	(24)	
(2) 외화환산이익	(12)	
(3) 기타	(93)	
4. 영업활동으로 인한 자산·부채의 변동		
(1) 매출채권의 증가	(218)	
(2) 재고자산의 증가	(190)	
(3) 매입채무의 증가	269	
(4) 기타	(144)	
Ⅱ. 투자활동으로 인한 현금흐름		(127)
1. 토지의 취득	(162)	
2. 기계장치의 취득	(109)	
3. 기타	144	
Ⅲ. 재무활동으로 인한 현금흐름		(175)
1. 차입금의 상환	(42)	
2. 배당금의 지급	(150)	
3. 기타	17	
Ⅳ. 현금의 증가(감소)		(46)
Ⅴ. 기초의 현금		124
Ⅵ. 기말의 현금		78

신규차입이나 증자 등의 재무활동을 통해 현금이 유입된 것이지만, 차입금 상환이나 현금배당금 지급 등으로 감소한 것은 재무활동에 따른 현금유출로 표시된다.

이 3가지 현금유입·유출액을 모두 가감하면 당기 중에 얼마의 현금이 증가(감소)했는지 계산되며, 여기에 기초의 현금을 가산하면 당기말의 현금이 계산된다. 물론 기초와 기말의 현금은 재무상태표의 수치와 정확히 일치된다.

그러므로 현금흐름표를 보면 회사가 당기순이익과는 달리 영업을 통해 얼마나 현금을 창출하고 있는지 그리고 영업활동과는 별개로 자산매각에 의한 투자활동이나 신규차입 등에 의한 재무활동을 통해 얼마나 현금을 확보했는지 알 수 있다. 아울러 이렇게 유입된 현금이 신규투자나 차입금 상환 등 재무활동에 어떻게 사용되고 있는지 한눈에 들여다볼 수 있다.

프로직장인틀이

가장 궁금해하는

재무제표분석

2부_ 재무비율을 이용한 기업진단법

5장_ 경영수익성 진단법

:: 얼마나 많이, 제대로, 잘 버는 회사인가?

"메가스터디나 NHN을 사자니 비싼 것 같고, 싼 종목들은 실적이 별로고…"

최근 코스닥 투자를 고민하는 투자자들은 종목 고르기가 어렵다고 토로한다. 견조한 실적을 보여주는 우량주를 사고 싶지만 올해 주가가 급등해 주가수익비율(PER)이 20~30배를 훌쩍 넘기는 게 예사다. 싸면서도 알짜인 종목은 없을까? 아직 덜 알려진 종목이지만 꾸준히 좋은 실적을 거두고 있는 종목들이 있다.

실적은 좋으면서도 주가는 낮은 저평가 종목을 골랐다. 우선 자기자본이익률(ROE)이 20%를 넘고 영업이익률이 15% 이상인 종목을 추린 뒤 PER이 20배 이하인 종목을 뽑았다. 이때 주가순자산비율(PBR)이 5배 이상인 종목은 제외했다. 그결과 ○○사, △△사 등이 이익창출 능력이 뛰어나면서도 주가는 저평가된 종목으로 조사됐다. ROE는 기업이 자기자본으로 얼마만큼 순이익을 올리고 있는가를 보여주는 지표다. 그만큼 ROE가 높아지면 자기자본에 변화가 없는 상태에서 기업이 더 많은 순이익을 얻고 있음을 뜻한다.

이 모 대우증권 연구원은 한국 기업들의 ROE가 과거 2년간 연속 하락했으나 올해부터 상승으로 돌아섰다면 주가의 상승 가능성이 높다고 밝혔다. 이 연구원은 이어 "ROE가 높은 기업과 주가의 관계는 과거 사례에서도 확인할 수 있다"고 덧붙였다. 한국을 비롯해 선진국 시장에서도 ROE가 지속적으로 상승하는 스타벅스, 존슨앤드존슨 등은 주가가 시장보다 더 많이 올랐다고 설명했다. ROE 개선은 순이익 증가, 총자산회전율 증가 및 부채비율 상승을 통해서 나타날 수 있다.

(매일경제신문에서 수정·발췌)

1. 안정성지표

구분	산식	비율	
		당기	전기
유동비율	$\dfrac{유동자산}{유동부채} \times 100$	226.32%	201.78%
부채비율	$\dfrac{부채총계}{자기자본} \times 100$	35.48%	38.88%
차입금의존도	$\dfrac{차입금}{총자산} \times 100$	0.00%	0.00%
영업이익대비 이자보상비율	$\dfrac{영업이익}{이자비용}$	208.0%	293.1%

2. 수익성지표

구분	산식	비율	
		당기	전기
매출액영업이익률	$\dfrac{영업이익}{매출액} \times 100$	8.49%	9.05%
총자산이익률(ROA)	$\dfrac{당기순이익}{총자산} \times 100$	9.22%	10.89%
자기자본이익률(ROE)	$\dfrac{당기순이익}{자기자본} \times 100$	12.64%	15.10%

3. 성장성 및 활동성지표

구분	산식	비율	
		당기	전기
매출액증가율	$\dfrac{당기매출액}{전기매출액} \times 100 - 100$	4.75%	2.44%
영업이익증가율	$\dfrac{당기영업이익}{전기영업이익} \times 100 - 100$	(−)1.78%	(−)6.47%
총자산증가율	$\dfrac{당기말총자산}{전기말총자산} \times 100 - 100$	9.79%	16.00%
총자산회전율	$\dfrac{매출액}{(기초총자산 + 기말총자산)/2}$	1.42회	1.53회

재무비율분석을 통해 무엇을 알 수 있나요

23

재무제표 보는 법에 어느 정도 자신감이 생긴 명 대리는 회사의 경영상태를 직접 분석해볼 수 있다는 자신감에 들떠 있다. 기업경영분석의 첫 단계는 비율분석이라는 말이 있는데 비율분석이란 구체적으로 어떤 비율을 가지고 회사를 분석하는 것일까? 또 비율분석을 하면 무엇을 알 수 있을까?

기업경영분석이란 재무상태표, 손익계산서 등의 재무제표와 각종 경영 관련 데이터를 가지고 회사의 재무상태와 경영성과를 종합적으로 분석하는 것이다. 경영분석의 대부분이 재무제표를 이용한 비율분석을 중심으로 이루어지기 때문에 이를 재무제표분석(Financial Statement Analysis) 또는 재무분석(Financial Analysis)이라고도 한다.

기업경영분석은 19세기 말 미국 은행에서 대출거래를 하고자 하는 기업의 신용상태나 채무상환능력을 파악하기 위해 재무상태표를 입수해 분석한 것이 그 시초이다. 따라서 초기의 경영분석은 기업에 대한 자금제공자인 금융기관에서 기업의 신용상태를 체크하기 위해 하는 신용분석이 목적이었으므로 재무상태표를 이용해 재무적인 안정성과 유동성을 분석하는 것이 주된 내용이었다.

그러나 자본주의의 발전과 더불어 기업 규모가 확대되고 기업자본의 투자대상이 다수의 주주로 확대되면서 경영분석은 투자자인 주주가 회사의 수익성을 체크하는 수단 및 경영자의 효율적인 재무관리, 경영합리화를 위한 수단으로 이용되는 등 활용범위가 점차 확대되었다. 이에 따라 경영분석의 대상도 재무상태표 위주의 재무유동성이나 안정성 중심에서 손익계산서 위주의 수익성 중심으로 바뀌었으며, 특히 외환위기 이후에는 현금흐름을 중시하는 가치중심의 경영이 강조됨에 따라 현금흐름분석이 널리 활용되고 있다.

종전의 기업경영분석은 주로 과거와 현재의 재무상태분석에 초점을 두었으나 최근에는 재무예측을 통해 미래의 현금흐름을 예측하고 이를 이용해 신규투자계획의 사업성 검토, 자금의 조달과 운용에 대한 재무계획수립 및 통제에 활용하는 등 미래지향적인 입장을 중시하게 되었다. 아울러 현금흐름과 가중평균자본비용을 활용한 기업가치평가(valuation) 등 그 범위가 점차 새로운 영역으로 확대되고 있다.

한편, 재무비율분석을 통해 얻을 수 있는 5대 경영지표는 수

 수익성

회사가 얼마나 이익을 많이 창출하는지를 나타내는 지표로서 매출액순이익률, 매출액영업이익률, 총자산이익률, 자기자본이익률 등이 있다.

KeyWord_
재무제표분석, 수익성, 안정성, 활동성, 성장성, 생산성

단기부채를 상환할 능력이나 이자부담능력, 재무구조 등 재무적인 위험도를 나타내는 지표로서 유동비율, 부채비율, 차입금의존도, 이자보상비율, 자기자본비율 등이 있다.

☑ 활동성

회사의 자산이 수익창출(매출) 활동에 얼마나 잘 활용되고 있는지를 나타내는 지표로서 총자산회전율, 자기자본회전율, 재고자산회전율, 매출채권회전율 등이 있다.

☑ 성장성

회사가 얼마나 많이 커나가고 있는지를 나타내는 지표로서 매출액증가율, 총자산증가율, 유형자산증가율 등이 있다.

☑ 생산성

회사가 생산요소(기계 등 물적 설비와 노동력, 자본 등)를 얼마나 효율적으로 사용했으며 생산요소에 대한 분배(인건비, 이자, 주주에 대한 이익 등)가 얼마나 잘 이루어졌는지를 나타내는 지표로서 부가가치율이 가장 주된 생산성 지표이다.

▶▶ 기업경영분석의 범위

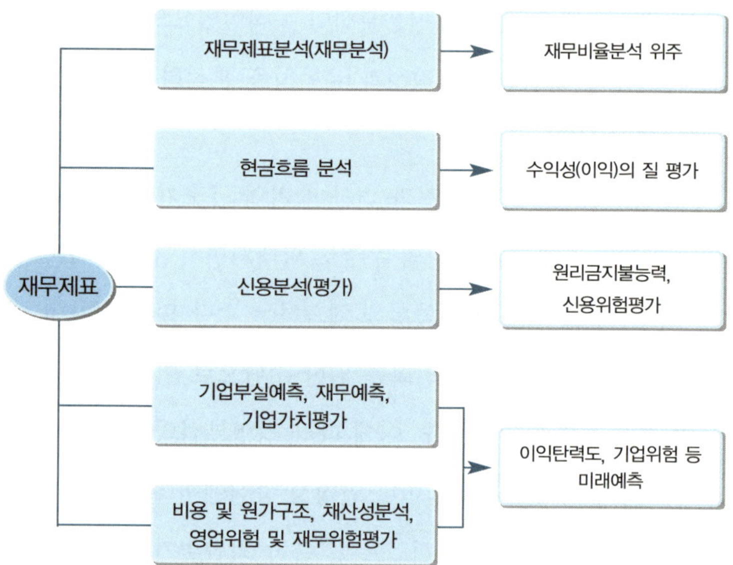

익성, 안정성, 활동성, 성장성, 생산성으로서 재무제표 정보에 대한 각 수요자의 입장에 따라 재무비율분석을 실시하는 목적 또한 달라진다. 예를 들어 주주는 회사의 수익성과 성장성을, 원리금의 지불능력을 중시하는 채권금융기관은 회사의 안정성을, 경영자는 수익성과 활동성 지표를 그리고 임직원은 생산성을 중요한 검토 대상으로 삼게 된다. 따라서 분석목적에 따라 체크해야 할 분석지표는 다를 수밖에 없으며 전체적인 분석결과를 토대로 종합적인 평가를 내릴 때도 각 항목의 가중치가 서로 달라야 할 것이다.

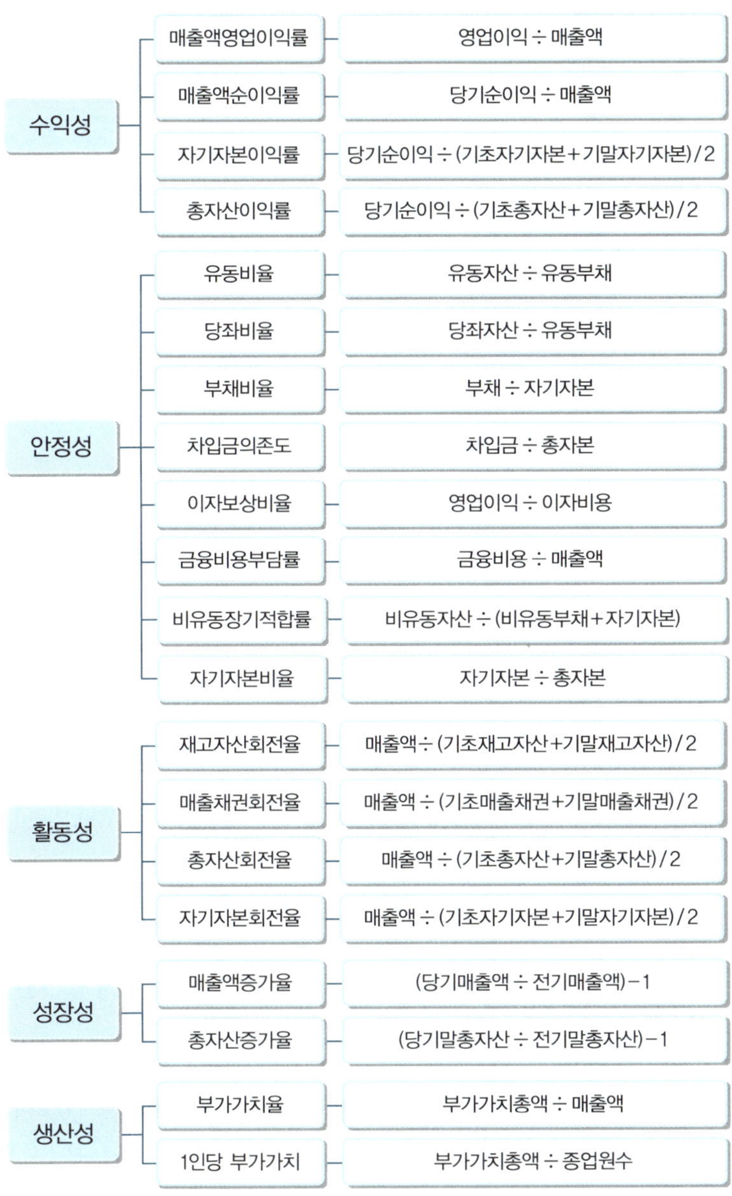
수익성
매출액영업이익률	영업이익 ÷ 매출액
매출액순이익률	당기순이익 ÷ 매출액
자기자본이익률	당기순이익 ÷ (기초자기자본＋기말자기자본)/2
총자산이익률	당기순이익 ÷ (기초총자산＋기말총자산)/2
안정성
유동비율	유동자산 ÷ 유동부채
당좌비율	당좌자산 ÷ 유동부채
부채비율	부채 ÷ 자기자본
차입금의존도	차입금 ÷ 총자본
이자보상비율	영업이익 ÷ 이자비용
금융비용부담률	금융비용 ÷ 매출액
비유동장기적합률	비유동자산 ÷ (비유동부채＋자기자본)
자기자본비율	자기자본 ÷ 총자본
활동성
재고자산회전율	매출액 ÷ (기초재고자산＋기말재고자산)/2
매출채권회전율	매출액 ÷ (기초매출채권＋기말매출채권)/2
총자산회전율	매출액 ÷ (기초총자산＋기말총자산)/2
자기자본회전율	매출액 ÷ (기초자기자본＋기말자기자본)/2
성장성
매출액증가율	(당기매출액 ÷ 전기매출액)－1
총자산증가율	(당기말총자산 ÷ 전기말총자산)－1
생산성
부가가치율	부가가치총액 ÷ 매출액
1인당 부가가치	부가가치총액 ÷ 종업원수

표준비율과 업종평균비율 중 어느 것과
비교하는 것이 좋은가요?

24

지금까지 열심히 공부한 덕분에 여러 가지 재무비율을 계산해 회사의 수익
성과 안정성 등을 파악할 수 있게 된 명 대리는 또 한 번 고비를 맞았다.
계산된 재무비율을 가지고 무엇을 기준으로 어떤 평가를 내려야 할지 막막
한 것이다. 회사의 재무비율수치는 어떤 것과 비교해서 좋고 나쁨을 판단할
까?

☑ **유동비율**

1년 내에 갚아야 하는 부채(유
동부채)의 몇 배에 해당하는
유동자산을 보유하고 있는지를
나타내는 비율로서 130% 이상
은 돼야 안정적이라고 본다.

☑ **부채비율**

부채가 자기자본의 몇 배인지
를 나타내는 것으로서 200%
이하를 양호하다고 본다.

　　재무제표를 통해 기업을 진단하는 재무비율분석법은 회
사의 재무상태와 경영성과를 분석하는 가장 손쉬운 방법이다.
왜냐하면 재무제표는 쉽게 구할 수 있는 데다가 재무제표의 구
성요소와 구조만 알면 얼마든지 간단한 공식을 통해 재무비율을
계산할 수 있기 때문이다.

　　문제는 비율분석의 결과를 어떻게 해석할 것인지인데 비율분
석 결과 산출된 수치는 일단 표준비율과 비교해야 한다. 표준비율
이란 매출액영업이익률은 20% 이상, 매출액순이익률은 5% 이
상, 유동비율은 130% 이상, 부채비율은 200% 이하, 차입금의존

도는 30% 이하, 총자산회전율은 1.5회 이상 등 모든 지표마다 정해진 기준비율을 말한다.

그러나 표준비율은 업종간 특성을 전혀 감안하지 않은 것이므로 이를 충분히 고려해야 한다. 예를 들어 제약업종이나 음식료 및 식품업종의 경우에는 제조원가의 비중이 낮은 대신 판매비와 관리비의 비중이 높아 매출총이익률이 높게 나온다. 특히 제약업종은 매출채권회전율이 다른 업종에 비해 매우 낮고, 음식료나 식품제조업은 제품 특성상 재고자산회전율이 높게 나오는 것이 일반적이다. 따라서 이를 단순히 표준비율과 비교해서 양호 또는 불량하다고 해석한다면 문제가 있을 수 있다. 또한 시설투자가 별로 필요없는 서비스산업은 유동자산의 비중이 높으므로 유동비율이 높게 나오며, 거액의 시설투자가 필요한 제조업에 비해 총자산회전율이 비교적 높게 나오는 등 업종별로 저마다 특징이 있다.

따라서 회사의 재무비율수치는 업종별 평균비율과 비교하는 것이 더 합리적이라고 할 수 있다. 이와 관련해 한국은행에서는 매년 모든 기업의 재무제표를 분석한 기업분석자료를 〈기업경영분석〉이라는 책자(www.bok.or.kr의 한은DB→발간자료에서 검색)를 통해 공개하고 있다. 여기에는 다양한 업종별로 그 산업의 평균적인 재무비율이 나와 있으므로 해당 기업이 속해 있는 산업의 평균비율과 비교하면 훨씬 더 의미 있는 해석을 내릴 수 있다.

☑ **차입금의존도**

차입금이 총자본에서 차지하는 비율로서 30% 이하라야 안정적이라고 본다.

☑ **총자산회전율**

매출액이 총자산의 몇 배인지를 나타내는 비율로서 1.5배 이상은 돼야 총자산을 제대로 활용해 충분한 매출을 달성하고 있는 것으로 해석한다.

KeyWord_
표준비율, 업종별 평균비율

매출액 대비 얼마나 이익이 나야 우량기업이 되나요

25

(주)한경전자의 손익계산서를 들여다보던 명 대리는 매출액이 8,564억원이나 되는데도 당기순이익은 350억원에 불과한 것을 발견하고는 다소 실망했다. '순이익이 중요한데 매출액의 얼마 정도가 순이익으로 남아야 할까? 그렇다고 비용을 줄이는 데는 한계가 있을텐데….'
우량기업으로 평가받기 위해서는 순이익이 최소한 어느 정도 돼야 할까?

회사의 수익성은 크게 매출수익성과 자본수익성으로 파악한다. 매출수익성은 매출액에 비해 얼마나 많은 이익을 달성했는지를 따지는 것이며, 자본수익성은 투입자본(자기자본 또는 총자본)에 비해 얼마나 많은 이익을 달성했는지를 따지는 것이다. 결국 수익성이란 절대적인 개념이 아닌 상대적인 개념이라고 할 수 있다. 여기서 매출수익성이 중요한 이유는 매출이 많아도 이익이 남지 않으면 아무런 소용이 없기 때문이다. 예를 들어 매출이 6,000억원인 A회사의 순이익이 180억원(매출액순이익률은 3%)이고, 매출이 3,000억원인 B회사의 순이익이 150억원(매출액순이익률은 5%)이라면 B회사의 수익성이 더 높게 평가된다. 이처럼 회사의 수익성은 여러 가지 이익수치를 매출액과 비교해 측정할 수 있다.

매출액순이익률은 매출액 대비 순이익이 얼마나 발생했는지를 따져보는 것으로, 매출액순이익률이 5% 이상은 돼야 수익성이 좋은 우량기업으로 간주된다. 또한 영업외손익을 제외한 영업이익의 크기를 매출액과 비교해 수익성을 따진 것을 매출액영업이익률이라고 한다. 여기서 영업이익은 회사 고유의 영업활동을 통해 벌어들인 이익으로서 회사의 가장 중요한 수익원이다.

일반적으로 매출액영업이익률이 10%를 넘어서면 수익성이 양호하다고 보며 20%를 넘으면 우량기업으로 간주된다.

한편, 매출총이익률은 매출총이익을 매출액으로 나눠 계산하는 것으로 매출액의 몇 %가 제품판매에 따른 이윤인지를 보여준다. 매출총이익률이 높다는 것은 상대적으로 매출원가가 낮다는 의미로 회사가 한계이익(마진)이 높은 고부가가치 제품을 취급하고 있음을 보여준다. 반대로 매출총이익률이 낮다는 것은 상대적으로 매출원가가 높아 한계이익이 낮다는 의미이다.

일반적으로 매출총이익률이 30% 이상이면 양호하다고 해석한다. 즉, 매출원가율이 70% 이상이면 곤란하다는 뜻이다. 또한 매출총이익률이 10% 미만이면 제품의 마진율이 매우 낮아 판매비와관리비를 차감할 경우 영업이익이 나올 가능성이 거의

KeyWord_
매출액순이익률, 매출액영업이익률, 매출총이익률

손익계산서

20XX.1.1. ~ 20XX.12.31.

(주)한경전자 (단위 : 억원)

과목	금액
매출액	8,564
매출원가	(6,192)
매출총이익	2,372
판매비와관리비	(1,518)
영업이익	854
영업외수익	182
당기순이익	350

$$매출총이익률 = \frac{매출총이익}{매출액} = \frac{2,372}{8,564} = 27.7\%$$

$$매출액영업이익률 = \frac{영업이익}{매출액} = \frac{854}{8,564} = 10\%$$

$$매출액순이익률 = \frac{순이익}{매출액} = \frac{350}{8,564} = 4\%$$

없다고 봐야 한다. 제품마진은 업종에 따라 다를 수 있기 때문에 업종평균과 비교하는 것이 더 바람직하다. 예를 들어 제약업종의 경우 원가율이 낮은 만큼 매출총이익률이 높은 편이며 소매업종은 마진율과 매출총이익률 모두 낮은 편이다.

(주)한경전자의 경우 매출총이익률은 27.7%, 매출액영업이익률은 10%, 매출액순이익률은 4%로서 매출총이익률에 비해 매출액영업이익률이 낮은 편이다. 이는 판매비와관리비의 규모가 과다한 것이 그 원인이므로 개선이 필요하다.

26

신문에서 '자기자본이익률이 높은 회사의 주가가 높다'는 기사를 본 명 대리는 자기자본이익률이란 회사의 자기자본 대비 순이익이 얼마인지를 계산한 것이라고 생각했다. 그런데 손익계산서에 표시된 순이익은 당기 중에 발생한 1년 동안의 누적금액이고 재무상태표의 자기자본은 기초와 기말의 잔액으로 1년 동안 변화가 있기 마련이다. 이런 경우 자기자본이익률은 어떻게 계산해야 할까?

자기자본은 주주에 의해 제공된 자금으로서 회사는 이 자금을 잘 운용해 이익을 달성해야 한다. 자기자본이익률(ROE : Return on Equity)이란 한마디로 주주에게서 가져온 돈에 대해 회사가 얼마나 많은 성과(이익)를 올렸는지를 따져보는 것으로 주주에게는 매우 중요한 투자지표이다. 따라서 주주라면 누구나 자신이 제공한 자금에 대해 많은 이익을 달성한 회사를 선호하기 마련이며 자신이 제공한 자금에 대해 만족스럽지 못한 성과를 올린 회사에는 더 이상 투자하지 않는 것이 일반적이다.

결국 자기자본이익률은 주가와 가장 관련성이 높은 재무지표

KeyWord_
자기자본이익률, 평균자기자본

당기순이익은 회계기간 동안 발생한 누적금액인 반면에 재무상태표의 자기자본은 기말 현재의 금액으로 표시되기 때문에 이를 토대로 비율을 계산하면 수치가 왜곡될 수밖에 없다. 따라서 분모의 자기자본은 기초의 자기자본과 기말의 자기자본의 평균치를 사용해야 한다.

이다. 회계상의 순이익은 주주순이익으로서 재무상태표의 자기자본으로 대체된다. 즉, 당기순이익만큼 자기자본이 매년 늘어나는 셈이므로 자기자본이익률은 자기자본(주주가치)의 연간 성장률을 의미하는 것이기도 하다. 그러므로 최소한 자기자본이익률이 자기자본비용(주주가 회사에 대해 요구하는 기대수익률을 뜻함)보다 높아야 주주만족을 유도할 수 있고, 이를 통해 기업가치(주가)를 지속적으로 유지할 수 있다.

한편 자기자본이익률은 당기순이익을 평균자기자본으로 나눠 계산하면 되는데 (주)한경전자의 자기자본이익률은 11.3%로 계산된다.

자기자본이익률이 낮게 나오는 경우는 회사에 투자된 자기자본에 비해 순이익이 너무 적거나 회사의 자기자본 규모가 불필요하게 많은 경우로, 주주들에게 충분한 배당금을 지급하지 않고 이익잉여금을 계속 회사 내부에 유보시켜 두면 자기자본의 규모가 너무 비대해지고 이 때문에 자기자본이익률이라는 수익성 지표가 둔화될 수 있다. 따라서 적정한 배당을 통해 회사의 이익을 그때그때 주주에게 배분하는 것은 장기적으로 기업가치를 유지하는 데 매우 중요하다.

일반적으로 주주의 기대수익률은 두 자리 숫자이므로 자기자본이익률은 최소한 10% 이상 되어야 하며 20%가 넘어야 우량기업으로 본다.

▶▶ 자기자본이익률(ROE)과 총자산이익률(ROA)

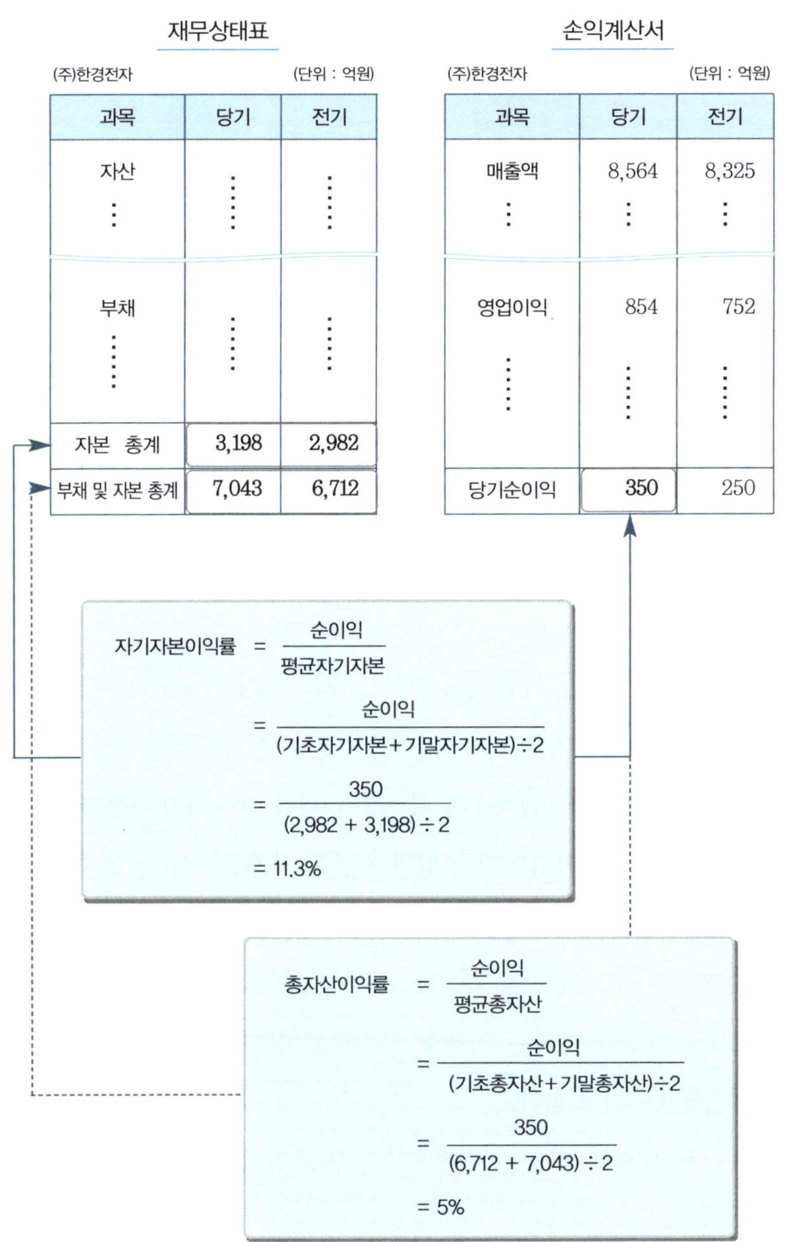

자기자본이익률(ROE)과 총자산이익률(ROA)은 어떻게 다른가요

자기자본이익률과 비슷한 개념으로 총자산이익률이 있다는 말을 들은 명 대리는 총자산이익률은 사용한 총자산 대비 당기 이익이 얼마인지를 따져보는 것이라고 생각했다. 그렇다면 자기자본이익률과 총자산이익률은 어떤 차이가 있을까?

총자산에 대한 이익의 비율로서 기업경영에 투입된 총자산(총자본)에 비해 얼마나 많은 이익을 벌었는지를 나타내는 수익성지표이다. 총자산은 곧 총자본을 의미하므로 총자산이익률을 총자본이익률이라고 표현하기도 한다.

수익성은 매출액과 비교될 수도 있지만 경우에 따라서는 기업에 투자된 자금과 비교되어야 하는데, 이를 자본수익성이라고 한다. 투자금액이 많을수록 더 많은 이익을 내야 하기 때문이다.

이 경우 회사경영에 투입된 자본을 부채를 포함한 총자산(총자본)으로 보고 수익성을 따지는 것을 총자산이익률(ROA : Return on Assets)이라고 하고, 투입자본을 자기자본에 국한해서 수익성을 따지는 지표를 자기자본이익률(ROE : Return on Equity)이라고 한다.

자기자본이익률은 주주에게 중요한 지표인 데 반해, 총자산이익률은 경영자에게 매우 중요한 지표이다. 왜냐하면 주주자본 뿐 아니라 타인자본에 의해 조달된 모든 자산을 효율적으로 관리·운용해 성과를 내는 것이 경영자의 책임이기 때문이다.

일반적으로 총자산이익률은 자기자본이익률에 비해 낮다. 예를 들어 부채비율이 100%라면 총자산이익률은 자기자본이익률의 절반이 된다. 그러나 (주)한경전자의 경우처럼 자기자본이익률(11.3%)에 비해 총자산이익률(5%)이 절반 이하로 낮다는 것은 그만큼 타인자본(부채)의 비중이 높다는 의미이다. 마찬가지로 타인자본의 비중이 별로 높지 않은, 즉 자기자본비율이 매우 높은 회사는 자기자본이익률과 총자산이익률의 차이가 줄어들게 된다.

총자산이익률이 낮게 나오는 것은 회사에 투자된 총자산 대비 순이익이 너무 적거나 회사의 총자산 규모가 불필요하게 많은 경우이다. 이런 경우에는 각 자산의 수익성을 따져보고 수익이 나지 않는 자산에 대해서는 과감한 구조조정이 필요하다.

한편 자기자본은 주주에 의해 투입된 자본이므로 주주몫의 이익인 당기순이익과 비교(자기자본이익률)하는 것이 타당하지만, 총자본은 주주자금 외에 차입금 등 타인자본이 포함된 것이므로 이자비용을 차감하기 전의 영업이익과 비교하는 것이 더 의미있다. 따라서 자본사용의 효율성을 따져보는 데는 총자산순이익률보다 총자산영업이익률이 더 적합한데, 이를 좀 더 정교하게 계산한 것이 투하자본수익률(ROIC)이다.

☑ 부채비율

갚아야 하는 부채가 자기자본의 몇 배인지를 나타내는 비율로서, 부채를 자기자본으로 나누어 계산한다. 부채비율이 100%라면 부채와 자기자본이 같다는 뜻이다.

☑ 투하자본수익률(ROIC)

영업활동에 투하된 자본으로부터 얼마나 많은 영업이익을 벌었는지를 나타내는 것으로 영업활동의 효율성을 평가하는 지표이다. 세후영업이익을 투하자본으로 나눠 계산한다. 투하자본수익률이 가중평균자본비용보다는 높아야 기업가치가 창출된 것으로 본다.

$$ROIC = \frac{\text{세후영업이익(NOPLAT)}}{\text{투하자본(IC)}}$$

KeyWord_
총자산이익률(ROA), 자기자본이익률(ROE), 투하자본수익률(ROIC)

28

총자산이익률(ROA)을 결정짓는 변수는
어떤 것이 있나요

명 대리는 기업에 투자된 총자산(총자본)에 대해 많은 이익을 달성하는 것이 수익성을 결정짓는 중요한 요소라는 점을 간파했다. 그런데 어떻게 하면 총자산이익률을 높일 수 있을까? 단순하게 생각하면 총자산을 줄이거나 순이익을 높게 달성하면 총자산이익률이 올라가겠지만, 자산규모가 줄어들면 그만큼 이익도 줄어들 텐데….

총자산이익률은 당기순이익을 기초와 기말의 평균총자산으로 나눠 계산되는데 2개의 지표, 즉 활동성 지표인 총자산회전율과 수익성 지표인 매출액순이익률로 분해할 수 있다. 이 가운데 총자산회전율은 총자산에 대한 매출액의 비율로서 회사가 보유하고 있는 총자산 대비 몇 배의 매출을 달성했는지를 봄으로써 회사자산이 효율적으로 운용되고 있는지 따져보는 활동성에 관한 지표라고 할 수 있다.

총자산회전율을 높이기 위해서는 일단 매출을 늘리는 것이 관건이다. 예를 들어 회사의 총자산이 2,000억원인데 매출이

▶▶ 총자산이익률(ROA)의 결정요인

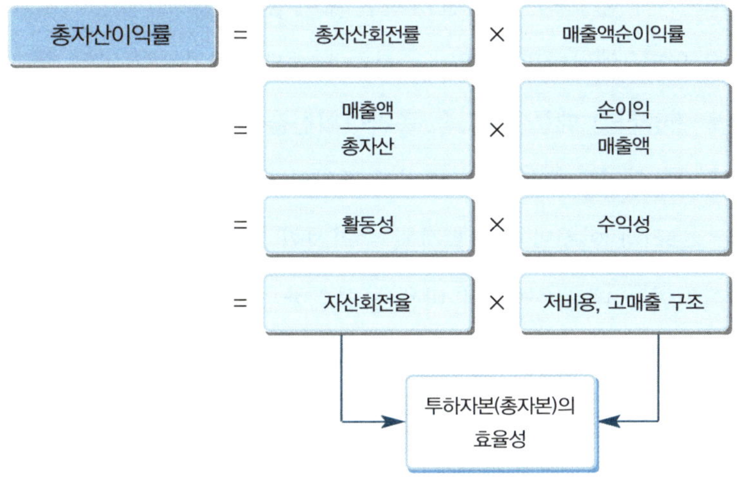

▶▶ 총자산이익률(ROA)과 재무상태표 및 손익계산서의 관계

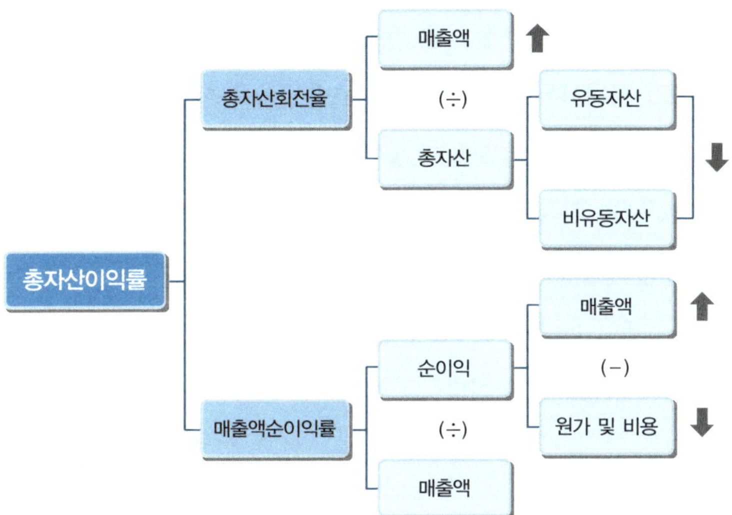

KeyWord_
총자산이익률, 총자산회전율,
매출액순이익률

2,000억원도 안 된다면 총자산회전율은 1회에도 못미치는 수준으로, 이 정도로는 투자된 총자산 대비 높은 이익을 절대 기대할 수 없다. 왜냐하면 매출이 충분히 달성돼야 2차적인 이익 창출도 가능하기 때문이다. 즉, 총자산회전율을 높게 유지하는 것이 총자산이익률을 높이는 첫 번째 조건인 셈이다.

그러나 이것만으로 회사의 수익성이 보장되는 것은 아니다. 이익이란 매출수익에서 비용을 차감한 후의 것이기 때문이다. 따라서 회사가 많은 매출을 달성하되 비용을 제외한 이익을 많이 남기는 것이 총자산이익률을 높이기 위한 두 번째 조건이다. 즉, 매출액 대비 순이익의 비율인 매출액순이익률을 높이지 않고서는 총자산이익률을 극대화할 수 없다.

결국 총자산이익률은 총자산회전율(활동성 지표)과 매출액순이익률(수익성 지표)에 의해 좌우된다. 이는 곧 자산수익률을 제고하기 위해서는 투자된 자본의 효율성을 높이는 노력, 즉 매출을 증대시키기 위한 노력과 함께 비용관리를 통해 매출이익률을 제고하고자 하는 노력이 동시에 이루어져야 함을 의미한다. 다시 말해 매출증가에 의해 자산회전율이 개선되었다 하더라도 비용증가액이 매출증가액보다 많아 매출이익률이 떨어진다면 아무 소용이 없다는 뜻이다.

29

자기자본이익률(ROE)을 결정짓는 변수는 어떤 것이 있나요

총자산이익률이 2개의 구성요소(팩터)로 나뉜다는 점을 알게 된 명 대리, 그렇다면 자기자본이익률도 분명 결정변수가 있을 텐데, 자기자본이익률은 무엇으로 결정될까?

자기자본이익률은 총자본(총자산) 중 부채를 제외한 자기자본에 대해 얼마나 많은 이익을 벌었는지를 보여주는 지표로서 자기자본의 제공자인 주주가 회사의 수익성을 따지기에 적합한 지표이다.

자기자본이익률의 결정변수는 총자산이익률과 동일하다. 즉, 기본적으로는 총자산회전율과 매출액순이익률에 좌우된다. 그러나 자기자본이익률에는 재무레버리지라는 변수가 하나 더 추가된다. 재무레버리지란 회사의 총자본 중에서 부채가 차지하는 비중으로, 총자본을 자기자본으로 나눠 계산한다. 예를 들어

☑ 재무레버리지

차입금에 대한 이자비용이 고정비로서 매출액에 관계없이 일정하게 발생함에 따라 영업이익의 변화폭보다 당기순이익의 변화폭이 더 크게 확대돼서 나타나는 현상을 말한다.

KeyWord_
자기자본이익률, 재무레버리지, 자본비용

✓ **부채비율**

갚아야 하는 부채가 자기자본의 몇 배인지를 나타내는 비율로서, 부채를 자기자본으로 나누어 계산한다. 부채비율이 100%라면 부채와 자기자본이 같다는 뜻이다.

✓ **자본비용**

회사가 자본을 사용하는 대가로 지불해야 하는 비용을 말한다. 일반적으로 차입금과 같은 타인자본에 대해서는 이자비용이, 자기자본에 대해서는 배당금이 자본비용으로 발생한다.

총자본이 100인 회사의 자기자본이 60이고 부채가 40이라면 재무레버리지는 1.67(100÷60)이 된다. 그러나 반대로 부채가 60이고 자기자본이 40이라면 재무레버리지는 2.5(100÷40)로 높아진다. 이와 같이 부채의 비중이 높아지면 그만큼 재무레버리지도 높아진다.

한편 부채비율을 가지고도 재무레버리지를 계산할 수도 있다. 총자산(총자본)은 자기자본에 부채를 더한 것과 같으므로 이를 자기자본으로 나눈 것은 (1+부채비율)과 같다. 앞의 경우 부채비율은 67%(40÷60)이고, 뒤의 경우는 150%(60÷40)이므로 재무레버리지는 각각 1.67과 2.5임을 알 수 있다.

또한 재무레버리지는 자기자본비율(자기자본÷총자본)의 역수이기도 하다. 앞의 사례처럼 자기자본비율이 60%(60÷100)인 경우 재무레버리지는 1.67(1÷0.6)로 계산된다.

자기자본이익률은 '총자산회전율 × 매출액순이익률 × 재무레버리지'로 계산된다. 이는 회사가 자기자본을 줄이고 부채의 비중을 늘림으로써 자기자본이익률을 높일 수 있다는 뜻으로도 해석할 수 있다.

그러나 부채의 사용에는 일반적으로 이자비용 등 자본비용이 발생하고 이 때문에 매출액순이익률이 떨어질 수 있음을 감안해야 한다. 자기자본의 사용에는 명시적으로 발생하는 자금원가가 없지만, 부채의 사용에는 자금원가가 발생하기 때문에 최소한

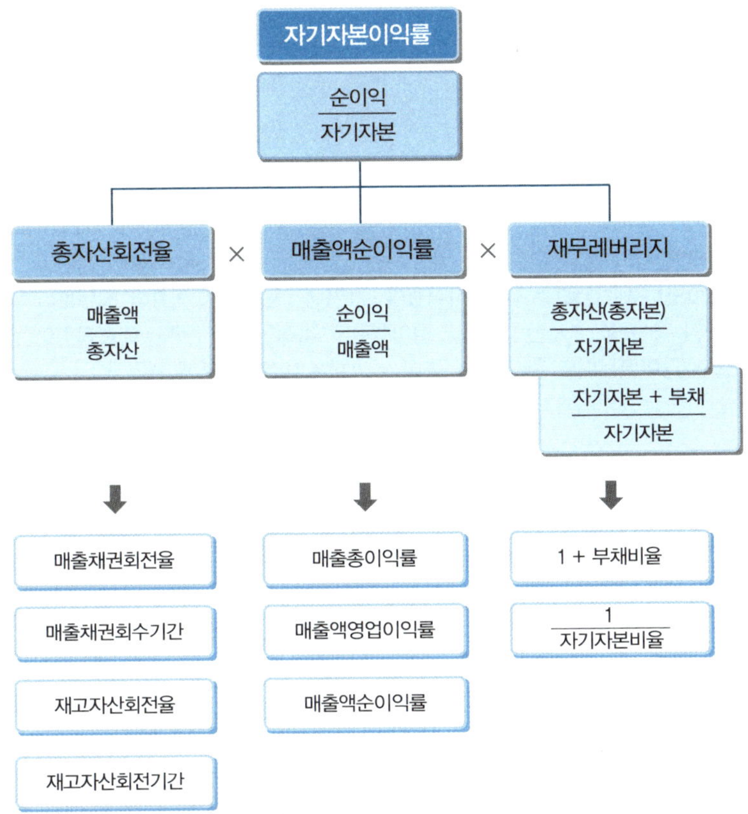

부채자금의 조달비용보다 자산운용에 따른 수익률이 더 높아야 총자산이익률이 개선될 수 있다. 또한 부채의 사용으로 인한 이자비용 때문에 매출이익률이 낮아진다면 재무레버리지를 올렸다 하더라도 전체적인 자기자본이익률은 오히려 더 낮아질 수 있다는 점도 알아야 한다.

매출이익률이 늘었는데도 총자산이익률이 떨어지는 이유는 무엇인가요

30

(주)한경전자의 총자산이익률을 체크하던 명 대리는 총자산이익률이 작년보다 낮아진 것을 알고는 못내 아쉬웠다. 그런데 매출액순이익률이 작년보다 좋아졌는데도 왜 총자산이익률이 떨어졌는지 이해할 수 없었다. 매출액순이익률이 좋아졌는데도 총자산이익률이 떨어지는 이유는 무엇일까?

효율적인 경영의 요체는 적은 자본으로 최대한 많은 이익을 창출하는 것이다. 이를 달성하기 위해서는 첫째, 영업적으로 많은 성과를 내야 하고(총자산회전율, 영업적 측면) 둘째, 매출 대비 가급적 많은 이익을 남겨야 한다(매출액순이익률, 재무적 측면). 일정한 매출 수준에서 많은 이익을 달성하려면 비용을 최대한 줄이는 방법밖에 없기 때문이다. 결국 회전율과 이익률의 결합으로 총자산이익률이 달성되는 것이며, 영업적 측면과 재무적 측면이 서로 결합되지 않으면 총자산이익률의 개선은 불가능하다고 볼 수 있다.

　(주)한경전자의 전년도 총자산이익률은 5.4%로서 이는 총자산회전율 1.8회와 매출액순이익률 3%의 결합으로 달성된 수치이다. 그런데 금년에 매출액순이익률은 4%로 올라갔지만 총자산이익률은 오히려 4.96%로 낮아졌다. 그 이유는 총자산회전율이 1.24회로 낮아졌기 때문인데, 자산회전율이 낮아졌다는 것은 매출증가율이 자산증가율에 미치지 못했다는 의미이다. 만약 금년 중에 외부에서 새로 자금이 조달됐다면 신규자금조달이 불필요했다는 뜻이며, 그렇지 않다면 매출증가율이 저조했다는 의미로 해석할 수 있다.

　이러한 관계는 경영목표 수립에도 활용될 수 있다. 만약 내년도 총자산이익률 목표치를 7%로 정한다면 현재의 비용구조에서 얼마의 매출을 달성해야 할지, 또는 예상매출액하에서는 얼마나 비용을 통제해 이익을 남겨야 할지 그 해답을 얻을 수 있다.

　결국 총자산이익률을 제고하기 위해서는 고회전율, 고마진 전략이 최선이며 이렇게 늘어난 이익은 현금흐름의 개선과도 직결된다. 이익이 없는 현금흐름은 있을 수 없고 현금흐름을 개선하기 위해서는 일단 회계상의 이익을 최대한 끌어올려야 하기 때문이다.

KeyWord_
매출이익률, 총자산이익률, 고회전율·고마진 전략

▶▶ ROA와 ROE의 변화

(주)한경전자

항목	당기	전기
① 총자산회전율	1.24회[1]	1.8회[2]
② 매출액순이익률	4%	3%
③ 총자산이익률(①×②)	4.96%	5.4%
④ 재무레버리지	2.2[3]	2.25[4]
⑤ 자기자본이익률(③×④)	10.9%	12.15%

1) $\dfrac{8,564억원}{(6,712억원 + 7,043억원) \div 2}$

2) $\dfrac{8,325억원}{(2,538억원 + 6,712억원) \div 2}$

3) $\dfrac{7,043억원}{3,198억원}$

4) $\dfrac{6,712억원}{2,982억원}$

내년도 총자산이익률 7%를 달성하고자 한다면 얼마나 매출을 올려야 하는가?

(새로운 자금조달은 없다고 가정하고 1년 뒤 총자산은 7,150억원, 매출액순이익률은 5%로 예상)

총자산이익률 = 총자산회전율 × 매출액순이익률

$$7\% = \boxed{1.4회} \times 5\%$$

$$\dfrac{x(매출액)}{(7,043억원 + 7,150억원) \div 2}$$

$x(매출액) = 1.4회 \times 7,096.5억원$

$= 9,935억원$

따라서 9,935억원의 매출을 올려야 한다.

항목	(주)한경전자의 재무비율	표준비율	업종평균비율*	
			전자부품 제조업	제조업 전체
매출액순이익률	4%	5%	5.6%	4.9%
매출액영업이익률	10%	20%	5.5%	5.9%
매출총이익률	27.7%	30%	19.9%	17.7%
자기자본이익률	11.3%	20%	9.8%	11.1%
총자산이익률	5%	10%	6.0%	5.6%

＊ 한국은행 〈기업경영분석〉에서 인용

업종평균에 비해 매출총이익률과 영업이익률은 양호하지만 매출액순이익률이 저조한 편이다. 판매비와관리비 및 영업외비용에 대한 관리가 필요하며 총자산이익률의 개선대책도 요구된다.

2부_ 재무비율을 이용한 기업진단법

6장_ 재무안정성 진단법

:: 빚 갚을 능력이 있는
안전한 회사인가?

31

단기부채를 갚을 능력이 있는지 보려면 무엇을 확인해야 하나요

회사의 수익성에 관한 지표를 모두 파악한 명 대리는 수익성 못지 않게 중요한 것이 안정성이라고 생각했다. 단기부채가 많은 경우 충분한 유동성이 뒷받침되지 않으면 위험할 수 있기 때문이다. 그러기 위해서는 단기성 자산의 확보가 중요할 텐데 단기부채의 상환능력을 알아보려면 무엇을 확인해야 할까?

회사의 수익성 못지 않게 중요한 것이 재무적인 안정성이다. 아무리 수익성이 좋은 회사라 할지라도 재무적으로 불안정하면 일시적인 자금부족과 이로 인한 채무불이행(default) 위험에 직면할 수 있기 때문이다. 재무적인 안정성을 체크하려면 갚아야 할 부채가 어느 정도인지(부채비율), 재무구조(타인자본과 자기자본의 비중)가 건전한지(자기자본비율), 단기부채를 상환하기에 충분한 유동성을 확보하고 있는지(유동비율 및 당좌비율), 이자비용을 감당하기에 충분한 영업이익을 내고 있는지(이자보상비율) 등을 살펴봐야 한다.

먼저 회사의 단기부채 상환능력은 유동비율과 당좌비율을 체크해 보면 알 수 있다. 단기부채란 결산일로부터 1년 안에 갚아야 하는 부채로서 재무상태표에서는 유동부채로 표시된다. 이러한 단기부채를 상환하려면 충분한 단기성 자산(유동자산)을 확보하고 있어야 한다.

유동부채의 몇 배에 해당하는 유동자산을 보유하고 있는지 따져보는 것을 유동비율이라고 한다. 유동비율은 유동자산을 유동부채로 나눠 계산한다. 일반적으로 유동비율이 130% 이상이면 단기부채의 상환능력에 아무런 문제가 없다고 판단한다. 즉, 유동부채가 300억원이면 유동자산은 그 금액의 1.3배인 390억원 정도 보유하고 있어야 안전하다는 뜻이다. (주)한경전자의 경우 유동비율이 140%(3,667억원÷2,619억원)이므로 적절한 유동성을 확보하고 있다고 볼 수 있다.

유동비율을 가지고 단기부채의 상환능력을 체크할 때는 반드시 재고자산의 규모를 염두에 두어야 한다. 재고자산의 비중이 그리 높지 않은 회사라면 별 문제가 없으나, 재고자산의 비중이 매우 높은 회사라면 재고자산 모두가 1년 안에 현금화될 것으로 보는 데 문제가 있을 수 있기 때문이다.

재고자산은 일반적으로 판매와 대금회수의 과정을 거쳐야 하므로 현금화되는 데 비교적 오랜 시간이 걸린다는 점에서 다른 유동자산과는 차이가 있다. 따라서 재무상태표에서는 재고자산을

☑ 재고자산

판매를 목적으로 보유하는 자산으로서 상품ㆍ제품ㆍ반제품ㆍ재공품ㆍ원재료ㆍ저장품 등이 이에 해당한다.

KeyWord_
유동비율, 당좌비율, 현금비율

단기간 내에 현금으로 전환이 쉬운 자산으로서 만기가 3개월 이내인 채권, 양도성예금증서(CD), 종합자산관리계좌(CMA), 머니마켓펀드(MMF) 등 수시입출금식 요구불예금이 이에 해당한다.

단기금융상품

금융상품 중 1년 내에 현금화할 수 있는 것을 말하며 1년 내에 현금화가 어려운 것은 장기금융상품으로서 투자자산으로 분류된다.

매출채권

일반적 상거래(제품이나 상품을 판매하는 행위)에서 발생한, 회사가 거래처에서 받을 돈으로서 외상매출금과 받을어음을 합친 것이다.

제외한 나머지 유동자산을 '당좌자산' 으로 구분해 표시한다.

당좌자산(Quick Assets)이란 말 그대로 아주 신속하게 현금화할 수 있는 자산으로서 현금및현금성자산, 단기금융상품, 상장된 유가증권, 매출채권 등이 해당된다.

재무상태표에서는 회사가 보유하고 있는 재고자산이 늦어도 1년 또는 정상영업순환주기 내에 현금화될 것이라는 전제 아래 이를 유동자산에 포함시킨 것이라고 이해하면 된다. 따라서 회사의 유동성을 다소 엄격하게 평가하고자 한다면 재고자산을 유동성이 있는 자산에서 제외하는 것이 타당할 수 있다.

이처럼 유동자산 중 재고자산을 제외한 당좌자산만을 가지고 단기부채의 지불능력을 체크하는 것을 당좌비율이라고 하며, 당좌자산을 유동부채로 나눠 계산한다. 당좌비율은 분자의 유동자산에서 재고자산을 제외한 것이므로 그 결과수치가 유동비율보다 낮을 수밖에 없는데, 일반적으로 당좌비율이 100% 이상이면 양호하다고 해석하며 재고자산의 비중이 그리 높지 않은 회사라면 유동비율과 당좌비율에 큰 차이가 나지 않는다.

(주)한경전자의 경우 당좌비율이 89.8%(2,352억원÷2,619억원)로 계산된다. 이렇게 (주)한경전자의 당좌비율이 유동비율에 비해 매우 낮은 것은 그만큼 재고비중이 높다는 것을 의미한다.

이와 같이 유동비율과 당좌비율의 비교를 통해 회사가 보유하는 재고자산의 규모가 과다한지도 체크할 수 있다.

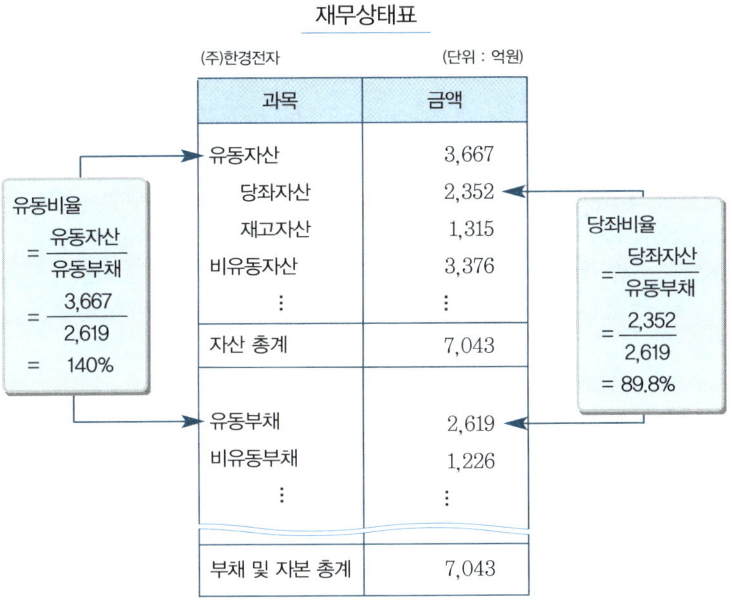

한편 단기부채의 상환능력을 가장 엄격하게 나타내는 지표로 현금비율이 있다. 이는 현금및현금성자산을 유동부채로 나눈 것으로, 당장 현금화가 가능한 현금및현금성자산만을 가지고 단기부채의 지불능력을 체크하는 것이다. 현금비율은 20% 이상이면 양호하다고 보는데 (주)한경전자의 경우는 약 3%(78억원÷2,619억원)로써, 업종평균비율 19%에 비해 매우 낮은편이다. 이는 여유자금의 대부분을 현금및현금성자산 대신 단기금융상품(523억원)으로 보유하고 있기 때문이다.

부채비율보다 차입금의존도가 더 중요한 이유는 무엇 때문인가요

32

얼마 전, 명 대리는 재무팀장에게서 "우리 회사는 비록 부채비율은 좀 높지만 차입금의존도가 그리 높지 않기 때문에 재무적인 위험성은 없어"라는 말을 들었다. 부채비율과 차입금의존도는 무엇이 다르며 재무적 위험도를 측정할 때 부채비율과 차입금의존도를 같이 따져봐야 하는 이유는 무엇일까?

부채비율은 회사의 재무적인 안정성을 체크하는 가장 기본적인 지표로서 갚아야 할 부채가 많을수록 재무적으로 불안정한 회사라고 할 수 있다.

부채비율은 부채를 자기자본으로 나눠 계산한다. 즉, 부채가 자기자본의 몇 배에 해당하는지를 따져보는 것인데 일반적으로 부채비율이 200% 이하일 때 재무적으로 안전하다고 해석한다. 가령 자기자본이 500억원이라면 부채는 1,000억원을 넘지 않는 것이 좋다는 의미이다.

(주)한경전자의 경우 부채비율이 120%(3,845억원÷3,198억

원)로서 전자부품업계의 평균부채비율(67%)에 비해 매우 높은 편이다. 1997년 외환위기 이전만 하더라도 우리나라 상장기업들의 평균부채비율은 무려 400%에 육박하기도 했다(이후 지속적인 재무구조조정 결과 지금은 제조업의 평균부채비율이 90%대로 낮아졌다).

부채비율을 200% 이하로 유지해야 하는 이유는 부채의 사용이 기업에는 자칫 미래의 위험으로 작용할 수 있기 때문이다. 부채는 만기가 있어서 정해진 날짜에 반드시 갚아야 하는 부담이 있는 데다 정해진 이자를 따로 지급해야 하기 때문이다. 게다가 이자비용은 재무적인 고정비로서 회사의 매출이나 이익이 감소하더라도 정해진 대로 지급해야 하기 때문에 경기가 좋지 않아 매출과 이익이 감소하는 상황에서는 큰 부담이 되는 차원을 넘어 위기가 발생할 수도 있다.

그러나 재무상태표에 표시된 모든 부채가 이자비용을 수반하거나 만기가 정해져 있는 것은 아니라는 점을 알아야 한다. 금융기관에서 빌린 차입금이나 회사가 발행한 사채에 대해서는 정해진 대로 이자를 지급해야 하지만 대부분의 부채는 이자지급과는 무관하다. 예를 들면 거래처에 갚아야 할 매입채무나 각종 예수금, 선수금, 미지급금 및 임직원에 대한 퇴직급여충당부채 등은 이자비용과 전혀 상관이 없다. 따라서 부채의 사용에 따른 위험요인이 장래 지급할 고정비로서의 이자때문이라고 한다면 부채 중에서도 실제 이자비용을 지출해야 하는 차입금의 규모를 가지

☑ **예수금**

상거래(매출 또는 매입거래)와는 아무 관련 없이 회사가 일시적으로 받아놓은 돈을 가리킨다. 임직원에게 급여를 지급할 때 떼놓은 갑근세 및 국민연금보험료나 건강보험료의 공제액은 회사가 이를 다시 납부할 때까지 예수금이라는 부채계정에 넣어 둔다.

☑ **선수금**

상거래(매출 또는 매입거래)와 관련해서 미리 받은 돈을 말한다. 예를 들어 제품을 팔기로 계약하고 미리 받은 계약금은 선수금으로 처리했다가 나중에 제품이 인도되면서 소멸된다.

☑ **미지급금**

매입채무와는 달리 상거래와 관련 없이 아직 지급하지 않은 돈을 가리킨다. 예를 들어 업무용 차량을 구입하고 대금의 일부를 결제하지 않았다면 이는 미지급금에 해당한다.

☑ **퇴직급여충당부채**

임직원이 장래에 퇴직할 때 지급해야 할 퇴직금소요액을 미리 부채로 계상한 것을 말한다. 부채로 계상된 금액은 당해년도 말 현재의 퇴직금소요액이며 매년 늘어나는 금액만큼 추가로 비용(퇴직급여)과 부채(퇴직급여충당부채)로 계상한다. 실제 퇴직금 지급 시에는 퇴직급여충당부채에서 상계처리되므로 비용으로 인식되지 않는다.

KeyWord_
부채비율, 차입금의존도

고 재무적 안정성을 따지는 것이 더 합리적일 것이다.

이런 이유로 회사의 총자본 중에서 실제 이자비용을 수반하는 차입금이 어느 정도인지를 가지고 재무적인 안정성을 따지는 지표로 사용하는데 이를 차입금의존도라고 한다. 차입금의존도는 총차입금(회사가 발행한 사채와 유동성 장기차입금도 포함된다)을 총자본으로 나눠 계산하며, 차입금의존도가 30% 이하일 때 안전하다고 본다. 즉, 차입금의존도가 30%를 넘으면 이자부담 때문에 자칫 위험에 빠질 수도 있다고 본다. (주)한경전자의 경우 차입금의존도는 35%(2,466억원÷7,043억원)로 다소 높은 편이다.

▶▶ 부채비율과 차입금의존도

재무상태표

(주)한경전자 (단위 : 억원)

과목	금액
유동자산	3,667
⋮	⋮
비유동자산	3,376
⋮	⋮
자산 총계	7,043
유동부채	
매입채무	836
단기차입금	1,523
⋮	⋮
비유동부채	
장기차입금	943
퇴직급여충당부채	214
부채 총계	3,845
자본 총계	3,198
부채 및 자본 총계	7,043

차입금의존도

$$= \frac{\text{차입금}}{\text{총자본}} = \frac{2,466}{7,043} = 35\%$$

$$\text{부채비율} = \frac{\text{부채}}{\text{자본}} = \frac{3,845}{3,198} = 120\%$$

이자보상비율을 체크해야 하는 이유는
무엇 때문인가요

33

명 대리의 친구 오억만 씨는 자영업자로 지난해 집을 사면서 은행에서 5억원을 대출받았다. 오 사장이 취득한 아파트 시세는 현재 10억원으로 굳이 표현하자면 차입금의존도가 50%인 셈이다. 명 대리는 "대출금리가 6%라면 매월 이자만 해도 250만원, 연간 3,000만원인데 너무 과한 거 아냐?" 하고 걱정했다. 그러자 오 사장은 "내가 1년 동안 벌어들이는 사업소득이 2억원 정도니까 그 정도는 결코 무리가 아니야"라고 명 대리를 안심시켰다. 과연 오 사장의 말이 맞을까?

차입금의존도가 높다고 해서 항상 회사의 재무적 안정성에 문제가 있다고 단정하기는 어렵다. 가령 개인의 경우 각자의 상환능력이나 이자부담능력에 따라 차입규모가 달라지는 것을 볼 수 있다. 예를 들어 똑같은 6억원짜리 아파트를 장만한다고 가정할 때 연봉이 3,000만원인 명 대리가 빌릴 수 있는 대출의 규모와 연간소득이 2억원인 오 사장이 빌릴 수 있는 대출의 규모는 다를 수밖에 없을 것이다.

따라서 회사의 재무적 안정성을 따질 때는 차입금 규모와 함께 그 차입금에 대한 이자를 감당할 능력이 있는지도 함께 살펴야 하며, 이자를 감당할 만한 충분한 여유가 있고 그 차입금을 제대로 운용하고 있다면 문제는 없다고 할 수 있다.

회사가 차입금 이자를 감당할 능력은 영업이익에서 나온다. 이자비용을 비롯한 영업외비용은 모두 영업이익에서 지출되기 때문이다. 따라서 차입금의존도와는 별도로 회사의 영업이익이 이자비용의 몇 배 정도인지를 따져봐야 하는데 이를 이자보상비율이라고 한다.

이자보상비율은 영업활동으로 벌어들인 이익으로서 이자비용을 어느 정도 부담할 수 있는지, 즉 기업의 이자부담능력을 평가하는 지표로서 영업이익을 이자비용으로 나눠 산출한다. 즉, 영업이익이 이자비용의 몇 배인지 측정해 이자비용의 지불능력을 따지는 것으로 2배 이상이면 양호하다고 본다.

이자보상비율이 높을수록 이자부담능력이 높다고 할 수 있으며 1배 미만이면 영업이익으로는 이자비용조차 충당하기 어렵다는 것을 의미한다. 이자보상비율은 기업구조조정과 관련하여 부실기업을 판정하는 기준(3년 연속 이자보상비율 1배 미만인 기업)의 하나로 활용되기도 한다.

만약 회사가 차입금과는 별도로 금융상품을 보유하고 있고 이자수익이 발생한다면 순이자비용은 줄어들 것이므로 영업이익을 순이자비용(이자비용 – 이자수익)으로 나눠 구하기도 하는데, 이를 순이자보상비율이라고 한다.

KeyWord_
이자보상비율, 순이자보상비율,
금융비용부담률, 재무레버리지효과

(주)한경전자의 경우 이자보상비율은 5.7배(854억원÷150억원)이며, 순이자보상비율은 11배(854억원÷77억원)로서 이자부담능력은 매우 높은 편이다. 즉, 비록 차입금이 많기는 하지만 영업이익으로 이자비용을 충당하는 데는 아무 문제가 없다.

한편 회사가 부담하는 금융비용의 과다 여부를 따져보는 지표로서 금융비용부담률이 있다. 이는 매출액 중 금융비용이 차지하는 비중으로서 기업이 부담하고 있는 금융비용의 수준이 어느 정도인지를 나타낸다. 금융비용에는 차입금이자, 할인료, 회사채이자 등이 모두 포함된다. 일반적으로 금융비용부담률이 3% 미만이면 양호하다고 보며 10%를 넘는 경우 위험하다고 본다. (주)한경전자의 경우 금융비용부담률은 1.75%(150억원÷8,564억원)로 양호한 수준이다.

금융비용부담률은 차입금평균이자율과 차입금의존도에 총자산회전률의 역수를 곱한 것과 같다. 따라서 차입금평균이자율과 차입금의존도가 높을수록, 총자산회전율(매출액÷총자산)이 낮을수록 금융비용부담률이 높다. 차입금의존도(35%)와 총자산회전율(1.2회)을 토대로 (주)한경전자의 평균차입금리를 추정해보면 6%로 계산된다.

금융비용은 차입금에 대한 대가로 매출수준에 관계없이 지불해야 하는 고정비이므로 불황에 대비한 안정적인 경영기반을 확립하기 위해서는 이 비율을 낮출 필요가 있다.

▶▶ 이자보상비율과 금융비용부담률

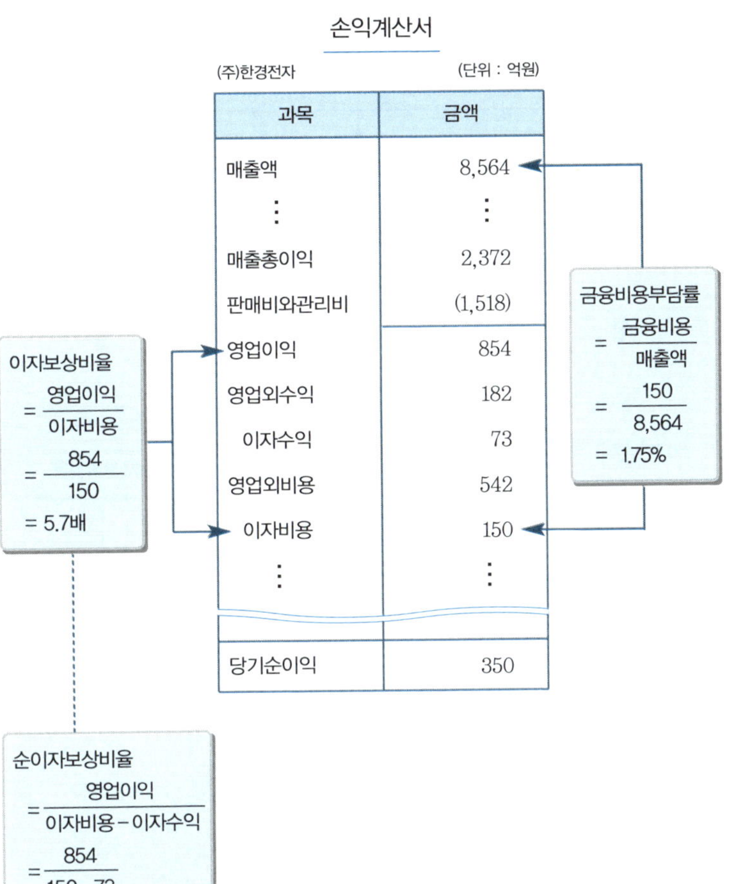

▶▶ **금융비용부담률의 결정요인**

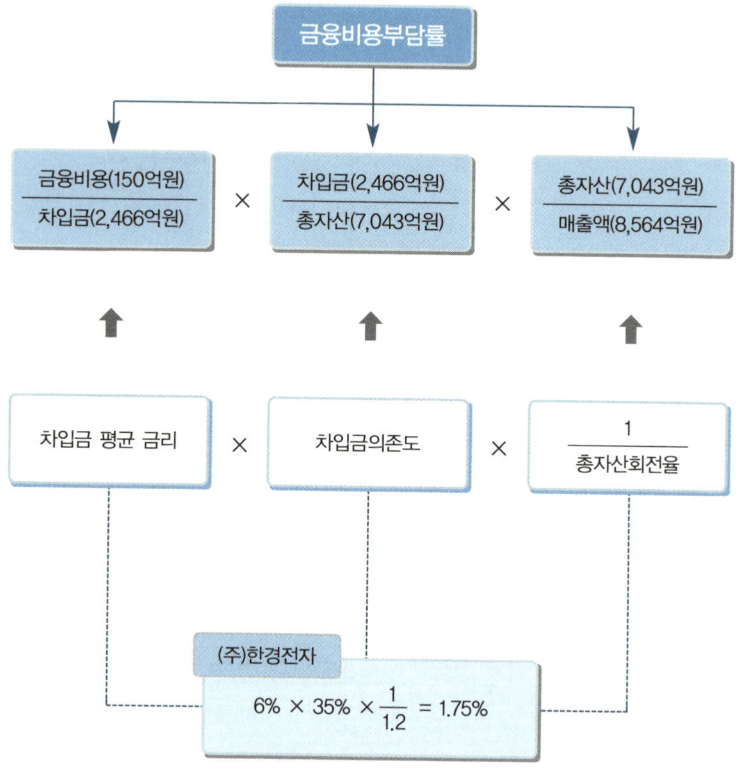

반면 경기가 좋아 매출이 늘어날 때는 외부차입금을 사용함으로써 더 많은 이익을 낼 수 있는 재무레버리지효과(financial leverage effect)가 작용하게 되므로 기업은 향후 매출성장 가능성 및 이익창출능력 등을 종합적으로 감안해 외부차입 규모를 결정해야 한다.

34

(주)한경전자는 이번에 공장을 증설하기로 결정하고 이에 필요한 자금 중 100억원을 외부자금으로 충당하기로 했다. 이번에 영업팀에서 자금팀으로 부서를 옮긴 명 대리는 100억원 중 40억원은 단기성 자금으로, 나머지 60억원은 장기성 자금으로 조달하는 내용의 보고서를 작성했다. 보고서를 본 팀장은 명 대리에게 "신규자금 조달 후 비유동장기적합률이 어떻게 달라지는지 체크해 봤어?"라고 물었다. 비유동장기적합률이란 무엇을 의미하는 것일까?

회사의 자산은 크게 단기성 자산과 장기성 자산으로 구분된다. 단기성 자산은 유동자산처럼 단기간 내에 회수되는 자산을 말하며, 장기성 자산은 비유동자산(투자자산, 유형자산 및 무형자산)처럼 장기간에 걸쳐 서서히 회수되는 자산을 말한다. 단기성 자산이건 장기성 자산이건 회사가 자산을 소유하려면 자금을 조달해야 하는데, 이때 단기성 자산에 투자되는 자금은 단기자본으로 조달하고 장기성 자산에 투자되는 자금은 장기자본으로 조달하는 것이 바람직하다. 장기성 자산에 투자될 자금을 1년 내에 갚아야 할 단기자본으로 조달할 경우 자금조달의 불균형

KeyWord_
비유동장기적합률, 비유동자산,
비유동부채

(mismatching)이 발생하고 이 때문에 재무적 안정성에 문제가 생길 수 있기 때문이다.

비유동장기적합률이란 장·단기 자금조달의 적합도를 알려주는 지표로서 장기성 자산, 즉 비유동자산을 장기성 자본인 비유동부채와 자기자본의 합계금액으로 나눠 계산한다. 이 비율이 100% 이하라면 비유동자산에 투자된 자금이 모두 장기성 자금으로 조달되었음을 의미하며 100%를 초과하는 경우에는 일부 자금이 단기성 유동부채에서 조달되었음을 의미한다.

예를 들어 유동자산이 200억원이고 비유동자산이 500억원인 회사의 유동부채가 300억원, 비유동부채와 자기자본이 400억원이라면 비유동장기적합률은 125%(500억원÷400억원)로 계산된다. 이는 장기성 자본 400억원의 25%인 100억원이 단기성 유동부채에서 조달되어 장기성 자산에 투자되었다는 의미이다.

비유동장기적합률은 유동비율의 높고 낮은 정도를 비유동자산과 비유동부채 및 자기자본의 비율을 통해 따져보는 것이므로 이 비율이 낮다는 것은 곧 유동비율이 높다는 것과 같은 의미이며, 반대로 비유동장기적합률이 높다는 것은 유동비율이 낮다는 것과 같은 의미이다.

위 회사의 경우 유동비율이 67%(200억원÷300억원)로서 매우 낮은데, 유동부채가 유동자산을 초과한 만큼 비유동자산에 투자되었기 때문에 비유동장기적합률이 높게 나온다. 즉, 비유동장

1. 건전형(장기자본 〉 비유동자산, 단기자본 〈 유동자산)

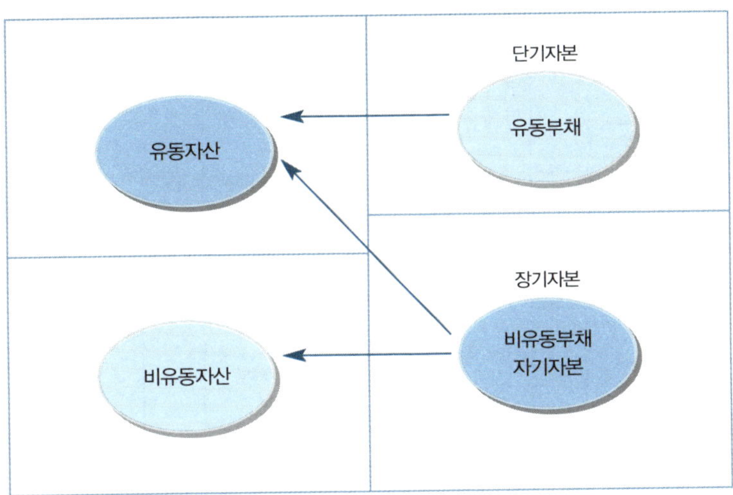

2. 불건전형(장기자본 〈 비유동자산, 단기자본 〉 유동자산)

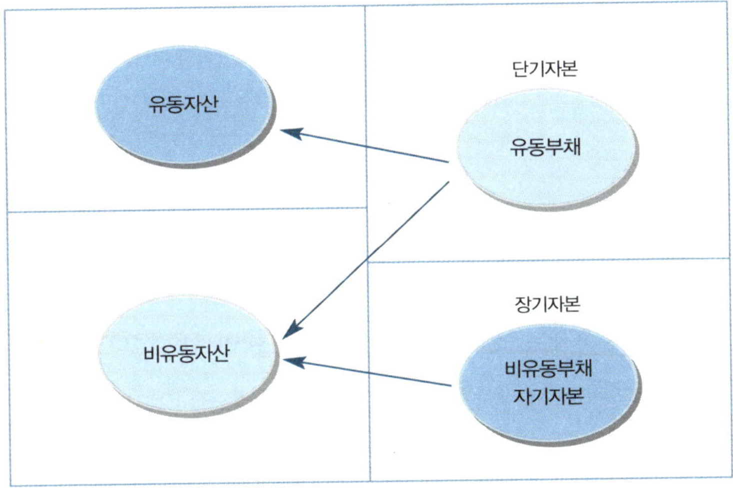

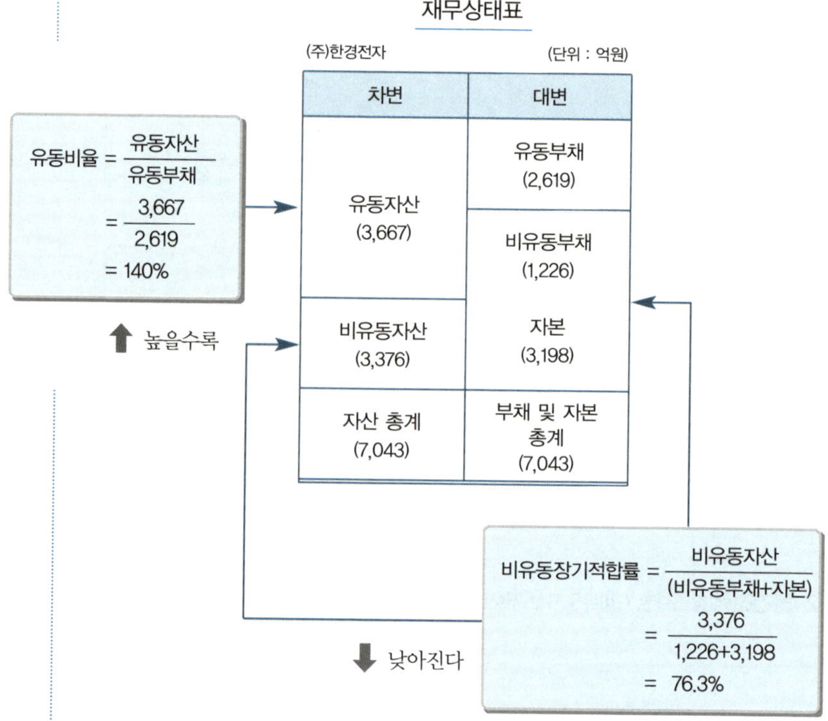

기적합률은 유동비율과는 반대로 낮을수록 좋다. 보통 60% 이하를 양호한 경우로 보며 150%를 넘으면 불량하다고 판정한다.

(주)한경전자의 경우 비유동장기적합률이 76.3%(3,376억원 ÷ 4,424억원)로서 낮은 편인데 이는 유동비율(140%)이 높기 때문이다.

자기자본비율은 어느 정도가 적당한가요

35

아침 신문을 보던 명 대리는 '상장기업들 재무구조 개선 – 자기자본비율 계속 올라'라는 머릿기사를 보았다. 외부에서 빌린 타인자본보다는 주주자금인 자기자본이 많을수록 재무적인 안정성이 커지므로 좋은 현상이라고 할 수 있을 텐데…. 그렇다면 자기자본비율이 어느 정도라야 재무적인 안정성이 있다고 할 수 있을까?

자기자본비율은 회사의 총자본 중에서 자기자본이 차지하는 비중을 나타내는 안정성 지표로서 자기자본비율이 높을수록 회사의 재무적 안정성은 높아진다.

주식발행(자본금)이나 순이익의 내부유보(이익잉여금) 등과 같이 자기자본의 증대를 통해 자금을 조달하는 방법은 이자의 손비처리가 인정되는 외부차입과는 달리, 자기자본 제공자인 주주에 대한 배당금이 법인세법상 손비처리되지 않기 때문에 세금절감효과(Tax-shield effect)가 발생하지 않는다.

따라서 기업(특히 대주주가 CEO인 비상장중소기업)은 일반적으

☑ **세금절감효과**

회사의 비용지출금액에 대해 세무상으로 손금처리됨에 따라 법인세가 줄어드는 효과를 말한다. 예를 들면 기부금 10억원을 지출하고 이를 모두 손금으로 인정받으면 법인세율이 20%일 때 2억원의 법인세가 줄어드는 효과가 생긴다. 결국 세금절감효과를 감안하면 기부금지출로 인한 회사의 실제 순자산감소는 8억원인 셈이다.

KeyWord_
자기자본비율, 세금절감효과

로 자기자본에 의한 조달보다는 외부차입을 선호한다. 자기자본이 늘어나면 주주의 투자금액에 대한 수익성 지표인 자기자본이익률이 떨어진다는 점도 기업이 타인자본을 선호하는 요인이다.

그러나 자기자본비율이 낮으면 경기변동에 대한 적응력이 떨어져 불황이 계속될 경우 도산 위험이 높아진다. 불황이 계속돼 회사의 순자산이 지속적으로 감소하더라도 자기자본이 충분하면 이를 감당할 수 있지만 그렇지 않은 경우에는 부채가 총자산 금액을 초과하는 상황(완전자본잠식)에 직면할 수 있기 때문이다. 따라서 기업은 적정수준의 자기자본비율을 유지해야 하는데 자기자본비율이 40% 이상이면 우량기업, 15% 미만이면 부실기업으로 본다.

(주)한경전자의 자기자본비율은 45%(3,198억원÷7,043억원)로 계산된다.

재무상태표

(주)한경전자   (단위 : 억원)

과목	금액
유동자산	3,667
⋮	⋮
유동부채	2,619
비유동부채	1,226
부채 총계	3,845
자본금	500
⋮	⋮
자본 총계	3,198
부채 및 자본 총계	7,043

$$\text{자기자본비율} = \frac{\text{자본}}{\text{총자본}}$$

$$= \frac{3,198}{7,043}$$

$$= 45\%$$

▶▶ (주)한경전자의 재무안전성지표 분석

항목	(주)한경전자의 재무비율	표준비율	업종평균비율*	
			전자부품 제조업	제조업 전체
유동비율	140%	130%	144.4%	121.3%
당좌비율	89.8%	100%	116.2%	90.6%
현금비율	3%	20%	19.2%	14.5%
부채비율	120%	200%	60.9%	97.8%
차입금의존도	35%	30%	15.6%	22.7%
이자보상비율	569.3%	200%	579.2%	469.8%
순이자보상비율	1,109.1%	400%	1,219.0%	856%
금융비용부담률	1.75%	3%	0.94%	1.2%
비유동장기적합률	76.3%	60%	86.2%	88.6%
자기자본비율	45%	40%	62.1%	50.5%

＊ 한국은행 〈기업경영분석〉에서 인용

유동비율에 문제가 없는데도 당좌비율이 매우 낮은 것은 재고투자가 과다하다는 증거이며, 이자보상비율은 높은 편이지만 차입금의존도를 좀 더 낮출 필요가 있다. 차입금의존도를 낮추면 업계평균보다 높은 부채비율도 지금보다 낮아지고 자기자본비율도 더 개선될 수 있다. 단기금융상품(523억원)을 포함한 총현금유동성은 큰 문제가 없지만 현금비율이 매우 낮으므로 현금보유비중을 더 높일 필요가 있다.

재고자산과 매출채권의 적정비중은 어느 정도인가요

자금팀의 명 대리에게 매입채무 결제자금이 부족하다는 보고를 받은 고차원 상무는 급히 영업팀장에게 재고 및 매출채권 현황을 뽑아오도록 지시했다. 보고서를 받아 본 고 상무는 영업팀장에게 "재고와 매출채권이 이렇게 늘어나고 있는데 뭐하고 있는 거야?"라며 신속히 재고를 줄이고 매출채권을 정리할 것을 지시했다. 이를 옆에서 지켜보는 명 대리는 회사가 영업을 하려면 일정 금액의 재고자산과 매출채권은 어쩔 수 없이 생길 수밖에 없는데, 도대체 재고자산과 매출채권이 어느 정도이길래 그러는 것인지 궁금하다.

회사의 자금순환주기상 가장 중요한 항목은 재고자산과 매출채권으로서, 재고자산이 판매되어 매출채권으로 바뀐 다음 일정 기간 후 매출채권이 회수되어 다시 재고투자에 사용됨으로써 자금의 순환과정이 마무리된다. 그러므로 재고자산이나 매출채권에 묶인 자금이 과다하면, 이는 기업자금의 사이클링이 원활하지 못하다는 증거이다. 즉, 재고나 매출채권에 묶인 자금은 정체된 자금으로서 이를 최대한 줄여나가는 것이 자금관리의 필수요건이다.

☑ **재고자산**

판매를 목적으로 보유하는 자산으로서 상품, 제품, 반제품, 재공품, 원재료, 저장품 등이 여기에 해당한다.

☑ **매출채권**

일반적 상거래(제품이나 상품을 판매하는 행위)에서 발생한, 회사가 거래처에서 받을 돈으로서 외상매출금과 받을어음을 합친 것이다.

KeyWord_
재고자산, 매출채권, 영업순환주기

제조과정에 투입될 원재료 등을 취득한 시점부터 제품을 판매해서 이를 현금으로 회수할 때까지 소요되는 기간을 말한다. 일반적으로는 영업순환주기가 1년 이내이지만 업종에 따라서는 1년을 초과할 수도 있다.

회계적으로 당기의 재고자산금액이 전기보다 증가했다면 재고매입액 또는 생산물량에 비해 판매금액이나 판매량이 더 감소했다는 것이다. 이는 생산을 위해 지출된 돈보다 회수된 돈이 더 적다는 의미이다. 또한 매출채권이 전기보다 증가했다면 당기에 발생된 매출수익보다 회수된 매출채권이 더 적다는 의미로서 재고증가의 경우와 마찬가지로 현금흐름에 마이너스의 영향을 미치게 된다. 따라서 재고자산이나 매출채권이 증가하는 것은 기업활동에서 바람직하지 못한 현상이므로 회사의 안전성을 진단할 때는 회사가 보유하는 재고자산과 매출채권의 규모가 적정한지와 증감 여부도 따져봐야 한다.

일반적으로 재고자산과 매출채권은 각각 총자산의 20%를 넘지 않는 것이 좋다고 본다. 재고나 매출채권의 비중이 20%를 넘을 경우 영업순환주기가 길어지고 회사의 현금흐름이 악화될 가능성이 있기 때문이다.

(주)한경전자의 경우 재고자산 비중이 18.6%(1,315억원÷7,043억원)로서 업종평균치 6.7%에 비해 매우 높은 편이며, 매출채권의 비중도 24.8%(1,746억원÷7,043억원)로서 업종평균치 10.2%에 비해 매우 높은 편이다.

▶▶ 재고자산과 매출채권의 변화가 자금흐름에 미치는 영향

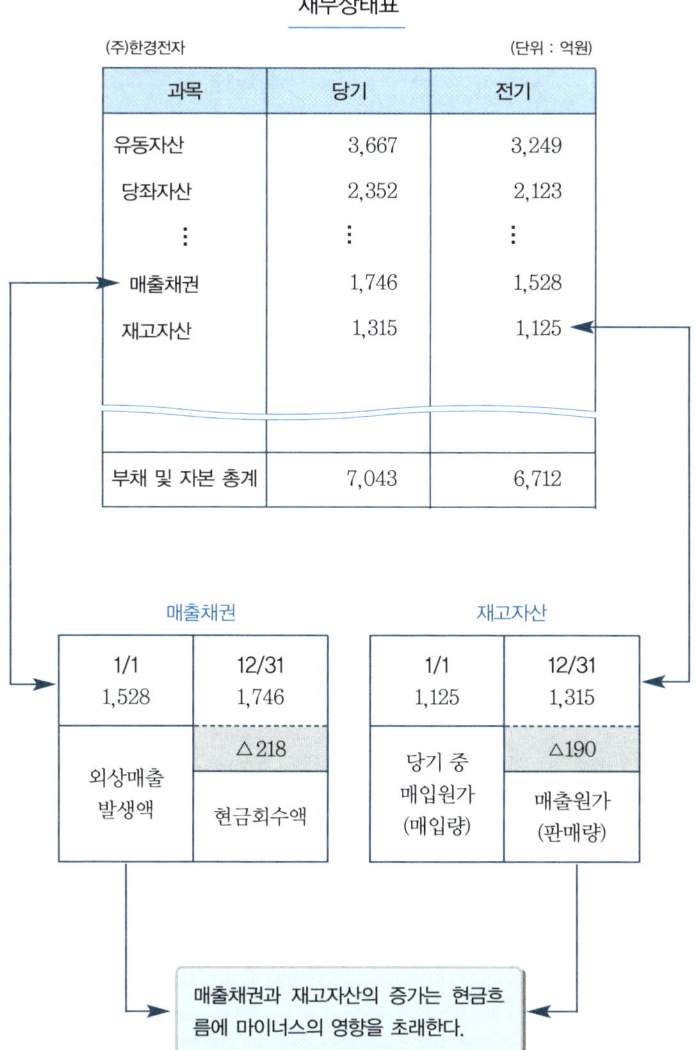
재무상태표
(주)한경전자
(단위 : 억원)
과목	당기	전기
유동자산	3,667	3,249
당좌자산	2,352	2,123
매출채권	1,746	1,528
재고자산	1,315	1,125
부채 및 자본 총계	7,043	6,712
매출채권
1/1	12/31
1,528	1,746
외상매출 발생액	△218
	현금회수액
재고자산
1/1	12/31
1,125	1,315
당기 중 매입원가 (매입량)	△190
	매출원가 (판매량)
매출채권과 재고자산의 증가는 현금흐름에 마이너스의 영향을 초래한다.

▶▶ 영업자금의 순환사이클

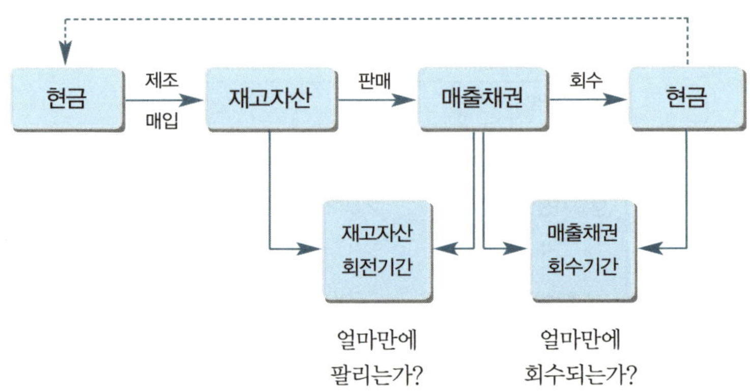
현금
제조
매입
재고자산
판매
매출채권
회수
현금
재고자산
회전기간
매출채권
회수기간
얼마만에
팔리는가?
얼마만에
회수되는가?

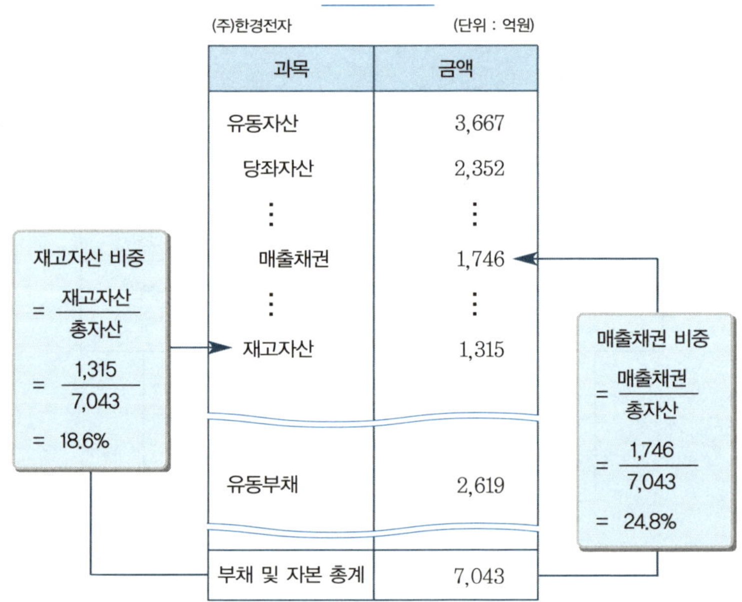
재무상태표
(주)한경전자
(단위 : 억원)

과목 | 금액
유동자산 | 3,667
당좌자산 | 2,352
매출채권 | 1,746
재고자산 | 1,315
유동부채 | 2,619
부채 및 자본 총계 | 7,043

재고자산 비중
= 재고자산 / 총자산
= 1,315 / 7,043
= 18.6%

매출채권 비중
= 매출채권 / 총자산
= 1,746 / 7,043
= 24.8%

프로직장인들이
가장 궁금해하는
재무제표분석

2부_ 재무비율을 이용한 기업진단법

7장_ 자본효율성 진단법

: : 회사 자산(자본)을 얼마나 잘 활용하고 있는가?

37

자본효율성이 어느 정도 돼야 수익성이 확보되나요

명 대리의 외삼촌인 나대박 씨는 직장을 그만두고 총자본 10억원으로 법인 사업체를 창업했다. 개업식에 참석한 명 대리는 외삼촌에게 연간 10억원 정도의 매출을 기대한다는 말을 듣고는 다음과 같이 말했다.
"외삼촌, 그 정도 매출로는 안 돼요. 총자본이 10억원이면 최소한 그 이상의 매출을 달성해야 자본효율성이 있는 셈이거든요"
명 대리가 말한 자본효율성이란 무엇이며 어느 정도가 돼야 할까?

자본효율성이란 회사가 주주나 채권자에게서 제공받은 자본을 얼마나 제대로 잘 활용하는지 나타내는 지표이다. 주로 매출액을 효율성의 지표로 사용하되, 매출액을 기초와 기말의 평균 총자산(총자본)으로 나눈 총자산회전율(총자본회전율) 또는 매출액을 평균자기자본으로 나눈 자기자본회전율을 가지고 측정한다. 이와 같은 회전율은 회사가 총자산(총자본) 또는 자기자본의 몇 배에 해당하는 매출을 달성하고 있는지를 체크함으로써 자본이 효율적으로 사용되고 있는지를 보는 것으로 활동성 비율에 해당한다.

기업활동을 영위하는 데 회사가 재무적인 안정성을 유지하는

것만큼 중요한 것이 바로 기업자산을 효율적으로 사용하는 것인
데, 활동성 비율은 기업이 보유하고 있는 각종 자산의 회전율을
통해 자산의 사용정도를 측정하는 것으로 회전율이 높을수록 자
산이 활발하게 움직였음을 나타낸다.

일반적으로 총자산회전율은 1.5회 이상을 양호한 수준으로
본다. 즉, 총자산이 2,000억원이면 매출액이 최소한 3,000억원
은 되어야 한다는 의미이다. 만약 총자산회전율이 이에 못 미친
다면 기업활동에 투입된 총자산(총자본)에 비해 매출이 너무 저
조하거나 매출액에 비해 너무 과다한 자본이 투입된 것으로 봐
야 한다. 총자산회전율이 극도로 낮은 회사는 총자산이익률을
높게 유지하기가 매우 어려운데 이는 그만큼 활동성이 회사의
수익성에 직접적인 영향을 미친다는 의미이다.

회사가 이익을 창출하려면 일단 매출의 절대액이 커야 하는
데 이 경우 회사가 투입한 자본 대비 적정한 매출액을 달성하고
있는지를 총자산회전율을 통해 체크할 수 있다. 자기자본회전율
은 매출액을 평균자기자본으로 나눠 계산하는데, 3회 이상을 양
호한 수준으로 본다.

(주)한경전자의 경우 총자산회전율은 1.2회(8,564억원÷6,887
억원)로서 업종평균치 1.1회와 비슷하며, 자기자본회전율은 2.8
회(8,564억원÷3,090억원)로서 업종평균치 1.8회보다는 높은 편
이다.

▶▶ 총자산(총자본)회전율 및 자기자본회전율

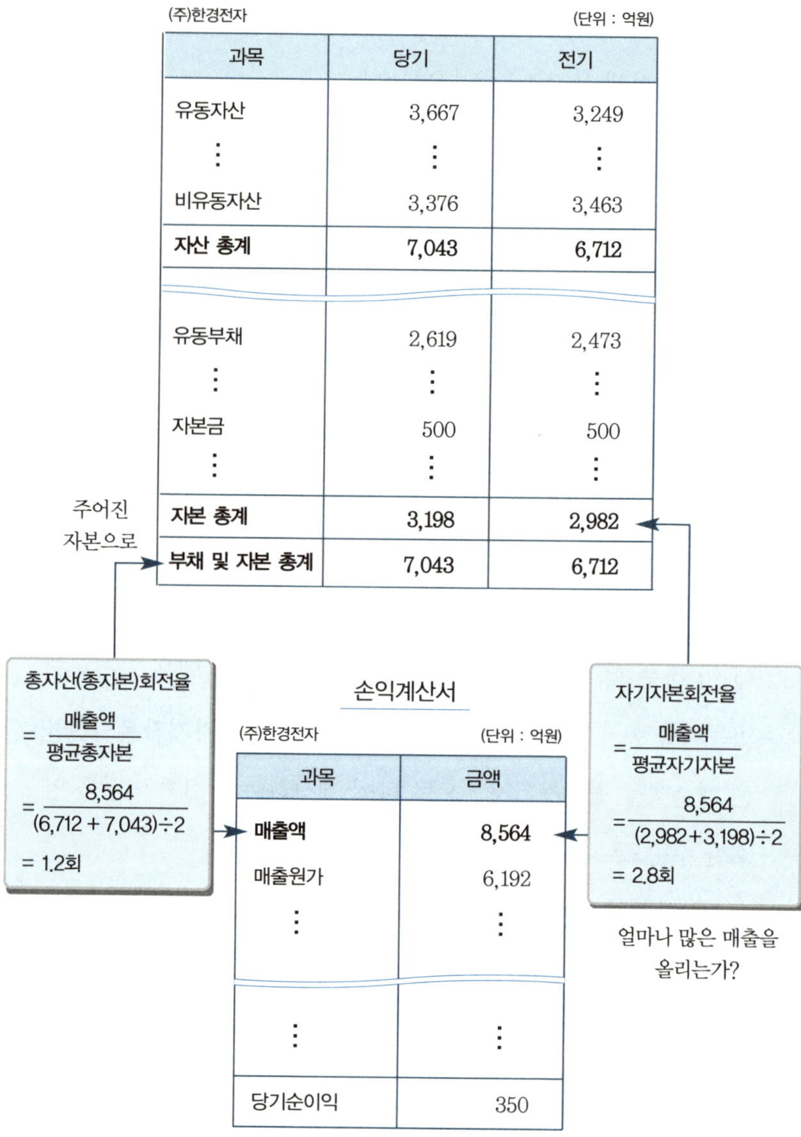

재고자산이 판매되는 데 걸리는 기간은 어떻게 계산하나요

사업을 시작한 지 1년이 지난 나 사장, 사업은 잘 되는 것 같은데 도무지 돈을 만져보기가 어렵다. 개업식 날 조카가 했던 말이 생각난 그는 명 대리를 불러 재무제표를 내밀었다. 재무제표를 한참 들여다보던 명 대리는 재고자산이 제대로 회전되지 않아 판매되기까지 시간이 너무 많이 걸리는 것이 문제라고 지적했다. 재고자산이 판매될 때까지 소요되는 기간은 어떻게 계산하는가?

재고자산이 판매될 때까지 평균적으로 소요되는 기간을 재고자산회전기간이라고 한다. 재고자산회전기간은 재고자산회전율을 계산해보면 알 수 있다. 재고자산회전율은 재고자산이 한 회계기간 동안 몇 회나 회전했는지 나타내는 것으로서 손익계산서의 매출액 또는 매출원가를 평균재고자산으로 나눠 계산한다.

일반적으로 활동성 지표를 계산할 때는 매출액을 기준으로 하지만, 재고자산회전율은 매출원가를 기준으로 계산하는 것이 더 의미있다. 그 이유는 분모의 재고자산이 이윤이 포함되지 않은 원가금액이므로 만약 매출액을 기준으로 할 경우 실제보다

☑ 매출원가

한 회계년도 동안 회사가 매출한 금액에 상응하는 원가금액으로서 기초상품재고액에 매입원가를 더하고 기말상품재고액을 빼서 계산한다. 예를 들어 기초에 상품재고가 1억원어치가 있었고 당기 중에 9억원의 매입이 있었는데, 기말에 상품재고가 3억원이 남아 있다면 모두 7억원어치가 팔렸다는 계산이 나온다. 이때 7억원을 매출원가라고 하며, 만약 매출액이 모두 12억원이라면 매출총이익은 5억원인 셈이다. 한편 제조회사는 기초제품재고액에 당기제품제조원가를 더하고 기말제품재고액을 빼서 매출원가를 계산한다.

KeyWord_
재고자산회전기간, 재고자산회전율

회전율이 높게 나오는 경향이 있기 때문이다. 예를 들어 회사가 보유하는 평균재고는 30억원인데 당해년도의 매출원가가 300억원이라면 당기 중에 재고자산이 팔려나간 횟수는 모두 10회라는 의미이다.

재고자산회전율을 알면 그 회전기간도 알 수 있는데 1년은 365일이므로 회전율이 10회이면 회전기간은 36.5일(365일÷10회)이 된다. 즉, 재고자산이 구입돼 팔리기까지 평균 36.5일이 소요됐다는 뜻이다. 따라서 재고자산회전율이 높을수록 재고자산회전기간은 단축돼 그만큼 재고자산이 빨리빨리 팔려나간다고 할 수 있다. 재고자산회전율은 6회 이상이면 양호한 것으로 본다. 재고자산회전율이 높다는 것은 그만큼 재고자산이 기업에 머무는 기간(재고자산회전기간)이 짧고 재고자산이 빨리 팔려나간다는 뜻이다. 이상적인 재고자산회전율 6회를 가지고 바람직한 재고자산회전기간을 따져보면 약 60일(365일÷6회)임을 알 수 있다.

한편 한국은행에서 작성하는 〈기업경영분석〉에서는 재고자산회전율도 매출액을 기준으로 계산하고 있다. 따라서 (주)한경전자의 경우 매출액을 기준으로 계산한 재고자산회전율은 7회(8,564억원÷1,220억원)로서 업종평균치 15.7회에 비해 매우 낮은 편이며, 재고자산회전율을 재고자산회전기간으로 환산하면 52일(365일÷7회)이다.

재무상태표

(주)한경전자 (단위 : 억원)

과목	당기	전기
유동자산	3,667	3,249
당좌자산	2,352	2,123
매출채권	1,746	1,528
재고자산	1,315	1,125
⋮	⋮	⋮
⋮	⋮	⋮
부채 및 자본 총계	7,043	6,712

손익계산서

(주)한경전자 (단위 : 억원)

과목	금액
매출액	8,564
매출원가	6,192
매출총이익	2,372
⋮	⋮
법인세비용	144
당기순이익	350

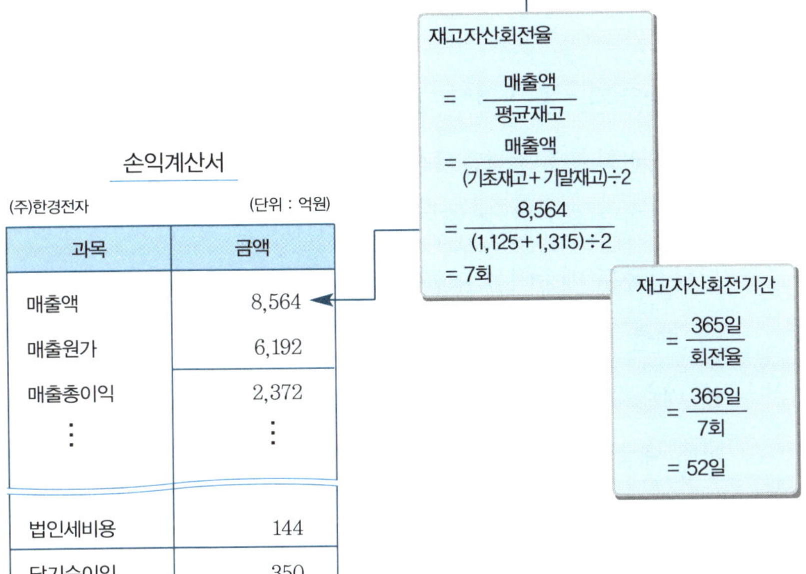

매출채권이 회수되는 데 걸리는 기간은
어떻게 계산하나요

39

재고자산회전율과 회전기간에 대해 설명을 들은 나 사장은 "그러면 우리 회사도 앞으로 재고자산회전기간만 단축하면 자금회전에 별 문제가 없겠네?"라고 물었다. 이에 명 대리는 "재고자산이 아무리 빨리 팔려도 매출채권이 현금으로 회수되지 못하면 물거품이에요"라고 답했다.
매출채권회전율과 회수기간은 어떻게 계산하며 어느 정도가 돼야 문제가 없을까?

☑ 대손충당금

매출채권 등 회사가 받을 채권에 대해 나중에 받지 못할 것으로 예상하는 금액을 추정해서 미리 비용처리를 해둔 금액을 말한다. 나중에 채권을 떼이게 되면(이를 대손이라고 한다) 대손충당금에서 털어낸다.

매출채권이 회수될 때까지 평균적으로 걸리는 기간을 매출채권회수(회전)기간이라고 한다. 매출채권회수기간 역시 재고자산의 경우처럼 그 회전율을 계산해보면 알 수 있다. 매출채권회전율은 매출액을 평균매출채권잔액으로 나눠 계산하면 된다. 예를 들어 당기 중 매출액이 1,000억원인데 회사의 평균적인 매출채권잔액이 200억원이라면 회전율은 5회로 계산된다. 이때 매출채권은 재무상태표상 전기와 당기말의 매출채권잔액을 평균하되 대손충당금을 차감하기 전의 금액으로 한다. 왜냐하면 손익계산서의 매출액에는 향후 대손처리될 외상매출액도 모두 포함돼 있기 때문이다.

재고자산회전율의 경우와 마찬가지로 매출채권회전율을 이용하면 매출채권의 회수가 얼마나 빨리 이루어지는지 측정할 수 있다. 365일을 매출채권회전율 5회로 나누면 매출채권이 회수되는 데 평균적으로 73일이 소요되었음을 알 수 있다.

매출채권회전율과 매출채권회수기간은 각각 6회와 60일 이상이면 양호한 것으로 해석한다. (주)한경전자의 매출채권회전율은 4.7회(8,564억원÷1,819억원)로서 업종평균치 10.4회에 비해 매우 낮은 편이며, 이를 매출채권회수기간으로 환산하면 78일(365일÷4.7회)이 나온다.

한편 재고자산의 회전기간과 매출채권의 회수기간을 더하면 재고자산이 판매되어 현금으로 회수될 때까지의 기간(영업자금의 회수기간)이 산출되는데, 이를 평균영업주기(operating cycle)라고 한다. (주)한경전자의 평균영업주기는 130일(52일 + 78일)이다.

마찬가지로 매입채무도 매출채권처럼 회전율을 계산하여 그 회전기간을 계산할 수 있다. 매입채무회전기간은 매입채무가 결제될 때까지 평균적으로 소요되는 기간을 뜻하는 것으로서, 길수록(회전율이 낮을수록) 좋다. 매입채무회전율은 매출액을 평균매입채무 잔액으로 나누면 된다. (주)한경전자의 매입채무회전율은 12.2회(8,564억원÷((567억원+836억원)/2))로 계산되며, 이를 매입채무회전기간으로 환산하면 30일(365일÷12.2회)이 나온다.

☑ 평균영업주기

재고자산이 판매되어 매출채권으로 바뀐 후 매출채권이 최종적으로 현금으로 회수되기까지 소요되는 기간을 말한다. 재고자산회전기간과 매출채권회수기간을 더해 계산한다. 평균영업주기가 길어질수록 자금회전이 늦어지고 재고와 매출채권이 늘어나므로 바람직하지 못하다.

KeyWord_
매출채권회수기간, 매출채권회전율,
평균영업주기, 매입채무회전기간

재무상태표

(주)한경전자   (단위 : 억원)

과목	당기	전기
유동자산	3,667	3,249
당좌자산	2,352	2,123
매출채권	1,940	1,698
대손충당금	(194)	(170)
	1,746	1,528
재고자산	1,315	1,125
⋮		
부채 및 자본 총계	7,043	6,712

$$\text{매출채권회전율} = \frac{\text{매출액}}{\text{평균매출채권}}$$

$$= \frac{\text{매출액}}{(\text{기초매출채권} + \text{기말매출채권}) \div 2}$$

$$= \frac{8,564}{(1,698+1,940) \div 2}$$

$$= 4.7\text{회}$$

손익계산서

(주)한경전자   (단위 : 억원)

과목	금액
매출액	8,564
매출원가	6,192
매출총이익	2,372
⋮	⋮
법인세비용	144
당기순이익	350

$$\text{매출채권회수기간} = \frac{365\text{일}}{\text{회전율}}$$

$$= \frac{365\text{일}}{4.7\text{회}}$$

$$= 78\text{일}$$

저비용, 고매출 구조가 필요한 이유는
무엇 때문인가요

40

명 대리의 재무적인 식견에 놀란 나 사장은 "자네가 개업식 날 내게 말한 자본효율성만 달성하면 나도 우량기업 사장이라는 소리를 들을 수 있는 거지?"라고 물었다. 나 사장이 말하는 우량기업이란 어떤 회사를 말하는 것이며 우량기업이 되기 위해 갖추어야 할 요건은 무엇일까?

자본사용의 효율성을 높이기 위해서는 자산 규모를 축소하거나 매출을 늘려야 한다. 그러나 자산 규모의 축소는 재고자산이나 매출채권처럼 줄여야 하는 자산이거나 기업활동에 불필요한 자산이 아닌 이상 자칫 영업활동이 위축되고 장기적으로 매출에도 나쁜 영향을 초래할 가능성이 있으므로 실행하는 데 한계가 있다. 따라서 일반적으로는 매출을 늘려 회전율을 제고하는 방법이 더 바람직하다.

그러나 자산회전율이 올라갔다고 해서 모두 우량기업이 되는 것은 아니다. 흔히 말하는 우량기업이란 한마디로 '적은 자본으로 많은 이익을 내는 기업'으로서, 투입자본에 대한 이익의 비율인 자기자본이익률(ROE) 또는 총자산이익률(ROA)이 우량기업을 가려내는 가장 손쉬운 방법으로 꼽힌다.

총자본(총자산)이건 자기자본이건간에 자본이익률을 높이기 위한 첫 번째 요건은 일단 자산회전율을 높이는 것이며 이를 위해서는 매출액을 높이는 것이 최대의 관건이다. 즉, 투자된 자본의 효율성을 높여야 하는 것이다. 예를 들어 타인자본 400억원에 자기자본 600억원, 즉 총자본 1,000억원이 투입된 회사라면 적어도 1년에 투입된 총자본의 1.5배인 1,500억원 이상의 매출을 달성해야 한다는 뜻이다.

그러나 매출이 늘어난다 하더라도 비용을 효과적으로 관리하지 못해 이익이 늘지 않거나 오히려 줄어든다면 아무 소용이 없다. 만약 2,000억원의 매출을 달성했으나 비용이 1,950억원 발생하여 이를 차감한 후의 순이익이 50억원이라면 총자산이익률은 5%, 자기자본이익률은 8.3%에 불과한 셈이다.

이렇게 총자산회전율이 2회(2,000억원÷1,000억원)로서 매우 높은데도 투입자본에 대한 이익률이 낮은 것은 비용구조의 문제점 때문이다. 즉, 회사가 저비용·고매출 구조를 유지하지 못하면 궁극적인 수익성은 확보될 수 없으며 우량기업도 될 수 없다. 모든 회사에서 매출증가 못지 않게 비용절감과 원가절감을 강조하는 이유도 바로 여기에 있다.

재무상태표

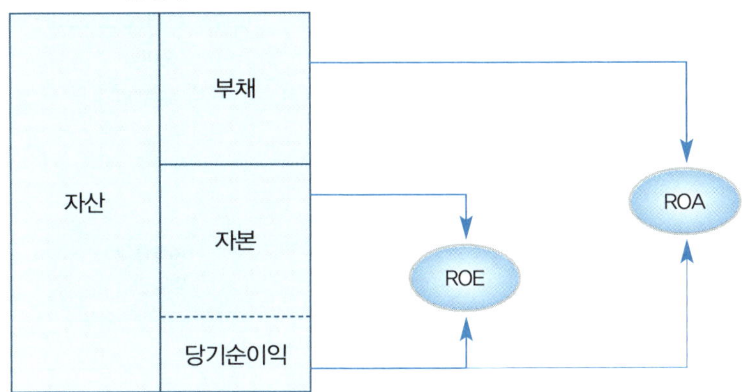

우량기업이란 적은 자본으로 많은 이익을 내는 기업이다

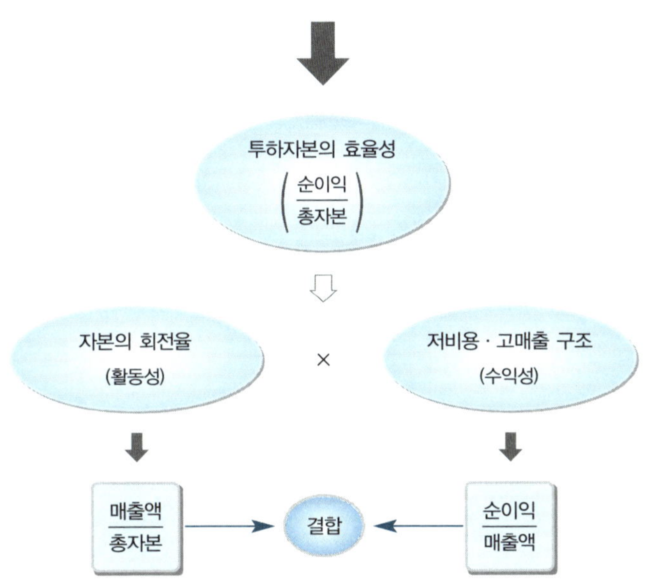

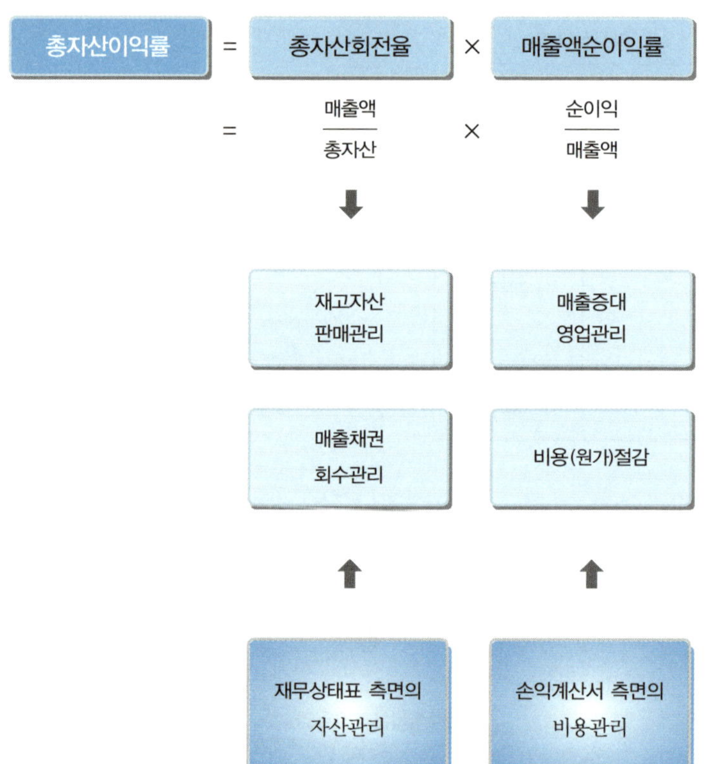
총자산이익률
총자산회전율
매출액순이익률
매출액
총자산
순이익
매출액
재고자산
판매관리
매출증대
영업관리
매출채권
회수관리
비용(원가)절감
재무상태표 측면의
자산관리
손익계산서 측면의
비용관리

항목	(주)한경전자의 재무비율	표준비율	업종평균비율*	
			전자부품 제조업	제조업 전체
총자산(총자본)회전율	1.2회	1.5회	1.1회	1.2회
자기자본회전율	2.8회	3회	1.8회	2.3회
재고자산회전율	7회	6회	15.7회	10.8회
매출채권회전율	4.7회	6회	10.4회	7.5회
매입채무회전율	12.2회	8회	14.3회	11회

* 한국은행 〈기업경영분석〉에서 인용

총자산회전율은 업종평균비율과 비슷하나 자기자본회전율은 업종평균비율보다 높다. 그 이유는 (주)한경전자의 부채비율이 높아 상대적으로 자기자본의 비중이 낮기 때문이다. 재고자산과 매출채권의 회전율은 모두 업종평균에 비해 매우 낮은 수준이기 때문에 관리가 요망된다. 재고자산과 매출채권의 규모를 줄이고 매출을 늘린다면 총자산회전율도 표준비율 수준으로 높일 수 있다.

2부_ 재무비율을 이용한 기업진단법

8장_ 성장성 및 생산성 체크법

:: 앞으로도 계속 쑥쑥 커나갈 회사인가?

매출증가가 중요한 진짜 이유는
무엇 때문인가요

41

아침 일찍 출근한 명 대리는 회사 정문에 '매출목표 1조원 달성!'이라고 쓰인 플래카드를 보자 또 스트레스가 밀려왔다. 회사에서 그토록 매출을 늘리려고 하는 데는 이유가 있을 텐데…. 매출 증대의 구호에 숨겨진 진짜 이유는 무엇일까?

기업의 가치는 현재의 재산적 가치, 즉 자산가치로도 평가되지만 장래에 걸쳐서 발생될 이익의 크기, 다시 말해 미래의 예상이익으로 대변되는 수익가치로도 평가된다. 그러므로 현재의 수익성 못지 않게 장래의 수익전망, 즉 성장성 또한 중요한 지표라고 할 수 있다.

다만 미래를 예측하는 것은 매우 주관적이고 자의적일 수 있으므로 회사의 규모(총자산, 자기자본, 유형자산)나 경영성과(매출액, 영업이익, 순이익)가 전년도에 비해 어느 정도 증가했는지를 근거로 미래의 성장성을 예측하는 것이 일반적이다.

▶▶ 성장성지표

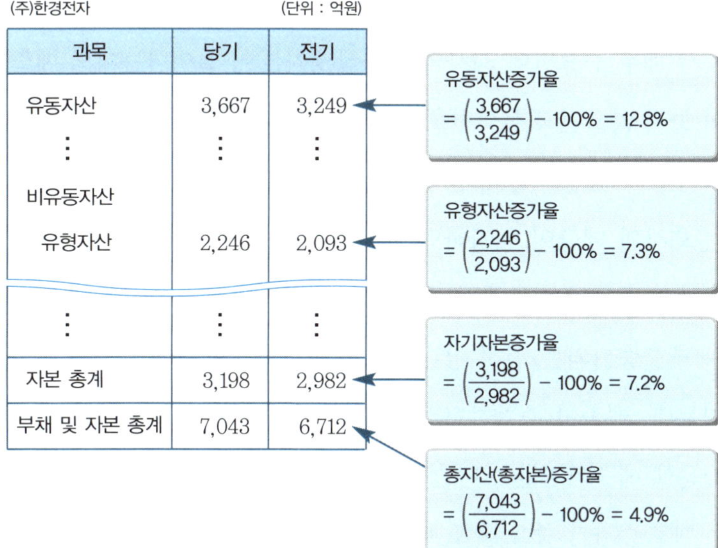

재무상태표

(주)한경전자   (단위 : 억원)

과목	당기	전기
유동자산	3,667	3,249
⋮	⋮	⋮
비유동자산		
유형자산	2,246	2,093
⋮	⋮	⋮
자본 총계	3,198	2,982
부채 및 자본 총계	7,043	6,712

손익계산서

(주)한경전자   (단위 : 억원)

과목	당기	전기
매출액	8,564	8,325
⋮	⋮	⋮
영업이익	854	752
⋮	⋮	⋮
당기순이익	350	250

KeyWord_
총자산증가율, 자기자본증가율,
매출액증가율, 영업이익증가율

매출과 순이익이 지속적으로 증가하는 회사는 꾸준히 성장하고 있다는 증거이며, 반대로 매출과 순이익이 제자리인 회사는 정체 상태에 있다는 뜻이다. 매출증가는 순이익 발생의 전제조건으로서 매우 중요한데 회사의 총자산(총자본)이 늘어나는데도 매출이 늘지 않으면 자산회전율이 저하되고, 이 때문에 총자산이익률과 같은 수익성 비율 또한 떨어질 수밖에 없다.

회사의 매출이 증가하면 매출이익률도 따라서 올라간다. 왜냐하면 회사의 비용에는 매출증가에 따라 같이 증가하는 변동비와 매출증가와는 전혀 상관없이 일정액으로 발생하는 고정비가 있는데, 매출이 증가하더라도 고정비는 더 이상 늘어나지 않기 때문에 매출이익률이 더 높아질 수밖에 없기 때문이다.

매출증가가 중요한 또 다른 이유는 매출이 늘어남에 따라 손익분기점률이 낮아지고 이에 따라 안전한계율이 높아지는 등 비용구조와 관련한 안전성 지표가 좋아지기 때문이다. 다시 말해 회사의 매출이 손익분기점 수준을 훨씬 상회할수록 향후 불황기가 닥치더라도 견뎌낼 수 있는 여력이 많아지는 것이다. 결국 매출증가를 통해 회사의 수익성과 안전성이 개선되고 성장성 지표도 좋게 나타나게 되므로 매출증가 여부는 매우 중요한 체크포인트가 된다.

(주)한경전자의 경우 총자산증가율은 4.9%이고 자기자본증가율은 7.2%이다. 그리고 손익계산서에서의 매출액증가율은 2.9%이며 영업이익증가율은 13.5%이다.

▶▶ 매출증가가 수익성과 안전성에 미치는 영향

(주)한경전자의 매출액에 대한 변동비의 비율이 60%이고 연간 고정비가 2,500억원, 손익분기점매출액은 6,250억원이라고 가정함.

추정손익계산서

(단위 : 억원)

항목	금액		
① 매출액	8,500	1조	1조 2,000
② 변동비(60%)	5,100	6,000	7,200
③ 공헌이익(40%)	3,400	4,000	4,800
④ 고정비	2,500	2,500	2,500
⑤ 영업이익	900	1,500	2,300
매출액영업이익률 (⑤÷①)	10.5%	15%	19%
공헌이익률 (③÷①)	40%	40%	40%
안전한계율 $\left(1 - \dfrac{손익분기점매출액}{매출액}\right)$	26.4%*	37.5%	48%

수익성 → 매출액영업이익률 / 증가

공헌이익률 ← 일정

안전성 → 안전한계율 / 증가

$$* \left(1 - \frac{6,250억원}{8,500억원}\right)$$

$$손익분기점매출액 = \frac{고정비 ④}{공헌이익률 ③} = \frac{2,500억원}{40\%} = 6,250억원$$

총자산증가율보다 매출증가율이 더 낮으면 어떤 일이 생기나요

42

나 사장의 내년도 사업계획은 지점을 개설해 사업규모를 늘리고 총자산을 현재의 10억원에서 15억원으로 50% 늘리는 것이다. 따라서 총자산이 늘어나는 만큼 매출 또한 더 늘어나야 할텐데, 만약 매출이 그만큼 늘어나지 못할까 봐 걱정이 앞선다. 총자산증가율보다 매출증가율이 더 낮으면 어떤 결과가 발생할까?

회사의 총자산은 매년 증가하는 것이 일반적이다. 영업활동을 통해 벌어들인 순이익 가운데 배당금 지급을 통해 회사 밖으로 유출된 금액을 제외하고는 모두 회사 내부에 남게 되는데 이를 유보라고 하며, 새로이 유보된 자금만큼 회사의 총자산과 총자본은 늘어나게 된다. 또한 내부자금으로 신규투자를 하는 경우에는 자산과 자본총액에 변화가 없겠지만, 새로이 증자나 외부차입을 통해 신규투자를 했다면 회사 자산과 총자본은 그만큼 증가하게 된다.

어쨌건 회사의 총자산이 증가하는 것은 성장성이라는 관점에

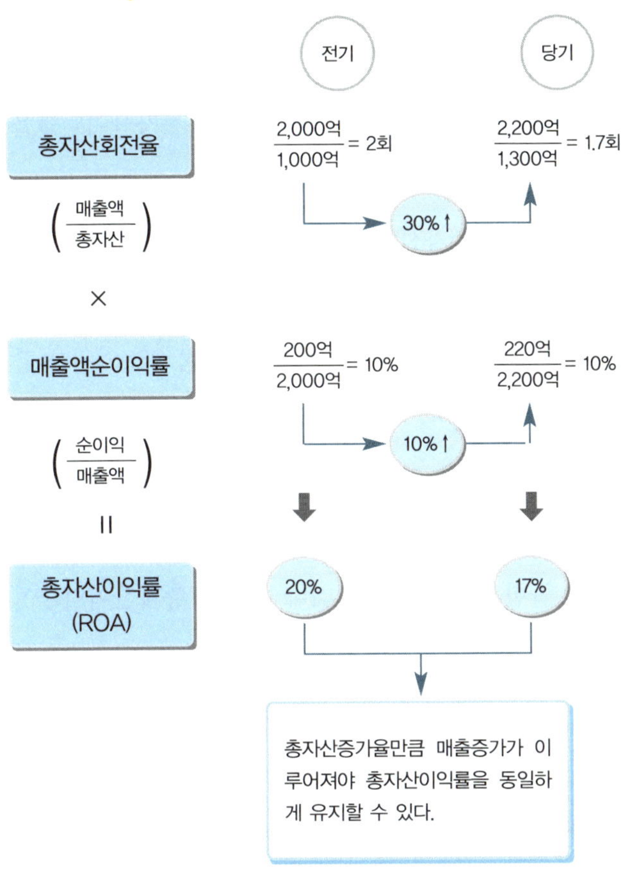

서 보면 바람직한 일이지만 회사의 총자산이 증가하는 만큼 반
드시 달성해야 할 목표가 있다는 점을 잊어서는 안 된다. 바로
매출의 증대이다.

회사의 총자산이 늘어난다는 것은 사용되는 자본총액이 그만

큼 많아지는 것이므로 그에 비례에서 매출도 늘어나야 총자산(총자본)회전율과 같은 자본사용의 효율성이 그대로 유지될 수 있다. 만약 총자산증가율은 20%인데 매출증가율이 5%에 불과하다면 총자산회전율은 더 떨어지고 이는 결국 총자산이익률을 저하시키는 결과를 가져오게 된다.

예를 들어 작년에 총자산 1,000억원에 매출이 2,000억원, 당기순이익 200억원을 달성한 회사가 올해는 총자산이 1,300억원으로 증가했고, 매출은 2,200억원, 순이익은 220억원을 달성했다고 하자.

작년도의 총자산이익률 20%(200억원÷1,000억원)는 총자산회전율 2회(2,000억원÷1,000억원)에 매출액순이익률 10%(200억원÷2,000억원)를 곱한 것과 같다. 그러나 올해는 총자산이익률이 17%(220억원÷1,300억원)로 떨어졌는데, 그 이유는 매출액순이익률은 작년과 마찬가지로 10%(220억원÷2,200억원)이지만 총자산회전율이 1.7회(2,200억원÷1,300억원)로 떨어졌기 때문이다. 말하자면 총자산은 30% 증가했으나 매출증가는 고작 10%에 불과해 전체적인 자본사용의 효율성이 떨어지게 된 것이다.

만약 올해 매출이 총자산증가율(30%)만큼 늘어난 2,600억원이 되어 총자산회전율이 2회로 유지됐거나 비용절감 등에 의해 매출액순이익률이 12%로 개선됐다면 총자산이익률은 20%를 그대로 유지했을 것이다.

▶▶ (주)한경전자의 총자산이익률(ROA)에 대한 분석

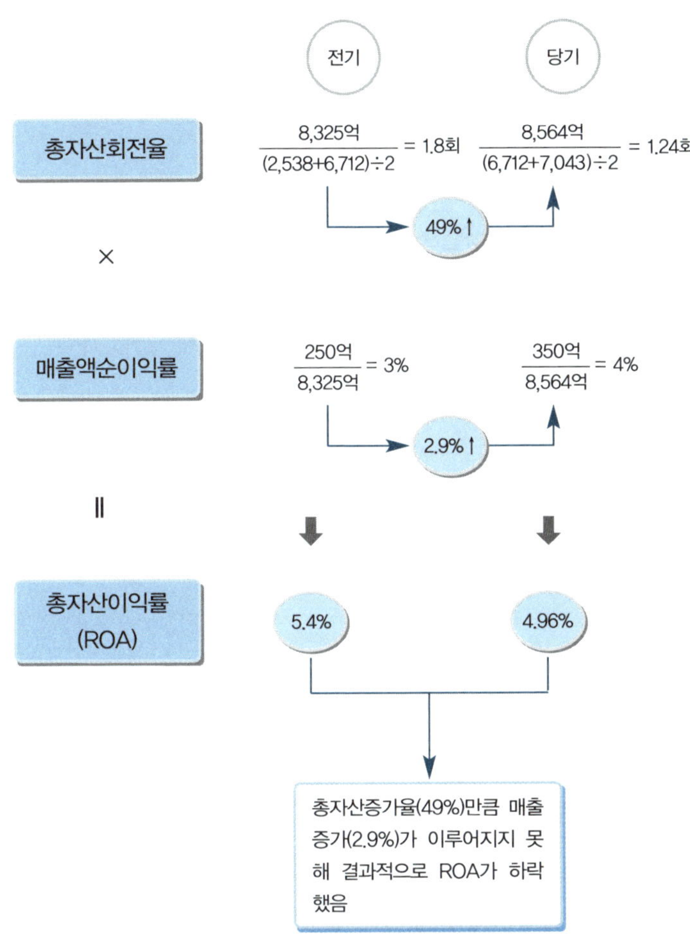

부가가치는 무엇으로 계산하나요

43

(주)한경전자 노조는 회사측과 내년도 임금협상을 진행하면서 '15% 인상'을 요구했다. 그러나 회사측은 종업원의 생산성이 그다지 높지 않다는 점과 종업원 1인당 부가가치증가율이 5%에 불과하다는 점을 이유로 두 자릿수의 임금인상은 곤란하다는 입장이다. 생산성은 어떻게 계산하며 부가가치는 무엇을 말하는 것일까?

부가가치란 기업이 한 회계기간 동안 창출한 사회적 기여분으로서, 기업은 영리활동을 통해 창출한 이익을 사회 각 구성원에게 나눠주게 되는데 이렇게 사회 각 구성원에게 배분된 기업이익이 부가가치의 구성요소가 된다.

부가가치는 기업활동에 필요한 노동과 자본, 물적설비 등 생산요소에 대해 발생하므로 임직원에 대한 인건비(급여와 상여금, 퇴직급여, 복리후생비를 모두 포함한 것), 차입금에 대한 금융비용(이자비용을 뜻함), 물적설비에 대한 감가상각비, 지방자치단체에 대한 세금과공과(법인세는 여기에 포함되지 않는다) 그리고 국가에

KeyWord_
부가가치, 부가가치율, 종업원 1인 당 부가가치, 총자본투자효율

▶▶ 부가가치의 구성요소

손익계산서

(주)한경전자   (단위 : 억원)

항목	금액		
매출액			8,564
상품매입원가 및 원재료비			(4,203)
기타경비	제조원가	판매비와관리비	(2,076)
소모품비	45	104	149
통신비	12	9	21
접대비	13	9	22
차량유지비	32	10	42
수선비	72	41	113
여비교통비	17	21	38
보험료	15	14	29
기타(재고조정분 포함)	952	710	1,662
부가가치이익			2,285

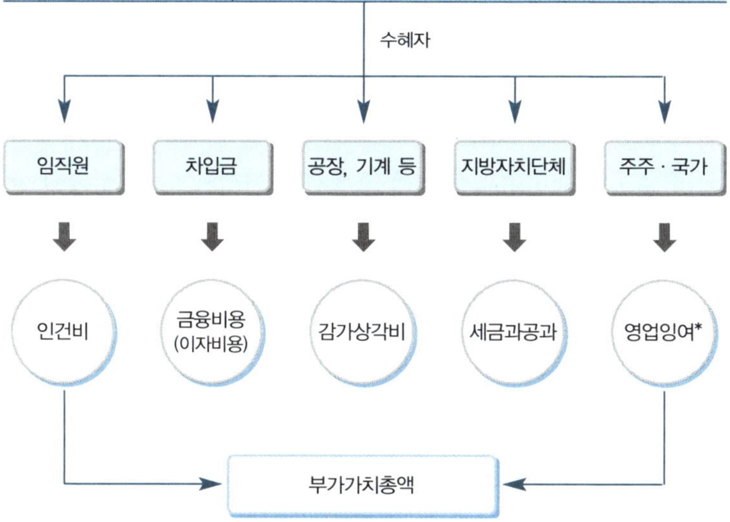

수혜자

임직원	차입금	공장, 기계 등	지방자치단체	주주·국가
인건비	금융비용 (이자비용)	감가상각비	세금과공과	영업잉여*

부가가치총액

* 영업잉여 = 영업이익 − 금융비용 + 대손상각비

낼 법인세와 주주에게 귀속될 이익을 포함한 영업잉여(영업이익 – 금융비용 + 대손상각비)를 모두 더해 계산한다. 여기서 주의할 것은 제조업의 경우 인건비와 감가상각비, 세금과공과 등은 판매비와관리비 외에 제조원가에 해당하는 금액도 있으므로 반드시 이를 합산해 계산해야 한다는 점이다.

부가가치율은 총매출액에서 부가가치가 차지하는 비율로서 부가가치금액을 총매출액으로 나눠 계산한다. 부가가치율은 30% 이상일 때 양호한 것으로 본다.

인건비와 감가상각비, 세금과공과 등 부가가치의 구성요소는 손익계산서상에서 모두 비용으로 차감되어 영업이익이 산출되는 것이므로 부가가치란 결국 인건비와 감가상각비, 세금과공과 등을 차감하기 전의 영업이익을 의미하는 것으로서, 영업이익에 이들을 다시 더해준 것과 같다.

따라서 회사가 부가가치를 높이는 방법은 이와 같은 부가가치 구성요소를 제외한 나머지 비용, 예를 들면 원재료비나 일반경비 등 외부매입비용을 최대한 줄이는 것이다. 이렇게 해서 부가가치를 높이면 근로자에게 배분될 인건비나 주주 몫의 이익, 시설투자에 따른 감가상각비 및 세금을 비롯하여 차입금에 대한 이자비용의 지불능력이 커지게 된다.

부가가치를 생산성의 지표로 보는 이유도 여기에 있다. 근로자는 부가가치가 늘어난 만큼을 인건비 인상을 통해 자신들에게

▶▶ (주)한경전자의 부가가치 계산자료

(단위 : 억원)

항목	제조원가	판매비와관리비	계
급여	515	393	908
퇴직급여	28	76	104
복리후생비	49	63	112
감가상각비	223	32	255
세금과공과	16	36	52
계	831	600	1,431

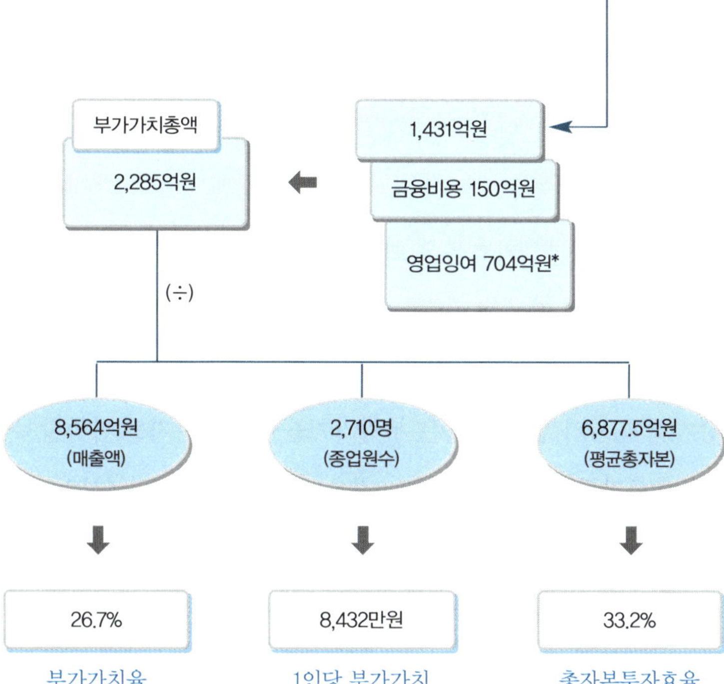

＊ 영업이익(854억원) − 금융비용(150억원)
  (대손상각비는 47백만원으로서 금액이 적어 무시하였음)

✓ 부가가치계산법(별법)

영업이익(854억원)
+ 급여(908억원)
+ 퇴직급여(104억원)
+ 복리후생비(112억원)
+ 감가상각비(255억원)
+ 세금과공과(52억원)
= 2,285억원

배분해줄 것을 회사에 요구할 수 있다. 그러나 부가가치가 줄어들었다면 이는 생산성 저하로 해석되므로 회사의 인건비 증액은 불가능하다는 결론이 나온다.

이런 관점에서 종업원 1인당 부가가치를 따져보면 회사의 인력이 얼마나 효율적으로 관리되고 있는지를 알 수 있다. 종업원 1인당 부가가치는 노동생산성을 나타내는 지표로서 부가가치 총액을 종업원 숫자로 나눠 계산한다. 종업원 1인당 부가가치가 증가했다는 것은 그만큼 노동생산성이 향상됐다는 증거이며, 종업원 1인당 부가가치증가율은 노동조합이나 종업원의 입장에서도 임금인상률을 결정할 때 중요한 자료가 된다. 또한 종업원 1인당 부가가치가 낮을 경우에는 인력의 과잉 여부를 점검해야 한다.

한편, 총자본투자효율은 회사의 총자본에서 부가가치가 차지하는 비율로서 자본생산성을 나타내는 지표이다. 따라서 부가가치를 평균총자본으로 나눠 계산하면 되는데 투자된 총자본을 이용해서 회사가 얼마나 많은 부가가치를 달성했는지를 파악할 수 있다. 총자본투자효율이 낮을 경우에는 자본의 과잉 여부를 점검해야 한다.

(주)한경전자의 경우 부가가치율은 26.7%(2,285억원÷8,564억원)이고 종업원 1인당 부가가치는 8,432만원(2,285억원÷2,710명)인데, 전년도에는 종업원 1인당 부가가치가 8,030만원

항목		(주)한경전자의 재무비율	표준비율	업종평균비율*	
				전자부품 제조업	제조업 전체
성장성	매출액증가율	2.9%	20%	4.4%	9.3%
	자기자본증가율	7.2%	20%	13.2%	14.1%
	총자산증가율	4.9%	20%	10.4%	13.5%
	유동자산증가율	12.8%	20%	12.0%	14.3%
	유형자산증가율	7.3%	20%	2.1%	4.9%
생산성	부가가치율	26.7%	30%	26.1%	22.8%
	종업원 1인당 부가가치	8,432만원	−	9,167만원	8,846만원
	총자본투자효율	33.2%	30%	24.9%	23.1%

＊ 한국은행 〈기업경영분석〉에서 인용

매출증가율과 총자산증가율 등 제반 성장성지표들과 노동생산성(종업원 1인당 부가가치)은 동종업계의 평균수준보다 낮다. 그러나 부가가치율은 업계평균수준이며, 자본생산성을 나타내는 총자본투자효율은 업계평균수준보다 높은 편이다.

이었으므로 당기에 5%가 증가한 셈이다. 다시 말해 종업원 1인당 생산성이 5% 증가한 것이다. 그리고 (주)한경전자의 경우 총자본투자효율은 33.2%(2,285억원÷6,877.5억원)이다.

바람직한 재무제표의 모습은 어떤 것인가요

44

재무비율분석을 통해 (주)한경전자의 강점과 약점을 모두 파악한 명 대리는 앞으로 (주)한경전자가 우량기업이 되기 위해서는 자산, 부채 및 수익, 비용이 어떻게 조정돼야 하는지 궁금해졌다. 수익성과 안정성, 활동성의 모든 면을 골고루 갖춘 가장 이상적인 회사의 모습은 어떤 것일까?

재무제표를 통해 회사의 모습이 완벽하게 나타나려면 일단 재무적인 진단결과가 모두 양호하게 나와야 한다. (주)한경전자의 경우 일부 재무비율은 동종 업계의 평균비율보다 양호하게 나오지만 매출채권의 비중이 너무 높아 자산회전율이 떨어지는 문제가 있다. 매출채권이 줄어들면 현재 가장 큰 문제점으로 꼽히는 영업현금흐름을 개선할 수 있다. 게다가 자산회전율의 상승으로 총자산이익률과 같은 수익성 지표도 나아질 수 있다.

또한 이자비용을 지불할 만한 충분한 영업이익을 확보하고는 있지만 차입금의존도가 비교적 높다는 문제가 있으므로 차입금의 비중을 낮추는 동시에 특히 수익성 지표를 개선하는 데 신경 써야 한다. 수익성을 개선하기 위해서는 매출을 늘리는 것이 가장 중요하다. 매출을 지금보다 20% 정도 늘리고 원가 및 비용을 절감해 매출액영업이익률을 최소한 15%대로 올릴 필요가 있다. 이렇게 하면 전반적인 수익성 지표와 활동성 지표 또한 자동적으로 개선될 것으로 예상되는데, 현재 나타난 문제점을 모두 종합해 이상적인 재무비율이 산출되도록 재무제표를 리모델링해보자.

매출은 지금보다 23% 늘어난 1조 564억원을 달성한다고 가정한다. 이와 함께 지속적인 원가절감 노력을 통해 매출원가율을 70%로 낮추면 매출총이익률은 30%로 개선된다. 동시에 판매비와관리비의 비중을 15%로 낮춰야 영업이익률이 15%로 높아진다. 한편 차입금 축소를 통해 이자비용을 절감하면 현재 과다한 영업외비용도 줄어들어 총자산이익률도 14%로 개선되고 차입금의존도도 30%로 낮출 수 있다. 매출증대 효과는 각종 회전율을 상승시켜 총자산회전율은 1.5회, 자기자본회전율은 3.4회로 개선된다. 그리고 매출채권의 비중축소를 통해 매출채권회전율도 6.5회로 개선시킨다. 매출이 증대했는데도 총자산은 현재와 같은 수준을 유지하는 것으로 했다. 늘어난 순자산은 주주에 대한 배당을 통해 사외로 유출시켜야 자기자본비용을 줄이고 총자산회전율과 총자산이익률이 제고될 수 있기 때문이다. 결국

바람직한 손익계산서

(주)한경전자 (단위 : 억원)

항목	현재		개선 후	
	금액	구성비	금액	구성비
매출액	8,564	100%	10,564	100%
매출원가	(6,192)	72.3%	(7,395)	70%
매출총이익	2,372	27.7%	3,169	30%
판매비와관리비	(1,518)	17.7%	(1,584)	15%
영업이익	854	10%	1,585	15%
영업외수익	182	2.1%	211	2%
영업외비용	(542)	6.3%	(464)	1.1%
법인세비용차감전순이익	494	5.7%	1,332	12.6%
법인세	(144)	1.7%	(366)	3.5%
당기순이익	350	4%	966	9%

재무비율	현재	개선 후
매출액순이익률	4%	9%
매출액영업이익률	10%	15%
매출총이익률	27.7%	30%
자기자본이익률	11.3%	31.4%
총자산이익률	5%	14%

(주)한경전자 재무제표 리모델링의 핵심은 매출증대와 원가절감 그리고 재무구조 개선과 매출채권 관리에 있다.

바람직한 재무상태표

(주)한경전자   (단위 : 억원)

항목	현재	개선 후	항목	현재	개선 후
유동자산	3,667 (52%)	4,226 (60%)	유동부채	2,619 (37%)	2,465 (35%)
단기금융상품 등	606 (8.6%)	1,503 (21.3%)	단기차입금	1,523 (21.6%)	1,408 (20%)
매출채권	1,746 (24.8%)	1,408 (20%)	비유동부채	1,226 (17.4%)	1,407 (20%)
재고자산	1,315 (18.7%)	1,315 (18.7%)	장기차입금	942 (13.3%)	704 (10%)
비유동자산	3,376 (48%)	2,817 (40%)	부채 총계	3,845 (54.6%)	3,874 (55%)
			자본 총계	3,198 (45.4%)	3,169 (45%)
자산 총계	7,043 (100%)	7,043 (100%)	부채 및 자본 총계	7,043 (100%)	7,043 (100%)

재무비율	현재	개선 후
유동비율	140%	171%
당좌비율	89.8%	118%
부채비율	120%	122%
차입금의존도	35%	30%
비유동장기적합률	76.3%	61.5%
자기자본비율	45%	45%
매출채권회전율	4.7회	6.5회
재고자산회전율	7회	8.6회
총자산회전율	1.2회	1.5회
자기자본회전율	2.8회	3.4회

3부_ 현금흐름 분석과 기업가치 평가법

9장_ 현금흐름 분석법

:: 회사가 돈을 어떻게 벌어서
어디에 쓰는가?

'고(高)PER주'를 잡아라 – '저(低)PER주'는 연전연패

"투자수익을 올리려면 PER(주가수익비율)이 높을 때 사서 낮을 때 팔아야 합니다." 사실 PER은 수치가 높을수록 주가가 고평가된 것이고, 수치가 낮을수록 저평가된 것이다. 이 때문에 저평가된 '저(低)PER주(株)'를 사는 것이 일반적인 투자원칙이지만 올 들어 이러한 투자원칙은 연전연패를 거듭하고 있다. PER이 높은 종목들이 오히려 PER이 낮은 종목보다 높은 주가상승률을 올리면서 고PER주가 시장을 주도하고 있는 것이다.

"PER이란 기본적으로 주가를 주당이익으로 나눈 것인데, 설비투자를 많이 한 기업일수록 비용증가로 이익이 적게 나오기 때문에 그 결과 PER이 높게 나옵니다. 저PER주는 저평가된 주가 아니라 성장성이 없는 '채권'이나 마찬가지예요."

고PER주는 대부분 중동 · 중국 · 인도 등 신흥시장 성장의 수혜주들로 전문가들은 '성장'이 시장의 테마로 자리잡았다고 분석했다.

반면 상승장에서 상대적으로 소외된 저PER주들은 대부분 자동차 · 통신 · 전기전자 등의 가치주들이 많다. 예컨대 KT와 한국전력의 PER은 각각 7배와 12배로 시장 평균을 밑돌고 있지만 주가는 올 들어 9~10%씩 빠진 상태이다.

모 증권사 투자전략 팀장은 고PER주에 대한 투자전략에 대해 "결국 성장(고PER)이냐, 가치(저PER)냐의 문제"라며 길게 보면 저평가된 가치주들이 시장 대비 초과수익률을 거둘 수 있을 것으로 내다봤다.

(조선일보에서 수정 · 발췌)

○○제철(주)

주당가치지표

(단위 : 원)

항목	제10기	제11기	제12기
주당이익(EPS)	555	1,062	1,497
주당순자산(BPS)	4,928	6,377	7,521
주당매출액(SPS)	36,679	31,506	29,785
주당현금흐름(CFPS)	5,760	1,286	2,425

주가관련지표

(단위 : 배)

항목	제10기	제11기	제12기
주가수익비율(PER)	9.1	7.5	12.2
주가순자산비율(PBR)	1.6	1.2	2.5
주가매출액비율(PSR)	0.2	0.4	0.6
주가현금흐름비율(PCR)	1.4	6.1	4.2

기업가치지표

(단위 : 억원)

항목	제10기	제11기	제12기
EV	1,546	1,403	3,824
EBITDA	256	194	396
EV / EBITDA	6.0배	7.2배	9.6배
평균투하자본(IC)	1,629	2,184	2,315
세후영업이익(NOPLAT)	1,006	60	19
투하자본수익률(ROIC)	61.7%	2.75%	0.82%
가중평균자본비용(WACC)	7.4%	6.1%	8.4%
경제적 부가가치(EVA)	885	△73	△175

당기순이익과 현금흐름이 안 맞는 이유는 무엇 때문인가요?

45

(주)한경전자의 재무상태표를 살피던 명 대리는 이상한 점을 발견했다. 손익계산서에는 분명히 영업이익 854억원에 당기순이익 350억원이 표시되어 있었는데, 재무상태표의 현금잔액에는 작년보다 오히려 46억원이나 적게 표시되어 있는 것이다. 회사가 이익을 내면 그만큼 현금이 늘어나야 할 텐데 왜 이런 일이 생기는 것일까?

☑ **발생주의**

현금이 들어오고 나가는 것과 관계없이 수익과 비용이 발생했을 때 각각 인식(회계장부에 기록하거나 전산입력)하는 기준을 말한다. 매출수익은 제품이나 상품이 팔려나갈 때 발생된 것으로 본다.

☑ **현금주의**

수익과 비용을 현금이 들어오고 나갈 때 각각 인식(회계장부에 기록하거나 전산입력)하는 기준이다.

손익계산서의 이익은 수익에서 비용을 차감해 계산하는데, 수익과 비용은 각각 발생시점에서 기록하는 발생주의를 따른다. 발생주의란 현금주의와는 달리 현금의 수입이나 지출 여부와는 관계없이 수익과 비용이 발생된 시점에서 이를 인식하고 기록(또는 전산입력)하는 기준을 말한다. 예를 들면 제품을 외상으로 판매하고 고객에게 인도했다면 비록 현금수입은 없었지만 수익이 발생한 것이므로 회계상으로는 매출로 기록된다. 또한 주식의 평가이익이나 외화환산이익, 지분법이익 같은 것도 실제 회사에 현금유입을 가져다주지는 않지만 이미 발생한 수익

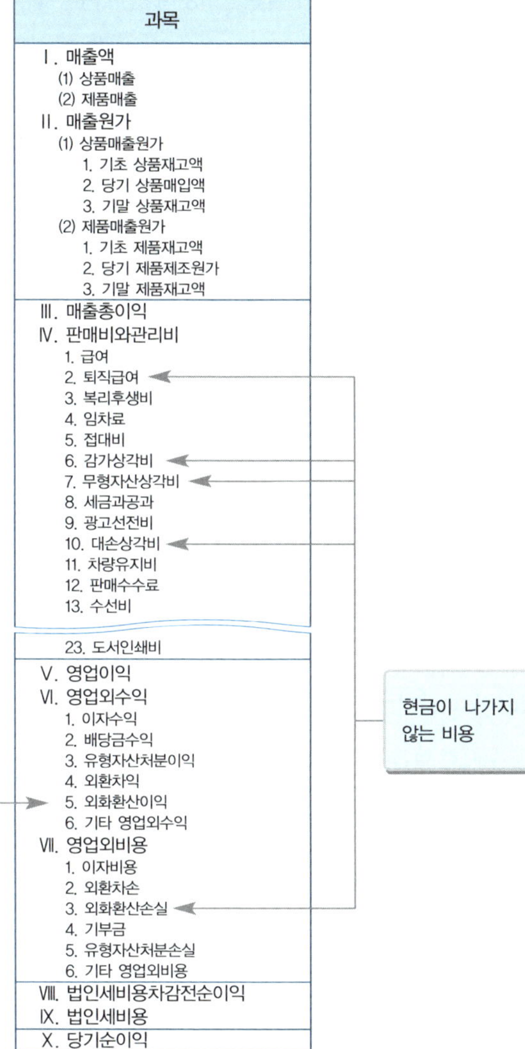

☑ **외화환산이익**

회사가 기말 현재 보유 중인 외화자산과 외화부채에 대해 결산일 현재의 환율로 환산한 결과, 각각 환율이 오르거나 내려서 발생한 평가이익을 말한다. 한편 외환차익은 회사가 외화자산과 외화부채를 회수하거나 상환하는 시점에서 각각 환율이 오르거나 내려서 발생한 이익을 말한다. 외화환산이익이 미실현이익인 반면, 외환차익은 실현된 이익이라는 점에서 차이가 있다.

☑ **지분법이익**

지분법적용대상인 자회사의 경영성적(순이익) 중 지분비율에 해당하는 만큼을 모회사의 순이익에 반영한 것을 말한다. 예를 들어 30%를 출자한 자회사의 당기순이익이 50억원이라면 30%인 15억원을 지분법이익으로 해서 모회사의 손익계산서에 영업외수익으로 보고한다.

KeyWord_
발생주의, 현금주의

유형자산의 취득원가를 그 사용가능한 연수(내용년수)에 걸쳐 매년도마다 일정한 방법(정액법 또는 정률법)에 따라 비용으로 인식한 것을 말한다. 감가상각비는 매년도마다 당해 자산의 용도에 따라 제조원가 또는 판매비와관리비로 들어가고, 그 금액은 누적되어(이를 감가상각누계액이라고 한다) 재무상태표의 취득가액에서 차감적으로 표시된다.

이므로 전부 수익으로 인식된다.

비용도 마찬가지이다. 감가상각비는 이미 과거에 지출된 설비자산의 취득원가금액을 사용하는 기간(내용년수) 동안에 비용으로 배분한 것이므로 감가상각비를 계상하는 시점에서는 현금이 전혀 유출되지 않으며, 감가상각비 외에 대손상각비나 퇴직급여, 주식평가손실 등도 모두 실제로 현금이 유출되지 않는 비용이다. 이런 이유로 수익과 비용은 실제 현금이 들어오고 나가는 것과는 전혀 상관없이 기록되며, 순이익과 현금증가액이 전혀 일치하지 않는 것도 이 때문이다.

게다가 손익계산서의 순이익은 영업활동의 결과로서 회사가 영업활동을 하기 위해서는 끊임없는 투자활동과 투자에 소요되는 자금을 조달하기 위한 재무활동이 있어야 한다. 따라서 투자와 재무활동의 결과에 따라 회사에 현금이 유입되기도 하고 유출되기도 하지만, 이는 손익활동이 아니므로 손익계산서에는 전혀 반영되지 않는다.

예를 들어 새로운 기계나 차량을 취득하거나 매각하면 분명히 현금이 나가거나 들어오지만 이는 투자활동으로서 손익계산서에는 반영되지 않는다. 또한 새로이 차입금을 얻거나 상환하면 현금이 들어오고 나가지만 이는 재무활동으로서 역시 손익계산서에는 표시되지 않는다. 손익계산서에는 영업활동에 따른 수익·비용 거래만 표시되기 때문이다. 따라서 손익계산서의 순이

▶▶ 기업활동과 현금흐름

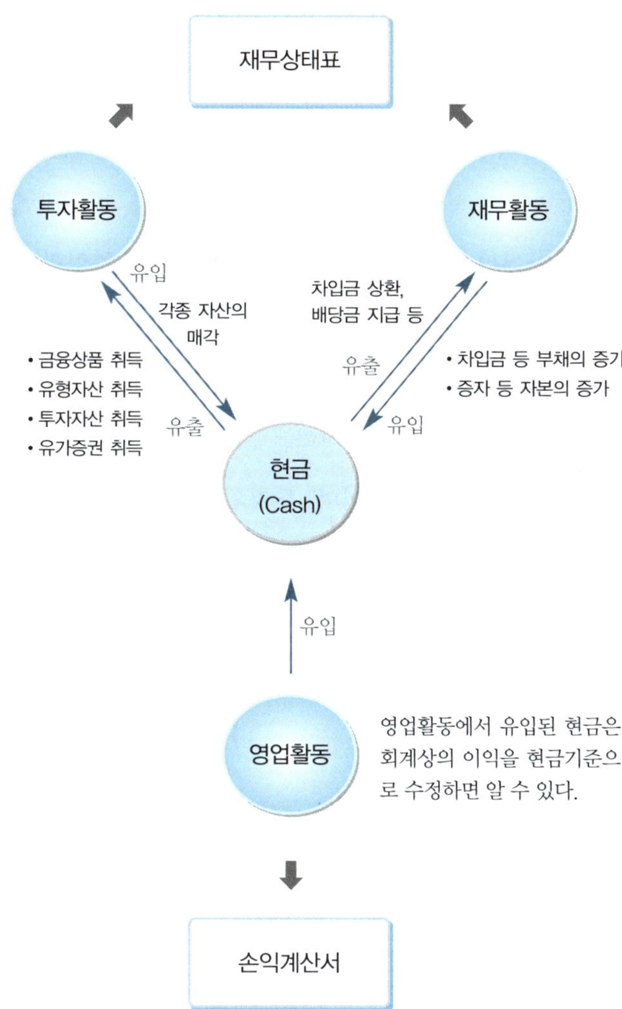
재무상태표
투자활동
재무활동
유입
각종 자산의 매각
차입금 상환, 배당금 지급 등
유출
• 금융상품 취득
• 유형자산 취득
• 투자자산 취득
• 유가증권 취득
유출
• 차입금 등 부채의 증가
• 증자 등 자본의 증가
유입
현금 (Cash)
유입
영업활동
영업활동에서 유입된 현금은 회계상의 이익을 현금기준으로 수정하면 알 수 있다.
손익계산서

익과 회사의 현금증가액은 절대 일치할 수가 없다.

영업현금흐름은 발생주의에 따른 회계상의 당기순이익보다 많을 수도 있고 적을 수도 있으며 영업현금흐름이 확보되었더라도 신규투자나 차입금 상환 등 투자나 재무활동으로 현금이 다시 유출된다면 최종적인 현금은 감소할 수도 있다. 반대로 영업현금흐름은 마이너스일지라도 자산매각이나 신규차입과 같은 투자활동이나 재무활동을 통해 총현금흐름을 양호하게 만들 수도 있다.

(주)한경전자의 경우 당기순이익은 350억원이지만 영업활동으로 증가한 현금은 256억원이며, 투자활동으로 127억원, 재무활동으로 175억원의 현금이 다시 유출돼 최종적인 현금은 작년보다 46억원이 감소한 것이다.

영업현금흐름이 제일 중요한 이유는 무엇 때문인가요

명 대리는 (주)한경전자의 현금흐름표를 보니 영업현금흐름은 256억원이지만 투자활동에 따른 현금흐름이 127억원 마이너스되고, 재무활동에 따른 현금흐름도 175억원 마이너스되어 최종적인 현금은 작년보다 46억원 감소한 사실을 알 수 있었다. 그러나 경쟁사인 K전자부품(주)의 현금흐름표를 보니 영업현금흐름은 25억원이지만 투자활동에 따른 현금흐름이 53억원 플러스되고 재무활동에 따른 현금흐름도 72억원 플러스되어 총현금흐름은 150억원 증가한 것으로 되어 있었다. 어느 회사의 현금흐름이 더 좋을까?

46

현금흐름표상 현금흐름은 크게 영업현금흐름, 투자현금흐름, 재무현금흐름으로 구분된다. 이 가운데 영업현금흐름은 회사의 영업활동 결과인 당기순이익이 그 원천이며, 투자활동에 의한 현금유입은 회사가 보유하는 각종 자산의 매각에서 얻어진다. 재무활동에 의한 현금유입은 외부차입이나 회사채 발행, 증자 등을 통해 얻어진다. 반대로 회사가 새로운 자산을 취득하든지 기존의 차입금을 상환하거나 배당금을 지급하는 경우에는 각각 투자와 재무활동에 의해 현금이 유출된다.

KeyWord_
영업현금흐름, 투자현금흐름,
재무현금흐름

　(주)한경전자는 영업활동을 통해 유입된 현금액의 일부를 신규투자를 위해 다른 자산을 취득하는 데 사용함으로써 투자현금흐름이 감소했다. 또한 기존의 차입금을 상환하면서 재무현금흐름도 감소해 총현금흐름이 전기말보다 감소한 것으로 나타났다.

　하지만 신규투자나 다른 자산의 취득을 위해 사용된 현금은 외부로 유출되었더라도 다른 형태의 자산으로 바뀐 것에 불과하므로 큰 문제는 없다. 예를 들어 영업활동으로 확보된 현금을 금융상품의 취득이나 시설투자에 사용했다면 회사의 자산 총액에는 아무런 변화가 없다.

　이같은 투자활동에 따른 현금유출액은 미래의 영업현금흐름을 좋게 하는 효과가 있다. 가령 금융상품에서 발생하는 이자수익과 유형자산에서 발생하는 감가상각비는 향후 당기순이익에 포함되어 영업현금흐름을 늘려주는 효과가 생긴다. 또한 차입금의 상환에 사용한 현금도 비록 당기에는 현금이 감소하지만 다음 회계년도부터는 이자비용의 감소를 통해 영업현금흐름이 좋아지는 결과를 가져다준다.

　이에 반해 K전자부품(주)은 영업활동을 통해 충분한 현금흐름을 확보하지 못했기 때문에 일부 금융상품과 자산을 처분하고 새로운 차입금을 조달해 총현금흐름에 충당했음을 알 수 있다. 금융상품의 처분과 자산 매각은 향후 금융수익의 감소와 감가상각비의 감소, 기업활동의 위축으로 이어져 미래의 영업현금흐름

▶▶ (주)한경전자의 현금흐름

현금흐름표

(단위 : 억원)

항목	금액	항목	금액
Ⅰ. 영업활동으로 인한 현금흐름	256		
1. 당기순이익	350		
2. 현금의 유출이 없는 비용(가산)	318		
3. 현금의 유입이 없는 수익(차감)	(129)		
4. 영업활동으로 인한 자산, 부채의 변동	(283)		
Ⅱ. 투자활동으로 인한 현금유입액	1,456	Ⅲ. 투자활동으로 인한 현금유출액	1,583
1. 유동자산의 감소		1. 유동자산의 증가	
2. 투자자산의 감소		2. 투자자산의 증가	
3. 유형자산의 감소		3. 유형자산의 증가	
4. 무형자산의 감소		4. 무형자산의 증가	
Ⅳ. 재무활동으로 인한 현금유입액	87	Ⅴ. 재무활동으로 인한 현금유출액	262
1. 유동부채의 증가		1. 유동부채의 감소	
2. 비유동부채의 증가		2. 비유동부채의 감소	
3. 자본의 증가		3. 자본의 감소	
		4. 배당금의 지급	
		Ⅵ. 현금의 증가(감소) Ⅰ+Ⅱ+Ⅳ-(Ⅲ+Ⅴ)	(46)
		Ⅶ. 기초의 현금	124
		Ⅷ. 기말의 현금 (Ⅵ+Ⅶ)	78

현금유출이 없는 비용

- 감가상각비
- 무형자산상각비
- 대손상각비
- 유가증권평가손실, 외환차손, 외화환산손실
- 지분법손실
- 유형자산처분손실
- 퇴직급여(충당부채전입액)

현금유입이 없는 수익

- 유가증권평가이익, 외환차익, 외화환산이익
- 지분법이익
- 유형자산처분이익
- 사채상환이익

을 갉아먹을 뿐만 아니라 신규차입에 따른 이자비용도 미래의 영업현금흐름을 잠식하게 된다는 점에서 바람직하지 않다.

결론적으로 회사는 영업활동에 의하지 않고서도 투자나 재무거래를 통해 얼마든지 현금을 늘릴 수 있다. 따라서 회사의 현금흐름을 평가할 때는 총현금흐름액의 크기가 아니라 영업현금흐름의 크기를 살피는 것이 중요하다.

▶▶ 영업현금흐름의 중요성

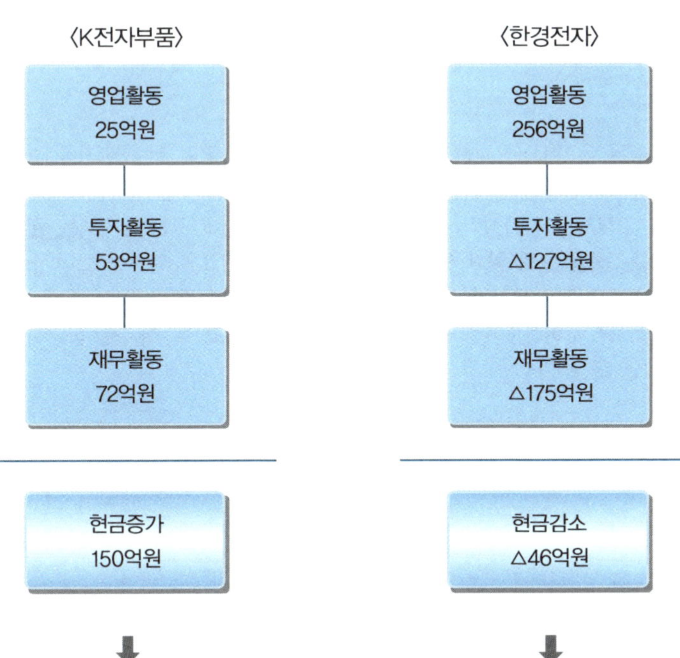

신규차입과 자산매각으로 125억원의 현금이 증가했으나, 신규차입에 따른 이자비용은 가뜩이나 좋지 않은 영업현금흐름을 미래에 더욱 악화시킬 수 있는 요인이 된다.

영업활동에 의한 현금유입액으로 차입금을 상환하고 신규투자에 사용했다. 차입금상환에 따른 이자비용 감소와 신규투자에 따른 감가상각비는 향후 영업현금흐름을 더욱 개선시켜 준다.

PCR은 어떻게 계산하나요

47

투자하고 싶은 두 회사(공교롭게도 두 회사 모두 순이익이 비슷했다)를 놓고 비교하던 명 대리는 문득 궁금한 생각이 들었다. A회사는 감가상각비가 아주 많고, B회사는 감가상각비가 거의 없는 회사였는데 '감가상각비는 돈이 안 나가는 비용'으로 알고 있던 명 대리가 현금흐름표를 확인해 보니 순이익은 비슷해도 감가상각비 때문에 영업활동에 따른 현금유입액이 A회사가 훨씬 많았던 것이다. 이런 경우 당기순이익을 가지고 두 회사를 평가하는 것이 과연 옳을까?

자동차나 중공업, 화학업종 등과 같이 거액의 시설투자를 필요로 하는 회사는 설비자산에 대해 매년 막대한 감가상각비가 발생하는데, 감가상각비는 전액 회계상 비용으로 들어가 당기순이익을 줄이는 결과를 가져온다.

감가상각비는 이미 과거에 취득한 유형자산의 원가를 사용하는 기간 동안 매년 나눠 비용으로 인식하는 절차이다. 이미 그 취득원가를 다 지불했는데도 현금지급과는 전혀 상관없이 사용기간(이를 내용년수라고 한다)에 걸쳐서 서서히 비용으로 뿌려주는 것이다. 이렇게 하는 이유는 당해 자산이 사용됨으로써 향후

▶▶ 당기순이익이 같아도 현금흐름은 다를 수 있다

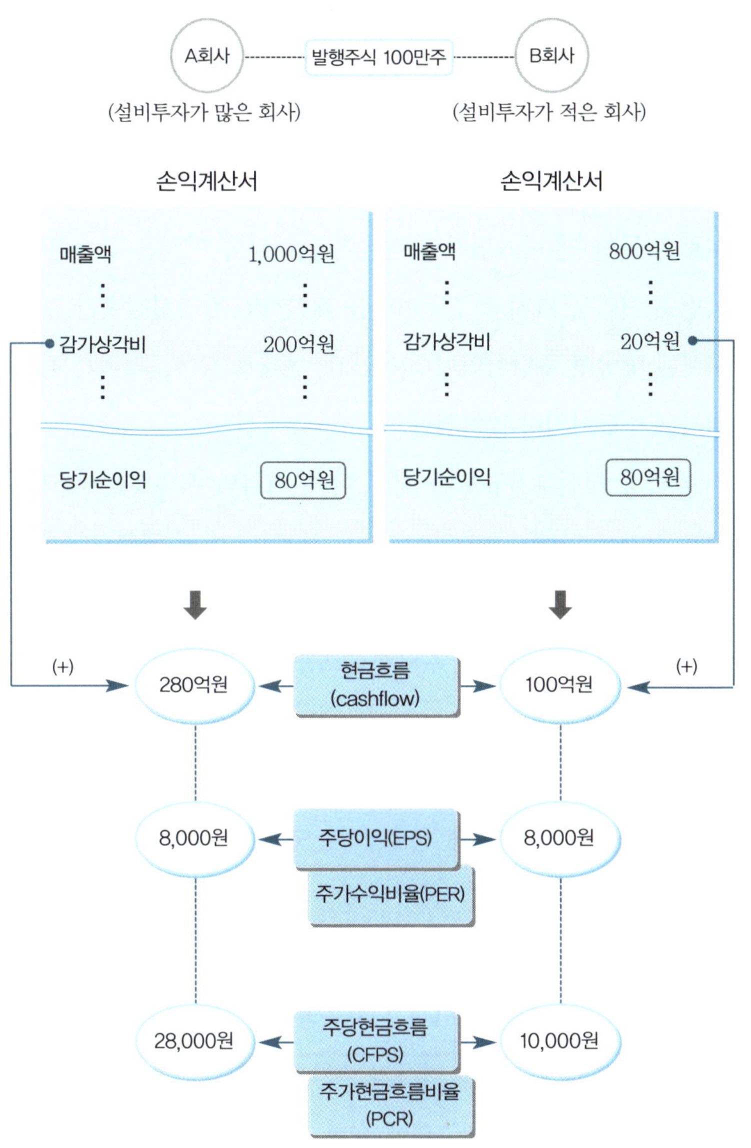

KeyWord_
수익비용대응의 원칙, 주당현금흐름액, 주가현금흐름비율

회사의 당기순이익을 발행주식(보통주)수로 나눠 보통주식 1주당 얼마나 벌었는지를 나타내는 것으로서 발행주식 규모가 서로 다른 회사의 상대적인 수익력을 비교하기 위해 사용된다.

주당현금흐름액
(CFPS)

회사의 영업현금흐름을 발행주식수로 나눈 수치로서 영업을 통해 발행주식 1주당 얼마나 많은 현금이 창출되었는지를 보여준다. 주당이익이 발생주의에 따른 회계상 순이익을 발행주식으로 나눈 것인데 반해, 주당현금흐름액은 실질 영업현금흐름으로 1주당 수익성을 평가한 것이다.

주가현금흐름비율
(PCR)

주당현금흐름액에 비해 주가가 얼마나 비싼지, 싼지를 평가하기 위해 주가를 1주당 현금흐름액으로 나눈 수치를 말한다. 이 비율이 높으면 주당현금흐름액에 비해 주가가 비싸다는 뜻이며, 낮으면 주당현금흐름액에 비해 주가가 싸다는 뜻이다.

일정 기간 동안 매년 매출수익이 발생하는 것이므로 결과인 매출수익과 그 원인이 되는 자산사용에 따른 비용 발생을 같은 회계기간에 대응(matching)시키기 위해서인데, 이를 수익비용대응의 원칙이라고 한다.

어쨌든 발생주의에 따라 감가상각비가 비용으로 반영되면 실제로는 돈이 안 나가면서도 비용이 늘어나 순이익은 감소한다. 이런 순이익을 가지고 주당이익을 계산하면 감가상각비가 많은 회사는 당연히 주당이익이 적어지고, 반대로 감가상각비가 적은 회사는 주당이익이 많아진다.

따라서 시설투자규모가 서로 다른 기업의 수익성을 비교할 때는 감가상각비를 순이익에 다시 더하거나 아예 영업현금흐름을 가지고 비교하는 것이 더 바람직하다. 이때 영업현금흐름액을 발행주식수로 나누면 주당현금흐름액이 계산된다. 주당현금흐름액(CFPS : Cashflow Per Share)은 회사가 영업을 통해 1주당 벌어들인 현금액을 의미하는 것으로 감가상각비처럼 현금흐름을 수반하지 않는 비용 등을 모두 당기순이익에 포함시킨 것이다.

한편 1주당 현금창출능력에 비해 주가가 얼마나 고평가 또는 저평가되어 있는지를 보여주는 지표인 주가현금흐름비율(PCR : Price Cashflow Ratio)은 회사의 주가를 주당현금흐름액으로 나눠 계산한다. 이는 발생주의에 의한 순이익을 기준으로 계산되

▶▶ 주당현금흐름액과 PCR

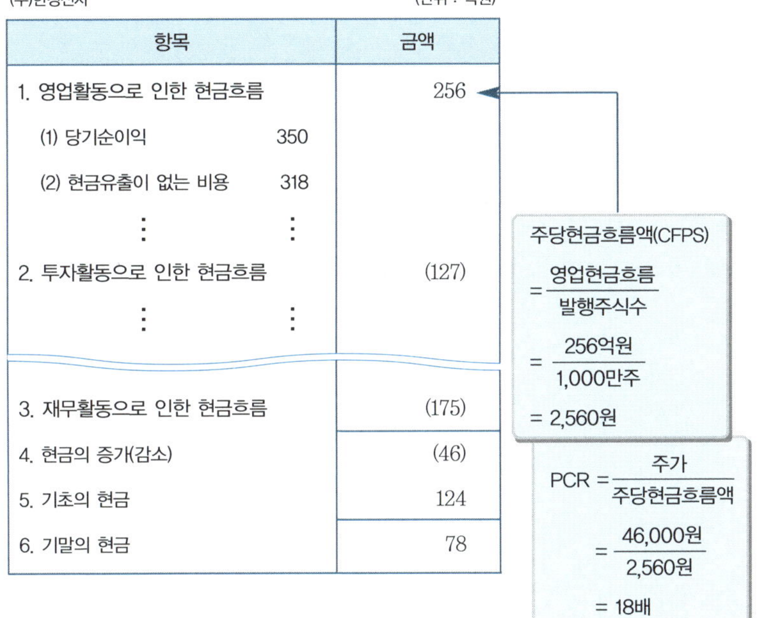

는 주가수익비율(PER : Price Earning Ratio)의 한계점을 보완해준다.

(주)한경전자의 경우 주당현금흐름은 2,560원(256억원÷1,000만주)으로서, 현재의 주가를 46,000원으로 가정하고 이를 주당현금흐름액으로 나누면 PCR은 18배로 계산된다.

NOPLAT와 ROIC는 어떻게 계산하나요

한 증권회사에서 발간한 보고서를 보던 명 대리는 'NOPLAT(세후영업이익)를 IC(투하자본)로 나눠 계산한 ROIC(투하자본수익률)가 증가하는 종목이 유망하다'는 대목에서 잠시 주춤한다. 내용이 전부 영어로 쓰인 데다 도무지 무슨 말인지 알 수 없었던 것이다. NOPLAT와 ROIC는 무엇을 의미할까?

☑ 투하자본수익률(ROIC)

영업활동에 투하된 자본으로부터 얼마나 많은 영업이익을 벌었는지를 나타내는 것으로 영업활동의 효율성을 평가하는 지표이다. 세후영업이익을 투하자본으로 나눠 계산한다. 투하자본수익률이 가중평균자본비용보다는 높아야 기업가치가 창출된 것으로 본다.

$$ROIC = \frac{\text{세후영업이익(NOPLAT)}}{\text{투하자본(IC)}}$$

ROIC(Return on Invested Capital)는 투하자본수익률로서 영업활동에 투입한 자금을 가지고 얼마나 많은 세후영업이익을 올렸는지를 측정한 것이다. 이는 기업이 영업활동에서 자본을 얼마나 효율적으로 활용하는지를 나타내는 지표로서 세후영업이익(NOPLAT)을 투하자본(IC)으로 나누어 계산한다. 투하자본수익률(ROIC)에서 가중평균자본비용(WACC)을 뺀 차이가 플러스이면 자본비용을 초과해서 투자수익을 거두었다는 뜻이므로 기업의 가치창출이 일어난 것으로 해석한다.

세후영업이익(NOPLAT : Net Operating Profit Loss Adjusted

Tax)이란 말 그대로 법인세를 반영한 후의 영업이익을 말한다. 손익계산서의 영업이익은 영업활동을 통해 벌어들인 이익으로서 차입금 사용에 따른 이자비용이나 금융상품의 투자에 따른 이자수익 등이 전혀 포함되지 않은 순수한 영업활동의 성과이다. 이러한 영업성과를 영업에 투입한 자금과 비교하면 투입자금 대비 수익성을 따져볼 수 있다. 그런데 회사의 이익에 대해서는 법인세를 내야 하므로 법인세 납부에 따른 현금유출분을 제외하기 위해서는 영업이익에 대한 법인세를 차감해야 한다.

따라서 세후영업이익(NOPLAT)은 영업이익에서 이에 대한 법인세상당액을 차감해서 계산한다. 이때 법인세상당액은 영업이익에 당해 회사의 법인세유효세율을 곱해서 계산해도 되고, 손익계산서의 법인세에서 이자수익과 이자비용을 비롯한 영업외손익에 대한 법인세효과금액을 조정해 계산해도 된다. 예를 들어 영업이익이 1,000억원이고 이자수익 등 영업외수익이 600억원, 이자비용 등 영업외비용이 200억원인 회사가 법인세 420억원을 차감하고 당기순이익 980억원을 보고했다고 하자.

법인세차감전순이익 1,400억원에 대한 유효법인세율은 30%(420억원÷1,400억원)이므로 영업이익 1,000억원에서 300억원을 차감하면 세후영업이익(NOPLAT)은 700억원으로 계산된다. 또는 총법인세 420억원에서 영업외손익에 대한 법인세 120억원(영업외수익에 대한 법인세 180억원에서 영업외비용에 대한

☑ **세후영업이익**

세후영업이익(NOPLAT)
= 영업이익 − (영업이익×유효법인세율)

세후영업이익(NOPLAT)
= 영업이익 − {법인세 − (영업외수익×유효법인세율) + (영업외비용×유효법인세율)}

☑ **법인세유효세율**

특정 회계년도에 회사가 벌어들인 순이익 중에서 법인세비용으로 지출한 비율을 가리킨다. 즉, 법인세비용을 법인세비용차감전순이익으로 나누어 계산한 비율로서 법인세차감전순이익이 100억인 회사가 법인세 30억원을 빼고 당기순이익을 70억원으로 보고했다면 법인세유효세율은 30%인 셈이다.

KeyWord_
투하자본수익률(ROIC), 세후영업이익(NOPLAT), 법인세유효세율

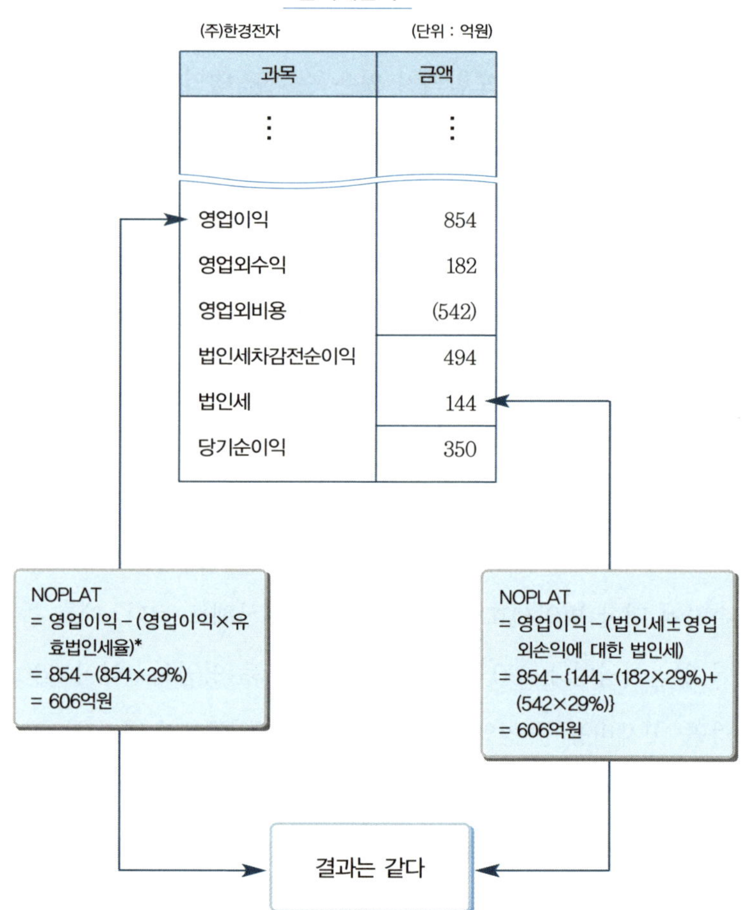

손익계산서
(주)한경전자
(단위 : 억원)
과목
금액
영업이익
854
영업외수익
182
영업외비용
(542)
법인세차감전순이익
494
법인세
144
당기순이익
350
NOPLAT
= 영업이익-(영업이익×유효법인세율)*
= 854-(854×29%)
= 606억원
NOPLAT
= 영업이익-(법인세±영업외손익에 대한 법인세)
= 854-{144-(182×29%)+(542×29%)}
= 606억원
결과는 같다
* 유효법인세율 = 144억원 ÷ 494억원 = 29%

▶▶ 투하자본(IC)과 투하자본수익률(ROIC)

재무상태표

(주)한경전자   (단위 : 억원)

차변		대변	
과목	금액	과목	금액
유동자산	3,667	비이자지급 부채(B)	1,379
순유형자산	2,246		
무형자산	31		
기타비유동자산	52		
자산총계(A)	5,996		

총부채 − 이자지급 부채
= 3,845−(1,523+943)

〈별법〉

이자지급 부채(차입금) +
자기자본 − 비영업자산
(매도가능증권 등 투자자산)
= 1,523억원 + 943억원
+ 3,198억원 − 1,047억원

* 투하자본 계산을 위한 자산총계(A) 5,996억원은 (주)한경전자의 자산총계 7,043억원에서 비영업자산에 해당하는 투자자산 1,047억원을 제외한 것임

투하자본(IC) 계산법

	비이자지급 부채 ④
투하자본 (③−(④+②) 또는 (⑤+⑥−②))	차입금 ⑤
비영업자산 (투자자산 등) ②	자기자본 ⑥
자산총계 ③	부채와자본 총계

* (주)한경전자의 투하자본
= 7,043 − (1,379+1,047)
= (1,523+943) + 3,198 − 1,047
= 4,617억원

$$ROIC = \frac{세후영업이익(NOPLAT)}{투하자본(IC)*} = \frac{606억원}{4,617억원} = 13.1\%$$

* 기초와 기말의 평균투하자본으로 계산하는 것이 더 정확하나 계산 편의상 기말 투하자본만으로 수익률을 계산했음
* 자기자본의 시가를 기준으로 투하자본(IC)을 계산할 경우 ROIC는 다음과 같이 계산한다.

$$ROIC = \frac{세후영업이익}{차입금 + 자기자본의 시가총액} = \frac{606억원}{(1,523+943+4,600-1,047)억원} = 10\%$$

법인세 60억원을 차감하면 120억원이 나온다)을 차감한 300억원을 영업이익 1,000억원에서 차감해도 세후영업이익은 마찬가지로 700억원이 산출된다.

한편 투하자본수익률(ROIC) 계산의 기초가 되는 투하자본(IC)은 영업용 유동자산과 순유형자산(건설중인자산을 제외한 유형자산의 장부가액), 무형자산 및 기타비유동자산에서 비이자지급 부채를 차감해 계산한다. 여기서 비이자지급 부채를 모두 차감하는 이유는 매입채무나 선수금 등과 같은 부채는 실제 이자지급을 수반하지 않아 자본비용이 발생하지 않기 때문에 이를 투하자본에서 제외하는 것이다. 하지만 이 방식은 복잡하므로 이자비용을 부담하는 차입금에 자기자본을 더한 다음 비영업자산(건설중인자산과 투자자산 등)을 차감해서 계산하는 것이 더 쉽다.

(주)한경전자의 경우 유효법인세율은 29%로서 영업이익이 854억원이므로 세후영업이익(NOPLAT)은 606억원(854억원×(1-0.29))으로 계산되며, 투하자본총액은 4,617억원이므로 투하자본수익률은 13.1%로 계산된다. 이는 (주)한경전자의 자기자본을 포함한 총투하자금에 대한 가중평균자본비용이 13.1%보다 낮다면 기업가치가 늘어난 것이지만, 가중평균자본비용이 13.1%보다 높다면 기업자금을 사용해 벌어들인 세후영업이익이 자본비용에도 못미친다는 의미이다.

Free Cash Flow와 운전자금소요액은 어떻게 계산하나요

49

자금팀으로 자리를 옮긴 명 대리는 요즘 자금 관련 용어를 익히는 데 여념이 없다. 그런데 보고서에 적혀 있는 'FCF(Free Cash Flow)'와 '운전자금'이라는 말의 뜻을 도무지 모르겠다. 직역하자면 '자유로운 현금흐름'이라는 뜻인데 과연 정확한 뜻은 무엇일까?

FCF(Free Cash Flow, 자유현금흐름 또는 잉여현금흐름)는 영업활동에서 조달된 현금(이자비용을 차감하기 전의 것으로, 법인세를 납부한 후의 영업현금을 뜻함) 중에서 사업의 현재상태를 유지하기 위한 기본적인 설비투자(자본적지출)를 하고 남은 현금흐름으로서 회사가 언제든지 자유롭게 사용할 수 있는 현금을 의미한다.

기업은 FCF를 창출해 이자비용 지급은 물론 미래를 위한 신규투자와 차입금 상환 등 재무구조 개선 그리고 주주에 대한 배

KeyWord_
자유현금흐름(FCF), 운전자금소
요액, 운전자금 1회전기간

당 지급 등에 사용해야 더욱 발전할 수 있다. 반대로 FCF를 창출하지 못하는 기업은 미래의 발전을 위한 밑천이 없기 때문에 기업가치의 개선 또한 기대할 수 없다.

FCF는 1차적으로는 이자비용 지급 및 미래 성장산업 진입을 위한 신규투자 등에 우선적으로 사용되며, 2차적으로는 배당금 지급이나 자기자본비율을 높이기 위한 차입금 축소 등 재무구조 개선에 사용된다. 이처럼 주주에 대한 배당금 지급은 회사가 벌어들인 FCF에서 이자비용과 신규투자소요액 등을 차감하고도 남는 여유자금이 있어야 가능하므로 충분한 FCF를 창출하지 못한 기업은 주주에 대한 배당금 지급도 불가능하다. 이런 이유 때문에 현금흐름을 이용해 기업가치를 평가할 때도 영업현금흐름보다는 잉여현금흐름(FCF)를 사용하기도 한다.

(주)한경전자는 영업활동을 통해 총 406억원(영업현금흐름 256억원 + 이자비용 150억원)의 현금을 창출했으며 그중 153억원을 유형자산의 취득에 사용했다. 따라서 253억원의 잉여현금흐름이 발생했는데 이를 가지고 당기 중 이자 지급에 150억원, 차입금 상환에 42억원, 배당금 지급에 150억원을 사용했다.

FCF는 이와 같이 영업활동에 의한 현금흐름(이자비용 차감전)에서 설비투자에 사용된 현금흐름을 차감해 계산한다. 이 기준에 따르면 (주)한경전자의 경우 FCF는 253억원(406억원-153억원)으로 계산된다. 그러나 세후영업이익(NOPLAT)을 기준으로

현금흐름표

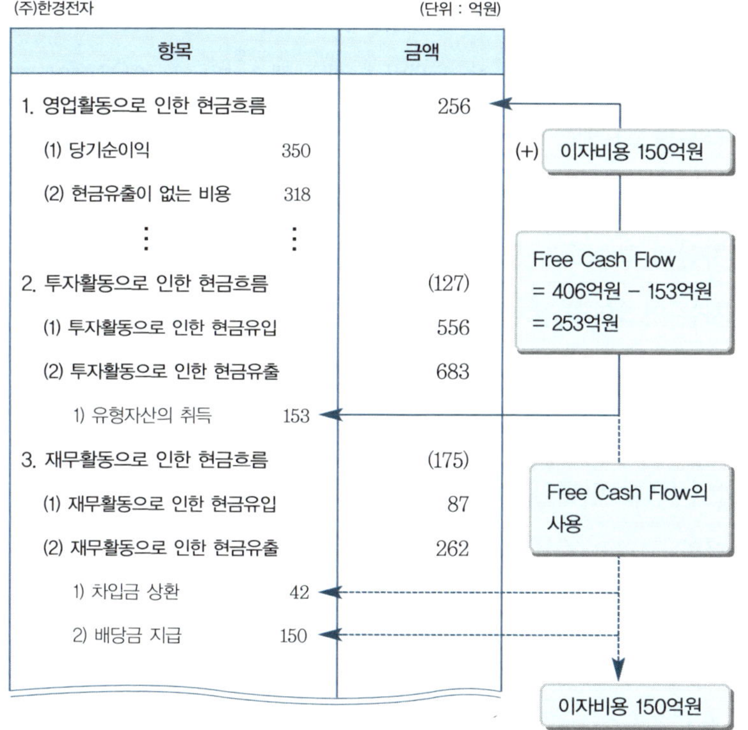

FCF를 계산하면 569억원이 산출된다. 세후영업이익 606억원에서 현금유출이 없는 비용 중 가장 큰 항목인 감가상각비(255억원)를 더하고, 당기 중 운전자금증가액(139억원) 및 설비투자증가액(153억원)을 차감하면 569억원이 나오게 된다. 이 2가지 기준에 의한 FCF가 각각 다른 것은 (주)한경전자의 경우 현금흐름표상으로는 이자비용차감전 영업현금흐름이 406억원이지만

☑ **FCF의 계산 (영업현금흐름기준)**

영업현금흐름 + 이자비용 – 자본적지출액
= 256억원 + 150억원 – 153억원
= 253억원

☑ **FCF의 계산 (세후영업이익기준)**

세후영업이익(NOPLAT) + 감가상각비 – 운전자본 증가액 – 자본적지출액
= 606억원 + 255억원 – 139억원 – 153억원
= 569억원

☑ **㈜한경전자의 잉여현금흐름 사용내역**

잉여현금흐름   253억원
① 이자 지급액   (150억원)
② 차입금 상환액   (42억원)
③ 배당금 지급액   (150억원)
(89억원)

결국 잉여현금흐름은 253억원에서 △89억원으로 감소했는데, 이는 당기의 배당금 지급액(150억원)이 이자 지급 후 잉여현금흐름 수준(103억원)에 비해 과다하다는 해석이 가능하다.

세후영업이익기준법에서는 영업현금흐름이 722억원(606억원+255억원-139억원)으로 계산됐기 때문이다.

한편 운전자금소요액은 매출채권의 회수보다 매입채무의 결제와 경비 지급이 먼저 발생하기 때문에 나타나는 일시적인 자금부담소요액을 말하는 것으로서 매출채권에 재고자산을 더하고 매입채무를 차감해 계산한다. 일반적으로 매출채권이나 재고자산의 회수보다 매입채무의 지급이 먼저 이루어지기 때문에 회사는 영업의 회전기간에 따라 필요한 운전자금을 보유하고 있어야 한다. 예를 들어 매출액이 10억원이고 매출채권의 잔액이 2억 5,000만원, 재고자산 1억 3,000만원 그리고 매입채무의 잔액이 1억 8,000만원인 경우라면 운전자금소요액은 2억원(2억 5,000만원 + 1억 3,000만원 - 1억 8,000만원)으로 계산된다.

(주)한경전자의 경우 운전자금은 전기말에 2,086억원이었으나 당기말에는 2,225억원으로 139억원이 증가했다. 이처럼 운전자금소요액이 증가한 이유는 매입채무는 증가했지만 매출채권과 재고자산이 더 많이 증가했기 때문이다.

한편 재고자산회전기간과 매출채권회전(회수)기간에서 매입채무회전기간을 빼면 운전자금이 1회전되는데 걸리는 기간을 알 수 있는데, 이를 운전자금 1회전기간이라고 한다. (주)한경전자의 운전자금 1회전기간은 약 0.274년(1/7회+1/4.7회-1/12.2회)으로, 여기에 365일을 곱하면 100일(52일+78일-30일)임을 알 수 있다.

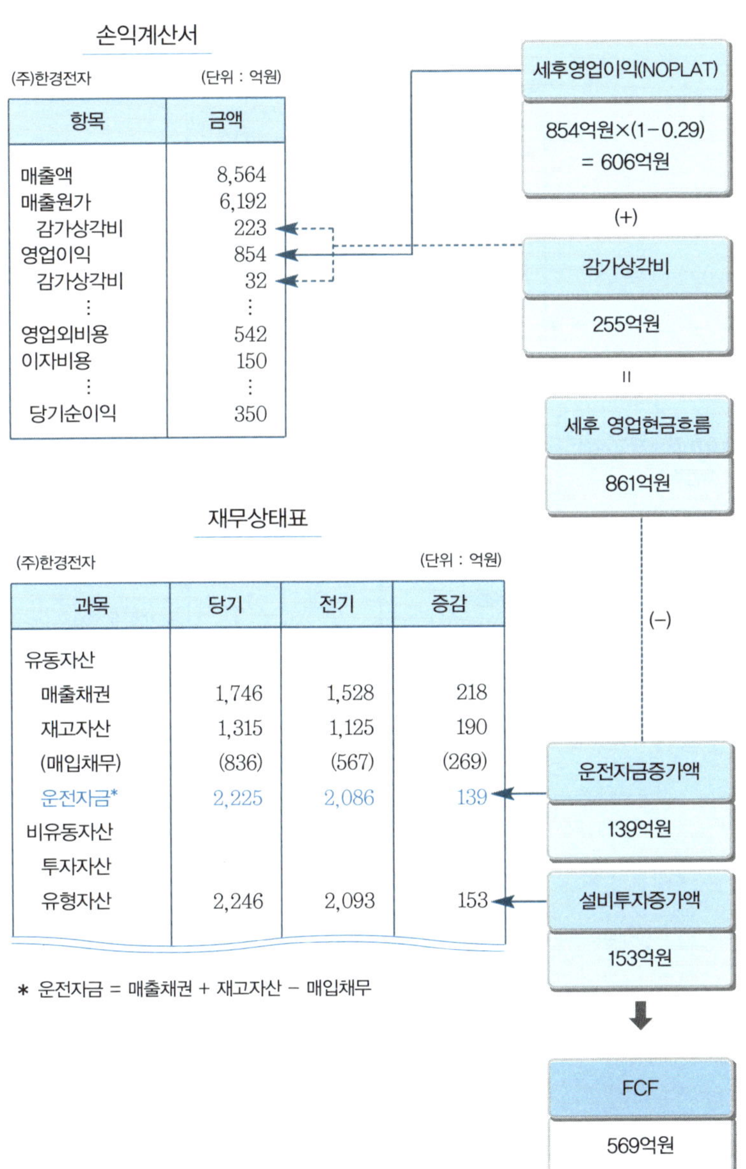
손익계산서
(주)한경전자
(단위 : 억원)
항목
금액
매출액
8,564
매출원가
6,192
감가상각비
223
영업이익
854
감가상각비
32
영업외비용
542
이자비용
150
당기순이익
350

세후영업이익(NOPLAT)
854억원×(1−0.29)
= 606억원
(+)
감가상각비
255억원
=
세후 영업현금흐름
861억원

재무상태표
(주)한경전자
(단위 : 억원)
과목
당기
전기
증감
유동자산
매출채권
1,746
1,528
218
재고자산
1,315
1,125
190
(매입채무)
(836)
(567)
(269)
운전자금*
2,225
2,086
139
비유동자산
투자자산
유형자산
2,246
2,093
153

(−)
운전자금증가액
139억원
설비투자증가액
153억원

FCF
569억원

* 운전자금 = 매출채권 + 재고자산 − 매입채무

▶▶ 운전자금소요액과 운전자금 1회전기간

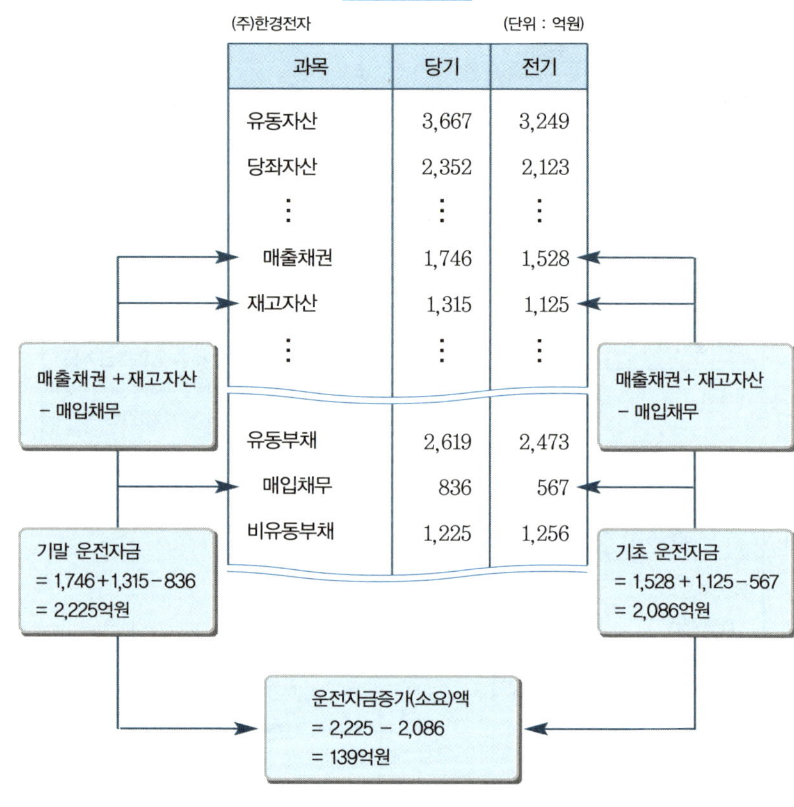

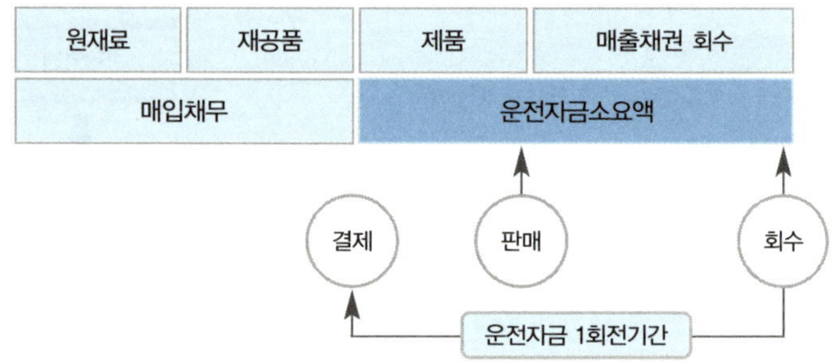

현금흐름으로 회사의 수익성과 안정성을 따져보는 방법은 없나요

■■■■■■■■■ ■ ■

50

발생주의에 따른 손익계산서의 문제점을 알고 난 명 대리는 더 이상 손익계산서를 신뢰하기가 어려울 것 같았다. 그래서 아예 현금흐름표를 통해 현금 기준으로 회사의 수익성과 안정성을 따져보고자 한다. 현금흐름으로 회사의 수익성과 재무안정성을 체크하는 방법은 없을까?

회사의 수익성은 손익계산서의 이익을 가지고 따지는 것이 일반적이다. 그러나 손익계산서의 이익과 현금흐름은 서로 일치하지 않기 때문에 현금흐름의 관점에서 수익성을 짚어볼 필요가 있다. 특히 당기순이익에 비해 영업현금흐름이 양호하지 못한 회사의 경우에는 반드시 현금흐름을 기준으로 수익성과 안정성을 따져봐야 한다.

현금흐름을 통한 수익성 지표로는 영업현금흐름 대 매출액 비율이 있다. 이는 매출액의 어느 정도가 현금흐름으로 유입되었는지를 보여주는 것으로서 영업현금흐름을 매출액으로 나눠

KeyWord_
영업현금흐름 대 매출(총부채, 차입금)비율, 현금흐름이자보상비율

계산한다.

이 비율이 낮을수록 회사의 외상매출 비중이 지나치게 높다는 것을 의미한다. 따라서 매출채권의 회수가 지연될 경우 자금사정이 악화될 가능성이 그만큼 크다고 할 수 있다. (주)한경전자의 경우 이 비율이 3%로 매우 낮은 것은 매출의 대부분이 외상으로 이루어지는 데다 매출채권의 회수기간이 너무 길어 영업현금흐름이 매우 적기 때문인 것으로 분석된다.

현금흐름을 통한 안정성 지표로는 회사가 단기부채나 총부채 그리고 차입금을 갚기에 충분한 영업현금흐름을 벌어들이고 있는지를 따져보면 된다. 특히 차입금을 포함한 부채의 상환을 위해서는 반드시 영업현금흐름이 확보되어야 하므로 발생주의에 의한 순이익보다 더 의미 있는 결과를 얻을 수 있다.

- 영업현금흐름 대 총부채비율 = 영업현금흐름 ÷ 총부채
- 영업현금흐름 대 차입금비율 = 영업현금흐름 ÷ 차입금

또한 이자보상비율을 현금기준으로 측정하는 지표로서 현금흐름이자보상비율이 있다. 일반적으로 이자보상비율은 영업이익을 기준으로 측정하는데, 이 경우 영업이익은 발생주의에 따른 이익수치이므로 실제 현금흐름이 수반되지 않을 경우에는 비율이 왜곡될 수 있다. 따라서 현금흐름이자보상비율은 현금으로

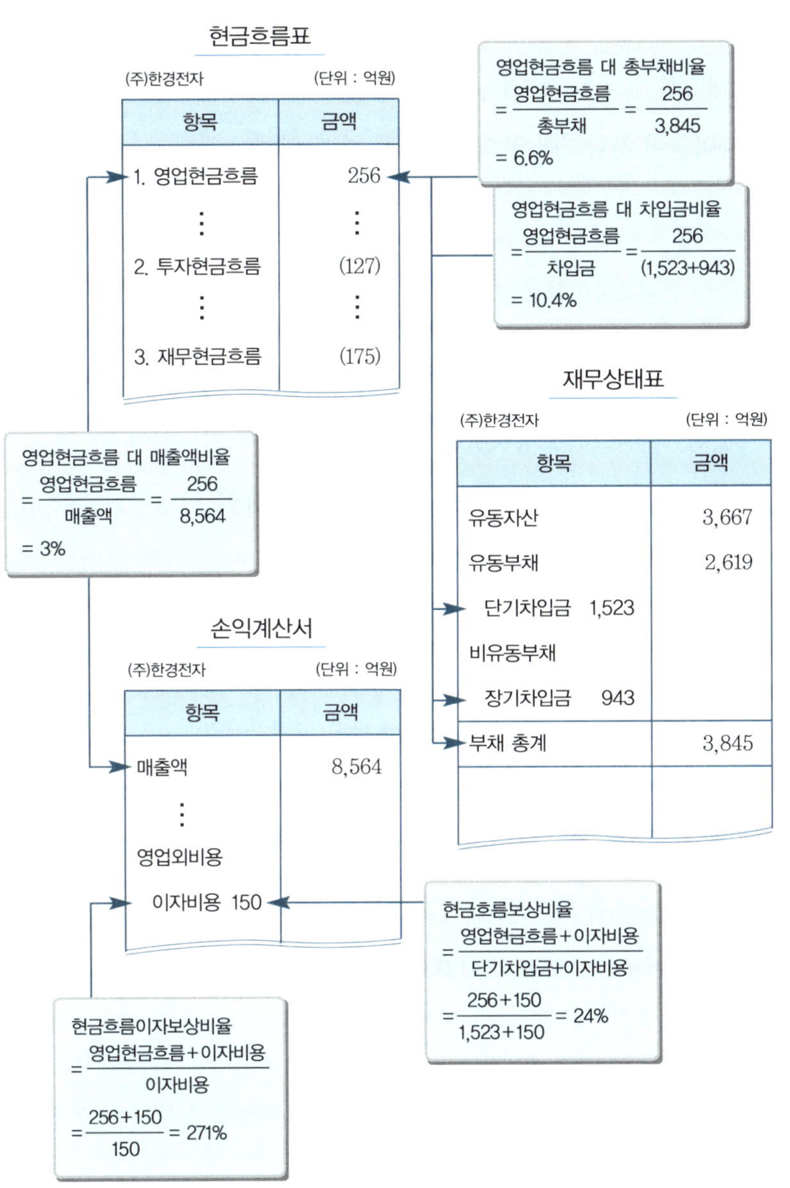
현금흐름표
(주)한경전자
(단위 : 억원)
항목
금액
1. 영업현금흐름
256
2. 투자현금흐름
(127)
3. 재무현금흐름
(175)
영업현금흐름 대 총부채비율
= 영업현금흐름 / 총부채 = 256 / 3,845
= 6.6%
영업현금흐름 대 차입금비율
= 영업현금흐름 / 차입금 = 256 / (1,523+943)
= 10.4%
영업현금흐름 대 매출액비율
= 영업현금흐름 / 매출액 = 256 / 8,564
= 3%
재무상태표
(주)한경전자
(단위 : 억원)
항목
금액
유동자산
3,667
유동부채
2,619
단기차입금   1,523
비유동부채
장기차입금   943
부채 총계
3,845
손익계산서
(주)한경전자
(단위 : 억원)
항목
금액
매출액
8,564
영업외비용
이자비용 150
현금흐름보상비율
= (영업현금흐름+이자비용) / (단기차입금+이자비용)
= (256+150) / (1,523+150) = 24%
현금흐름이자보상비율
= (영업현금흐름+이자비용) / 이자비용
= (256+150) / 150 = 271%

내야 하는 이자비용의 몇 배에 해당하는 현금을 영업을 통해 벌어들이는지를 계산함으로써 회사의 실질적인 이자비용 지불능력을 체크하기 위한 것이다. 다만, 영업현금흐름에는 이미 지불된 이자비용이 차감되어 있으므로 이를 다시 더해야 한다.

$$\text{현금흐름이자보상비율} = \frac{(영업현금흐름 + 이자비용)}{이자비용}$$

한편, 현금흐름보상비율은 앞으로 1년 안에 지출해야 할 원리금의 상환능력을 체크하기 위해서 이자비용에 단기차입금을 더해서 계산한다.

$$\text{현금흐름보상비율} = \frac{(영업현금흐름 + 이자비용)}{(이자비용 + 단기차입금)}$$

(주)한경전자의 경우 영업현금흐름 대 총부채비율은 6.6%이며 영업현금흐름 대 차입금비율은 10.4%이다. 그리고 현금흐름이자보상비율은 271%, 현금흐름보상비율은 24%로 계산된다.

▶▶ (주)한경전자의 현금흐름비율 분석

항목	(주)한경전자의 재무비율	업종평균비율*	
		전자부품 제조업	제조업 전체
영업현금흐름 대 매출액비율	3%	14.4%	9.1%
영업현금흐름 대 총부채비율	6.6%	40.6%	19.8%
영업현금흐름 대 차입금비율	10.4%	108.9%	47.1%
현금흐름이자보상비율	271%	1,842.8%	894.1%
현금흐름보상비율	24%	287.2%	88.7%

* 한국은행 〈기업경영분석〉에서 인용

현금흐름을 기준으로 한 수익성과 안정성은 전체적으로 좋지 않은 편이다. 매출의 대부분이 외상매출인 데다 매출채권회수기간이 길어 영업현금흐름 대 매출액비율과 현금흐름이자보상비율 등이 매우 낮다. 차입금 등 부채의 비중이 높기 때문에 영업현금흐름 대 총부채(또는 차입금)비율도 업종평균에 비해 매우 낮은 수준이다. 영업현금흐름의 개선대책이 필요하다.

3부_ 현금흐름 분석과 기업가치 평가법

10장_ 기업가치 평가법

:: 얼마짜리 회사인가?
주가가 싼가, 비싼가?

EBIT와 EBITDA가 무엇인가요

51

손익계산서를 유심히 살펴보던 명 대리는 당기순이익에 영업활동에 의한 성과는 물론 영업외적인 성과가 포함된 것을 알고는 팀장에게 다음과 같은 질문을 던졌다.

"차입금이 많은 회사는 이자비용 때문에 순이익이 적어지고 반대로 자기자본비율이 높은 회사는 이자비용 부담이 없어 순이익이 많아지는 게 당연한데, 그렇다면 당기순이익을 가지고 재무구조가 서로 다른 회사의 수익성을 비교하는 것은 문제가 있지 않을까요?" 그러자 팀장은 이렇게 대답했다. "그래서 EBIT 또는 EBITDA라는 평가지표를 사용하는 거 아니겠나?"

EBIT(Earning Before Interest and Tax : 이자 및법인세차감전이익)란 이자 및 법인세를 차감하기 전의 이익을 의미하는 것으로 재무구조가 서로 다른 회사의 수익성을 비교할 때 많이 사용하는 수익성 지표이다.

일반적으로 차입금 비중이 높은 회사일수록 많은 이자비용 부담 때문에 자기자본비중이 높은 회사에 비해 당기순이익이 감소하고 수익성이 낮아 보이는 특성이 있다. 따라서 회사의 자금조달 방식에 따라 수익성 분석결과가 달라지지 않으려면 이자비용을 차감하기 전의 이익을 비교하는 것이 더 바람직하다.

그리고 EBIT를 현금흐름기준으로 파악하기 위해 감가상각비 등을 다시 더한 것을 EBITDA(Earning Before Interest, Tax, Depreciation and Amortization : 이자및법인세차감전 영업현금흐름)라고 하는데, 구체적으로는 손익계산서에서 이자와 법인세, 감가상각비 등을 차감하기 전의 이익을 의미한다.

따라서 당기순이익(E)에 이자비용(I)과 법인세(T), 감가상각비(D), 무형자산상각비(A)를 모두 다시 더해 계산하면 된다. 이는 재무활동에 따른 이자나 법인세가 전혀 고려되지 않은, 순전히 영업활동을 통해 벌어들인 현금의 개념으로서 현금흐름표의 영업현금흐름과는 다소 차이가 있다. 즉, 현금흐름표의 영업현금흐름은 이자비용과 법인세가 차감된 후의 것인 데 반해 EBITDA는 이들 항목이 차감되기 전의 금액이라는 점에서 차이가 있다.

EBITDA는 EBIT에 감가상각비와 무형자산상각비를 더한 것으로서 EBIT를 현금기준으로 수정한 것이라고 보면 된다. 그리고 EBITDA에다 대손상각비와 퇴직급여충당부채전입액과 같은 현금유출을 수반하지 않는 비용까지 마저 가산한 것을 EBITDAP(Earning Before Interest, Tax, Depreciation and Amortization, Provision)라고 한다.

한편, EV/EBITDA은 기업가치(EV : Enterprise's Value)를 EBITDA로 나눈 비율을 말한다. 이는 회사의 현재가치가 영업현금흐름의 몇 배 정도로 평가되고 있는지 계산함으로써 기업가

Depreciation

유형자산에 대한 감가상각비로서 제조원가 및 판매비와관리비에 포함되어 있다.

Amortization

무형자산에 대한 상각비로서 판매비와관리비에 해당한다.

대손상각비

회사가 받을 돈을 못받게 돼서 발생하는 비용을 말한다. 그러나 대손상각비는 대손이 확정되는 시점에서 비용처리되는 것이 아니라 매년도 결산 때마다 예상액을 추정해서 미리 대손충당금을 설정하면서 비용으로 반영된다.

퇴직급여충당부채전입액

임직원이 장래에 퇴직할 때 지급해야 할 퇴직금소요액을 미리 부채로 계상한 것을 말한다. 부채로 계상된 금액은 당해년도 말 현재의 퇴직금소요액이며 매년 늘어나는 금액만큼 추가로 비용(퇴직급여)과 부채(퇴직급여충당부채)로 계상한다. 실제 퇴직금 지급시에는 퇴직급여충당부채에서 상계처리되므로 비용으로 인식되지 않는다.

Provision

대손충당금이나 퇴직급여충당부채전입액처럼 실제로 현금이 나가지 않으면서도 비용으로 계상되는 각종 충당금 또는 충당부채를 말한다.

KeyWord_
EBIT, EBITDA, EBITDAP, EV/EBITDA, 기업(부채, 주주)가치

치가 고평가 또는 저평가되었는지 따져보는 것으로 기업 인수·합병 때 기업가치를 평가하는 기준으로 사용되기도 한다.

여기서 기업가치(EV)란 부채가치에다 주주가치를 더한 것을 말하며, 부채가치는 순부채금액(총차입금에서 현금및현금성자산과 단기금융상품을 차감한 것)으로, 주주가치는 발행주식의 시가총액으로 계산한다.

(주)한경전자의 경우 당기순이익 350억원에 이자비용 150억원과 법인세 144억원을 더하면 EBIT는 644억원이 되며, 여기에 감가상각비 255억원, 무형자산상각비 8억원을 모두 더하면 EBITDA는 907억원으로 계산된다. 그리고 발행주식 1,000만주에 현재의 주가 46,000원을 곱한 금액 4,600억원에 순부채금액 1,865억원을 더하면 EV는 6,465억원으로 계산되므로 EV/EBITDA 비율은 7.1배(6,465억원÷907억원)로 계산된다.

이 회사의 EV/EBITDA 비율이 7.1배라는 것은 회사가 1년 동안 벌어들인 영업현금흐름(EBITDA)의 7.1배에 해당하는 가치를 가진 회사라는 뜻이다. 또 이런 회사를 현재의 기업가치(EV)인 6,465억원에 인수하면 7년 후에는 영업현금흐름을 통해 기업인수에 사용된 투자원금을 모두 회수할 수 있다는 의미이다.

한편 (주)한경전자의 EBITDA를 매출액과 비교한 EBITDA 대 매출액비율은 10.6%(907억원÷8,564억원)로 계산되는데, 이는 전자부품업종의 평균비율(16.1%)에 비하면 낮은 편이다.

▶▶ EBITDA와 EV/EBITDA

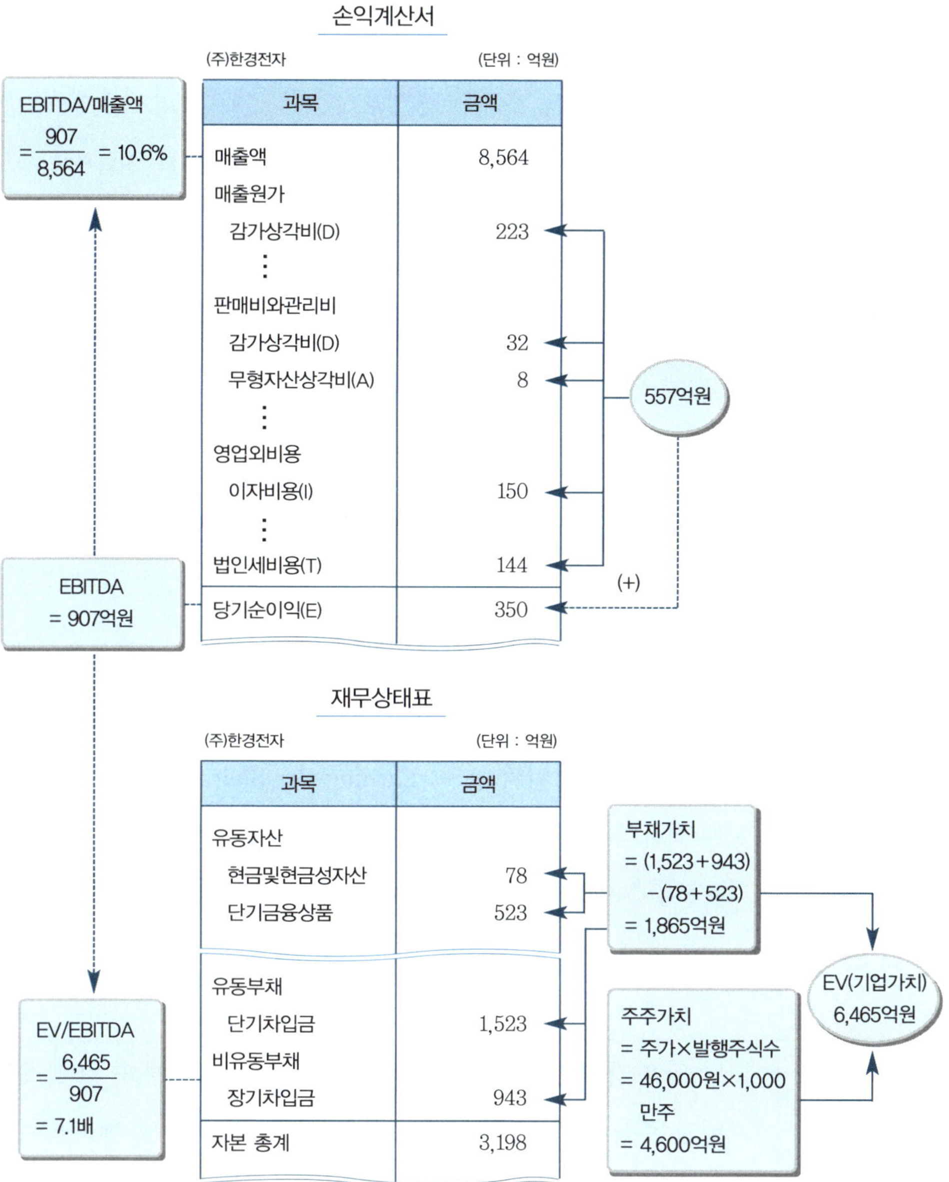
손익계산서
(주)한경전자
(단위 : 억원)
과목
금액
EBITDA/매출액
= 907 / 8,564 = 10.6%
매출액
8,564
매출원가
감가상각비(D)
223
판매비와관리비
감가상각비(D)
32
무형자산상각비(A)
8
557억원
영업외비용
이자비용(I)
150
EBITDA
= 907억원
법인세비용(T)
144
(+)
당기순이익(E)
350

재무상태표
(주)한경전자
(단위 : 억원)
과목
금액
유동자산
현금및현금성자산
78
단기금융상품
523
부채가치
= (1,523+943)
－(78+523)
= 1,865억원
EV(기업가치)
6,465억원
유동부채
단기차입금
1,523
비유동부채
장기차입금
943
주주가치
= 주가×발행주식수
= 46,000원×1,000
만주
= 4,600억원
자본 총계
3,198
EV/EBITDA
= 6,465 / 907
= 7.1배

PER과 주당이익을 가지고 적정주가를 따지는 방법은 없나요

52

증권회사 객장에서 어떤 종목을 살까 고민하던 명 대리에게 투자상담사가 (주)날개통신의 주식을 권하며 다음과 같이 말했다.
"(주)날개통신의 PER은 통신주의 평균 PER보다 현저하게 낮아 저평가되어 있기 때문에 앞으로 오를 가능성이 그만큼 높아 보입니다"
PER은 무엇을 의미하며 PER 수치를 이용해 앞으로의 주가를 어떻게 예측할까?

우선주

보통주에 비해 우선적인 권리가 부여된 주식을 말하며 우선적인 권리의 내용에 따라 이익배당우선주, 상환우선주, 잔여재산분배우선주 등이 있다. 우선주는 우선권이 부여된 대신 의결권이 없다.

회사가 당기에 벌어들인 순이익의 전부를 보통주주들에게 나눠준다고 가정했을 때, 보통주 1주당 얼마나 돌아가는지를 나타낸 것을 주당이익(EPS : Earning Per Share)이라고 한다. 이는 회사의 당기순이익을 발행된 보통주식수로 나눠 계산하는데, 보통주주만을 대상으로 계산하는 것이므로 당기순이익에서 우선주에 대한 배당금을 차감해야 한다.

따라서 주주의 입장에서는 회사의 총당기순이익보다는 1주당 귀속 가능한 순이익이 더 의미 있는 수치라고 할 수 있다. 발행된 주식이 많으면 아무리 순이익이 많아도 1주당 배분될 수 있는 순이익은 그리 많지 않을 것이며, 순이익이 적더라도 발행 주식수가 많지 않다면 1주당 배분될 수 있는 순이익은 그만큼 많을 것이기 때문이다. 즉, 주당이익은 회사의 주식발행 규모(자본금)와 관련해 회사의 수익성을 평가한 것으로서 규모가 서로 다른 회사의 수익력을 비교할 때 사용된다. 그러므로 주당이익이 높은 회사의 주가가 더 비싸야 하는 것은 당연하며, 회사의 주당이익은 수익성을 중시하는 투자자에게 매우 중요한 정보이므로 손익계산서에는 반드시 주당이익을 표시하게 되어 있다.

회사의 상대적인 수익력을 나타내는 주당이익과 현재의 주가를 비교해보면 주가가 수익력에 비해 고평가 또는 저평가되었는지를 알 수 있는데, 회사의 현재 주가와 주당이익의 비율을 주가수익비율(PER : Price Earning Ratio)이라고 한다. 주가수익비율은 회사의 현재 주가를 주당이익으로 나눈 것으로 주당이익(수익력)의 크기에 비해 회사의 현재 주가가 얼마나 고평가 또는 저평가되었는지 보여준다.

주가수익비율이 상대적으로 낮다면 회사의 수익력에 비해 주가가 저평가되어 있거나 현재의 주가수준에 비해 회사의 수익력이 더 높음을 나타낸다. 반대로 주가수익비율이 상대적으로 높다면 회사의 수익력에 비해 주가가 고평가되어 있거나 현재의 주가수준에 비해 회사의 수익성이 더 낮음을 암시한다.

PER은 주가를 주당이익으로 나눈 것이므로 PER의 역수

KeyWord_
주당이익(EPS), 우선주, 주가수익
비율(PER)

(1/PER), 즉 주당이익/주가는 회사의 시장가치를 기준으로 한 자기자본이익률(ROE)과 같다. 예를 들어 PER이 10배라면 ROE는 10%(1/10)이지만 주가가 올라 PER이 20배가 되면 ROE는 5%(1/20)로 하락하게 되어 투자메리트를 상실하게 된다. 그러므로 적정 PER은 주주의 자기자본에 대한 기대수익률에 따라 다를 수밖에 없는데, 기대수익률(이는 주주가 판단하는 기업위험의 크기에 비례한다)이 10%라면 10배이지만, 15%라면 6.7배로 낮아진다.

한편 주당이익 계산시 적용할 순이익은 분기별·반기별 순이익보다는 최근 12개월의 평균주당이익을 이용하는 것이 더 정확한데, 가장 바람직한 것은 다음 기의 예상순이익을 가지고 주당이익을 계산하는 것이다. 왜냐하면 주가는 미래에 예상되는 이익이 미리 반영되어 결정되기 때문이다.

이때 비경상적이고 비반복적인 성격의 손익항목은 제외해야 주가수익비율의 유용성을 높일 수 있으며, 주당이익과 주가수익비율의 관계를 통해 회사의 적정주가는 다음과 같이 계산될 수 있다.

- 주가수익비율(PER) = 주가(Price) ÷ 주당이익(EPS)
- 적정주가 = 주당이익(EPS) × 시장평균 주가수익비율(PER)

(주)한경전자의 경우 주당이익은 3,500원이므로 현재의 주가를 46,000원으로 가정할 경우 주가수익비율은 13배로 계산된다. 전자부품제조업체의 시장평균 주가수익비율을 16배라고

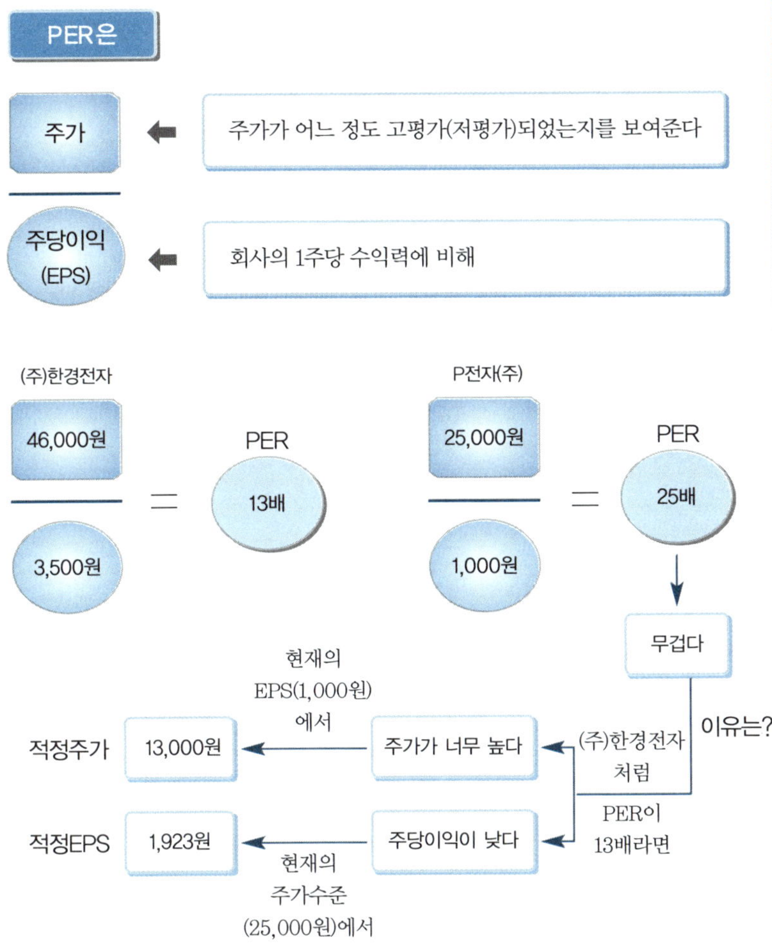

가정하면 (주)한경전자의 적정주가는 56,000원(3,500원×16배)으로 추정된다. 따라서 현재의 주가 46,000원은 수익력에 비해 다소 저평가된 셈이라고 할 수 있다.

PER이 높은데도 계속해서 주가가 오르는 이유는 무엇 때문인가요

53

PER을 통해 적정한 주가수준이 어느 정도인지를 알 수 있다는 말을 들은 명 대리는 자신이 투자대상으로 생각하던 몇몇 회사의 PER을 직접 계산해 봤다. 그런데 PER이 낮은 회사의 주가가 올라야 하는데도 PER이 높은 회사의 주가가 계속 오르는 이상한 현상을 발견했다. 왜 그럴까?

이론상으로는 PER이 낮은 회사의 주가가 앞으로 상승할 가능성이 높다. 그러나 PER을 계산할 때 적용한 주당이익은 손익계산서상의 이익으로서 이미 지나간 과거 회계년도의 이익 수치라는 점이 문제이다.

주가는 기업의 미래 수익성을 미리 반영해 결정된다. 왜냐하면 기업가치란 미래에 기대되는 이익이나 현금흐름을 현재가치로 할인한 것과 같기 때문이다. 예를 들어 현재 주가가 300,000원인 어떤 회사의 당기순이익을 토대로 계산한 주당이익이 10,000원이라면 현재의 PER은 30배로서 매우 높은 편이다.

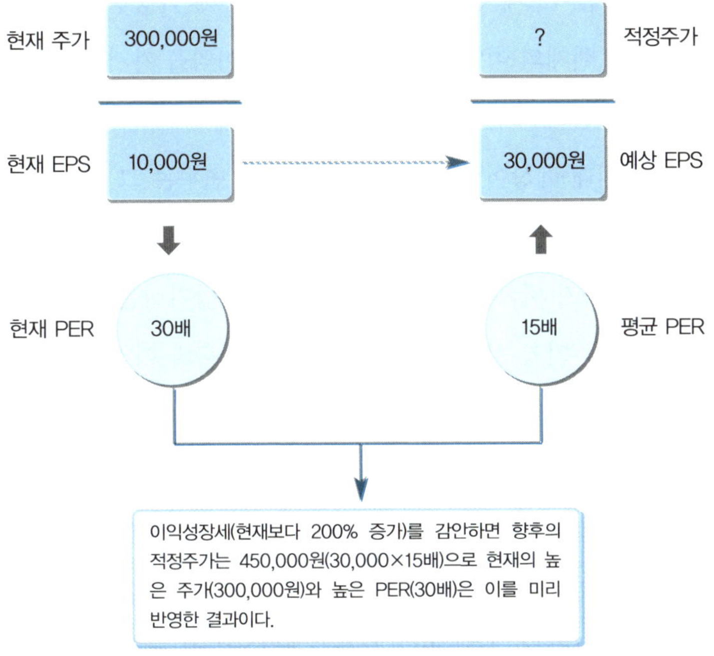

그러나 내년도에는 순이익이 올해보다 3배가 늘어나 주당 30,000원으로 전망된다면 예상순이익에 따른 예상 PER은 10배로 떨어진다. 즉, 현재의 이익을 토대로 한 PER은 높지만 미래의 예상이익을 기준으로 계산한 PER은 높지 않은 셈이다.

만약 시장평균 PER이 15배라면 비록 현재의 PER은 30배로서 주가가 비싼 편이지만, 예상이익의 증가에 따라 시장평균 PER에 근접하기 위해서는 주가가 450,000원(30,000원×15배)

이 돼야 한다. 즉, 주가가 지금보다 50%는 더 올라야 시장평균 주가수준에 이르게 된다. 따라서 PER을 통해 적정주가 여부를 따질 때는 현재의 이익보다는 미래의 예상이익을 가지고 계산하는 것이 일반적이다.

이때 미래 예상이익의 크기를 결정하는 변수는 그 회사의 성장성으로서 앞으로 성장이 기대되어 이익증가가 예상되면 비록 현재의 주가가 비싸더라도 향후 주당이익이 증가하는 것에 비례해 꾸준히 주가가 상승할 것이다. 그러나 매출과 이익이 정체상태에 있는 회사라면 단지 현재의 이익수치를 토대로 한 PER에 의해서만 주가가 형성될 것이다.

우리나라의 대표적인 통신업체인 KT와 기간산업체인 한국전력의 PER은 각각 7배와 12배 정도로 매우 낮은 편이다. 그런데 포탈검색업체인 네이버나 성장잠재력이 높은 (주)아모레퍼시픽의 PER은 20~40배 내외로서 매우 높은 편이다. 이를 두고 후자의 두 회사 주가가 무조건 고평가됐다고 단정할 수는 없다. 향후의 이익성장 가능성이 미리 주가에 반영된 것이기 때문이다. 결국 주가를 결정하는 주요변수는 현재의 수익성이 아니라 미래의 수익성(수익가치)이므로 PER을 가지고 주가의 적정성을 따질 때는 반드시 그 회사의 향후 성장성을 같이 짚어봐야 한다.

주식배당과 주식분할은 주당이익에 어떤 영향을 미치나요

투자상담사의 권유대로 (주)날개통신의 주식을 산 명 대리는 몇 개월 뒤 (주) 날개통신으로부터 10%의 주식을 배당금으로 지급한다는 통지서를 받았다. 그리고 내년부터는 (주)날개통신의 주식 액면가액이 5,000원에서 500원으로 분할된다는 말을 들었다. 주식배당을 받거나 자신의 주식이 액면분할되면 장기적으로 좋을까, 나쁠까?

주주에 대한 배당은 현금으로 지급하는 것이 원칙이다. 그러나 배당금을 현금으로 지급하려면 회사가 충분한 현금을 보유하고 있어야 한다. 따라서 현금이 없거나 부족한 회사는 주식을 새로 발행해 주주들에게 나눠주는 방식으로 배당금을 지급하게 되는데, 이를 주식배당이라고 한다.

주식배당의 재원도 미처분이익잉여금이라는 점에서는 현금배당과 마찬가지다. 그러나 현금배당을 하면 현금이라는 기업자산이 실제 회사 밖으로 유출되지만, 주식배당은 기업자산이 전혀 유출되지 않고도 배당을 할 수 있다는 점에서 차이가 있다.

KeyWord_
주식배당, 자기금융 효과, 희석화, 주식분할

묶어진다는 뜻으로서 보통주식수가 늘어나거나 장래에 보통주로 전환이 가능한 전환사채 등이 발행되면 그에 따라 주당이익이 줄어드는 현상을 의미한다.

주식배당을 하고 나면 미처분이익잉여금이 감소하는 대신 회사의 자본금이 늘어난다. 어찌 보면 회사가 현금으로 배당을 했다가 배당지급액만큼 신주를 발행해 주주들에게 인수시키고 이를 다시 회수하는 것과 마찬가지다. 주식배당을 하면 일종의 자기금융 효과가 발생한다고 하는 것은 바로 이 때문이다.

주주로서는 배당으로 받은 주식만큼 재산가치가 늘어난 것이며 받은 주식을 처분해 현금화하면 현금으로 배당을 받은 것과 다를 바 없다. 그러나 주식배당은 이로 인해 발행주식수와 자본금이 늘어나므로 회사의 주당이익이 감소하게 된다.

예를 들어 현재 주당이익이 10,000원이고 발행주식이 100만 주인 회사가 10%의 주식배당을 실시했다면, 발행주식은 110만 주가 되고 순이익에 변동이 없다면 주당이익은 9,090원(100억 원÷110만주)으로 떨어진다. 따라서 주식배당은 주주에게 단기적으로는 좋은 일일지 모르지만 장기적으로는 주당이익을 희석화시키기 때문에 주가에는 좋지 않은 영향을 줄 수 있다.

이에 반해 주식분할은 흔히 말하는 액면분할로서 주식거래를 쉽게 하기 위해 액면가액을 쪼개는 것을 말한다. 액면을 분할하면 액면가액이 줄어드는 대신 그에 비례해 발행주식수가 증가하므로 전체 자본금에는 아무 변동이 없다. 예를 들어 자본금이 20억원인 회사가 주당 액면가액을 5,000원에서 500원으로 분할한다면, 액면가액이 1/10로 줄어드는 대신 발행주식수는 종전

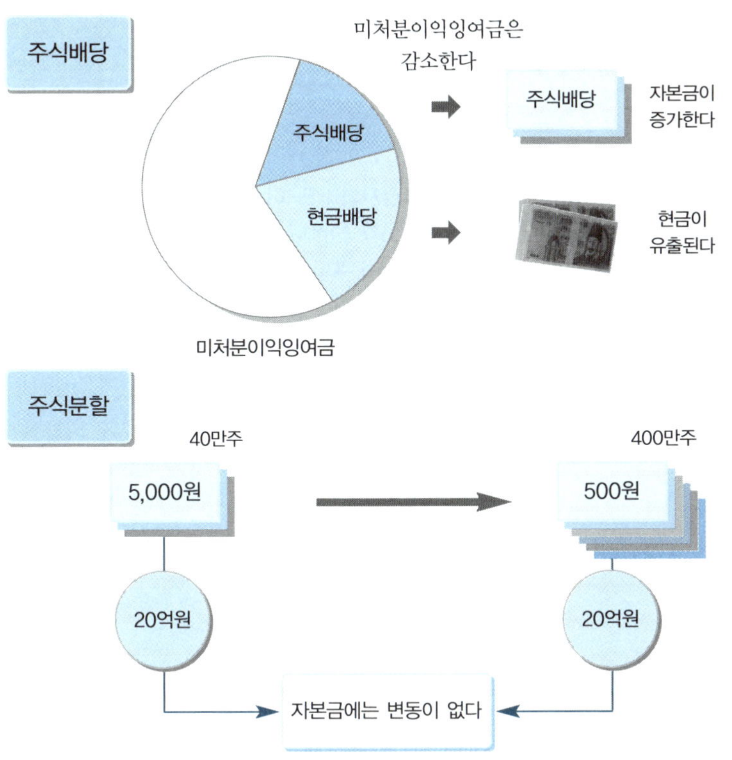

의 40만주에서 400만주로 10배 증가한다.

주식분할을 하는 경우에도 발행주식수가 증가하기 때문에 수치상으로는 주당이익이 감소한다. 그러나 이는 실제 발행주식이 늘어나서가 아니라 주식의 거래단위가 축소된 데 따른 현상으로서 주당수익성이 악화된 것은 아니므로 주식배당의 경우와는 다르다고 봐야 한다.

PBR이 낮은 회사가 좋은 이유는 무엇 때문인가요

55

PER의 개념을 이해하게 되자 (주)한경전자의 PER이 얼마나 되는지 궁금해진 명 대리는 팀장에게 다음과 같은 질문을 던졌다.
"주당이익이 3,500원이고 현재 주가가 46,000원이니까 우리 회사의 PER은 13배인 셈인데, 전자부품업종 평균 PER인 16배에 비하면 너무 낮은 것 같지 않으십니까?
그러자 팀장은 다음과 같이 반문한다. "PBR도 같이 따져봤어?"

회사의 주가는 PER과 같은 수익가치 외에 현재 보유하고 있는 자산가치에 의해서도 결정된다. PBR(Price Book-value Ratio : 주가순자산비율 또는 주가 대 장부가치비율)은 회사의 주가와 1주당 순자산가치(장부가치)를 비교한 것으로, 회사의 1주당 순자산가치(BPS : Book-value Per Share)는 자산총액에서 부채총액을 차감한 순자산금액, 즉 자기자본금액을 발행주식수로 나눠 계산한다. 따라서 PBR이 3배라면 현재의 주가가 1주당 순자산가치의 3배에 달한다는 의미이다.

만약, 어떤 회사의 주가순자산비율이 0.8배라면 회사가 청산을 해 회사 재산을 주주들에게 나눠준다고 하더라도 현재의 주식 시세보다 더 많은 회사재산을 분배받을 수 있다는 뜻이므로 주가 가 저평가되었다고 볼 수 있다. 일반적으로 주가순자산비율이 1 배를 초과하면 재무상태표상의 순자산(자기자본)에 비해 주가가 고평가되었음을 의미하며, 1배 미만이면 저평가된 것으로 본다.

그러나 현재의 장부상 순자산만을 토대로 기업가치를 평가하 는 것은 매우 위험하다는 점도 알아야 한다. 일반적으로 장래 높 은 성장성과 수익성이 기대되는 기업(업종)일수록 PBR이 높고, 매출이 정체되거나 수익성이 나쁠 것으로 예상되는 기업(업종) 은 PBR이 낮은 경향이 있다. 이런 경우 현재의 PBR이 높은 것 은 주가가 고평가되어서라기보다는 장래의 매출 및 순이익 증가 와 이를 통한 순자산가치의 증가가 미리 반영된 결과이다. 마찬 가지로 현재 PBR이 낮은 기업은 주가의 저평가요인보다는 장 래의 매출 및 순이익 감소효과가 미리 반영된 결과로 봐야 한다.

이처럼 PER이 회사의 현재 또는 미래의 수익가치와 비교한 상대적 주가수준을 나타내는 지표인 반면, PBR은 현재의 자산 가치와 비교해 상대적 주가수준을 측정한 지표라는 점에서 차이 가 있다. 아울러 PBR을 측정하고 이용하는 데는 다음과 같은 문제점이 발생할 수도 있음을 알아야 한다.

첫째, 순이익과 마찬가지로 장부가치도 회사마다 서로 다른 회계처리방법에 영향을 받는다. 따라서 만약 기업간에 적용하는

KeyWord_
주가순자산비율(PBR), 1주당 순자
산가치(BPS)

회계원칙이 다른 경우에는 PBR을 기업간 비교에 적용하기 곤란하다. 둘째, 서비스업종처럼 설비자산을 많이 보유하지 않는 경우에는 장부가치가 별 의미가 없다. 셋째, 만일 회사가 장기간에 걸쳐 적자가 발생해 자본이 잠식됐다면 자기자본의 장부가치는 0보다 작아지고 PBR도 마이너스가 되므로 그 의미가 없다.

(주)한경전자의 경우 자기자본총액 3,198억원을 발행주식수 1,000만주로 나누면 1주당 순자산가액은 31,980원이 된다. 따라서 주가순자산비율은 1.4배(46,000원÷31,980원)로서 순자산가치에 비해 주가가 다소 고평가됐다고 할 수 있다.

▶▶ PER(주가수익비율)와 PBR(주가순자산비율)

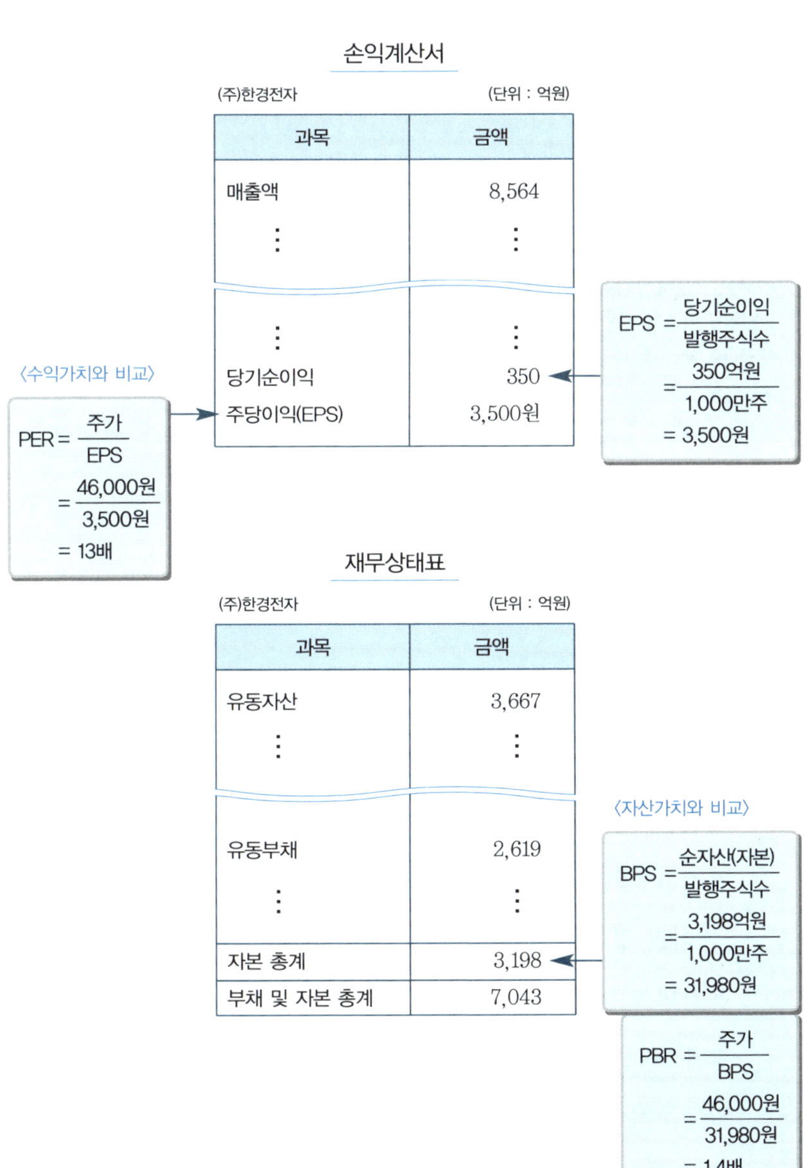

PSR을 가지고도 주가를 따져볼 수 있나요

유망한 벤처기업에 투자하기로 마음먹은 명 대리는 몇몇 회사를 선별해 PER을 계산해 봤다. 그런데 아직 사업 초기라 순이익이 나지 않아 그런지 PER을 계산할 수가 없었다. 이처럼 PER을 계산하기 어려운 경우에는 어떤 지표를 가지고 주가를 평가해야 할까?

PER이나 PBR 모두 회사의 수익가치 또는 자산가치와 비교해서 주가의 상대적 수준을 평가하는 데 유용한 지표임에는 틀림없다. 그러나 주당이익이나 주당순자산가치가 마이너스인 적자기업의 경우에는 그 의미가 전혀 없다.

이런 경우에는 PSR(Price Sales Ratio : 주가매출액비율)을 이용하면 되는데 PSR은 회사의 주가를 SPS(Sales Per Share : 주당매출액)로 나눠 계산한다. 예를 들어 매출액이 300억원이고 발행주식이 100만주인 회사의 주가가 45,000원이라면 SPS는 30,000원이고 PSR은 1.5배인 셈이다.

PSR은 주가가 주당매출액의 몇 배인지를 나타내는 수치로서 현재의 주가수준으로 본 매출액 성장여력의 기대치를 의미한다. 특히 현재의 수익성보다는 미래가치가 중요시되는 벤처기업의 평가에 유용하며, PER과 달리 미래 매출액의 성장치도 예측할 수 있다.

PSR은 그 적용이 매우 간단하기 때문에 벤처기업과 같이 사업초기에 이익이 나지 않아 PER을 측정하기가 어려운 기업 등 저평가된 비인기 종목을 발굴하기 위한 방법으로 사용된다. 특히 PER이나 PBR은 당기순이익이나 자기자본의 계산과정에서 회사마다 서로 다른 회계처리방법을 사용하는데 따른 차이가 발생하는 문제가 있지만, 매출액은 그런 문제가 생기지 않기 때문에 안정적 지표로서 PSR을 사용할 수 있다는 장점이 있다.

그러나 기업이 비용을 통제할 수 없는 경우에는 이 안정성이 오히려 단점이 될 수도 있다. 왜냐하면 비용을 제대로 관리하지 못하는 기업의 경우 순이익과 가치가 급감하는데도 매출액은 감소하지 않을 수 있기 때문이다. 따라서 순이익과 장부가치가 마이너스인 적자기업의 가치평가에 PSR을 이용할 수도 있지만, 기업간의 매출액순이익률의 차이를 조정하지 않으면 가치평가에 심각한 오류를 범할 수 있다는 점도 알아야 한다.

(주)한경전자의 경우 SPS는 85,640원(8,564억원÷1,000만주)이고 PSR은 0.54(46,000원÷85,640원)이다.

☑ 서로 다른 회계처리방법

회계기준에서는 재고자산의 평가나 유형자산의 감가상각 방법 등의 경우 여러 가지 다양한 방법을 정해 놓고 그중에서 회사가 하나의 방법을 선택해서 매년 동일한 방법을 사용하도록 하고 있다. 따라서 회사마다 적용하는 회계처리방법이 다를 수 있고, 그에 따라 이익차이도 발생한다.

KeyWord_
주가매출액비율(PSR), 주당매출액(SPS)

▶▶ PSR(주가매출액비율)

손익계산서

(주)한경전자 (단위 : 억원)

과목	금액
매출액	8,564
⋮	⋮
⋮	⋮
당기순이익	350
주당이익(EPS)	3,500원

〈매출액과 비교〉

$$SPS = \frac{매출액}{발행주식수}$$

$$= \frac{8,564억원}{1,000만주}$$

$$= 85,640원$$

$$PSR = \frac{주가}{SPS}$$

$$= \frac{46,000원}{85,640원}$$

$$= 0.54$$

재무상태표

(주)한경전자 (단위 : 억원)

과목	금액
유동자산	3,667
⋮	⋮
유동부채	2,619
⋮	⋮
자본금(1,000만주)	500
자본 총계	3,198
부채 및 자본 총계	7,043

자산가치와 수익가치 중 어느 것이 더 중요한가요

57

○○회사의 주식을 살까 말까 고민하던 명 대리는 투자상담사에게 ○○회사에 대한 전망을 물어봤다. 그러자 투자상담사는 "○○회사의 자산가치는 좋은데 수익가치가 좋지 않아 별로 권하고 싶지 않다"라는 말을 들었다. 회사의 자산가치와 수익가치는 어떻게 계산하며, 어느 것이 더 중요할까?

자산가치란 그 회사가 현재 보유하고 있는 순자산의 가치를 의미하는 것으로, 회사의 모든 자산총액에서 부채를 차감한 수치가 곧 자산가치이다. 이에 반해 수익가치란 회사가 앞으로 벌어들일 이익을 현재의 가치로 평가한 금액을 말하는데, 이렇게 보면 자산가치는 현재의 금액을 기준으로 계산되지만 수익가치는 미래이익을 토대로 계산된다는 점에서 차이가 있다.

현재의 자산가치를 가지고 주가의 높고 낮음을 따지는 것이 PBR(주가순자산비율)이고, 미래의 수익가치를 가지고 주가의 높고 낮음을 따지는 것이 PER(주가수익비율)로서 흔히 말하는 기

> **✓ 수익가치**
>
> 기업이 미래에 벌어들일 수 있는 이익을 현재 시점의 가치로 환원해 평가한 것을 말한다. 회사가 영업을 통해 매년 10억원을 벌 수 있다고 추정될 경우 이익환원율을 5%로 하면 기업가치는 200억원으로 평가된다. 이익환원율은 일반적으로 기업자금의 조달비용으로 한다. 왜냐하면 투자에 소요되는 자금조달비용만큼은 최소한 벌어야 하기 때문이다. 만약 자금조달비용이 10%로 비싸지면 기업가치는 100억원으로 떨어진다.

KeyWord_
자산가치, 수익가치

업의 내재가치 또는 본질가치란 자산가치와 수익가치를 평균하여 기업가치를 평가한 것을 말한다.

하지만 일반적으로 자산가치보다는 수익가치를 토대로 주가를 평가하며 실제 주식시장에서도 수익가치에 근거해 주가가 결정되는 경향이 강한데, 주식의 시장가치와 장부가치가 다를 수밖에 없는 이유도 여기에 있다. 삼성전자(주)의 2015년 말 현재 순자산가치는 136조원이지만 발행된 보통주식(142,969,337주)의 시가총액은 약 180조원(2015년 말의 주가 126만원을 기준으로 계산함)으로 상당한 차이가 있는데, 이는 주가를 산정할 때 주당순자산가치 외에도 미래의 수익력이 별도로 평가돼 더해졌기 때문이다.

그러나 자산가치가 월등히 높아 PBR이 1배에도 못 미친다면 순자산가치에 비해 주가가 저평가된 것이 사실이므로 이런 경우에는 자산가치도 보조적으로 감안해야 한다.

참고로 상속세및증여세법에서는 비상장주식을 평가할 때 자산가치와 수익가치를 2:3으로 가중평균한다. 예를 들어 어떤 회사의 자산가치가 주당 30,000원이고, 수익가치가 주당 50,000원이라면 주식평가액은 42,000원{(30,000×2)+(50,000×3)÷5}이 된다. 이때 주당수익가치는 과거 3년간의 주당이익을 평균한 다음 일정한 할인율(10%)로 할인해서 계산한다. 세법에서 이렇게 과거의 이익만으로 수익가치를 평가하는 것은 세금과세를 목적으로 하는 평가이므로 미래의 예상이익을 근거로 평가할 수

▶▶ 자산가치와 수익가치

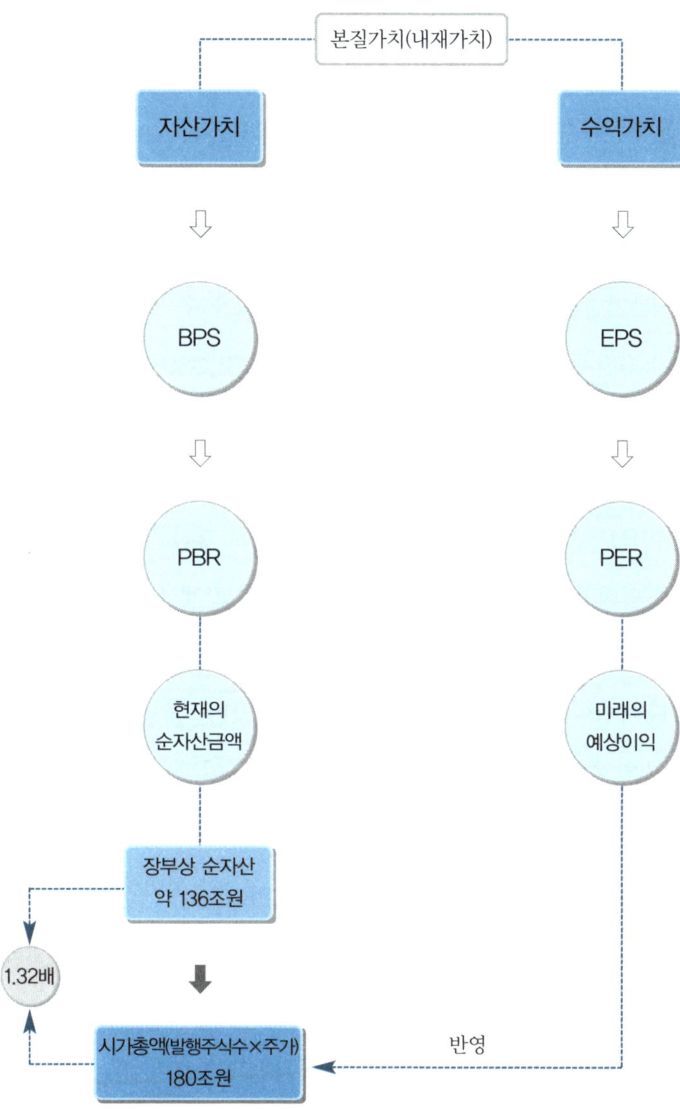
본질가치(내재가치)
자산가치
수익가치
BPS
EPS
PBR
PER
현재의 순자산금액
미래의 예상이익
장부상 순자산 약 136조원
1.32배
시가총액(발행주식수×주가) 180조원
반영

없기 때문이다.

　만약 (주)한경전자가 비상장법인이라면 세법상 기업가치는 다음과 같이 평가된다. 먼저 재무상태표의 순자산금액(자기자본)을 발행주식수로 나누면 주당순자산가치가 나온다. (주)한경전자의 자기자본은 3,198억원(세법상 순자산의 계산방법은 자산·부채의 평가기준(상속세및증여세법에 따른 시가평가를 원칙으로 함)이 재무회계기준과 다르기 때문에 다소 차이가 있을 수 있다)이므로 이를 1,000만주로 나누면 주당순자산가치는 31,980원으로 계산된다. 그리고 손익계산서에서 최근 3년간 주당이익(세법상 주당순손익의 계산방법은 법인세 신고서상의 각 사업년도 소득을 기초로 산정한 것이므로 손익계산서의 당기순이익을 기초로 계산한 주당이익과는 차이가 많지만, 여기서는 편의상 같다고 가정하고 계산하기로 한다)을 최근 연도부터 3, 2, 1의 가중치를 줘 평균하면 직전 3년간의 평균주당이익이 계산된다. (주)한경전자의 금년, 작년, 재작년 주당이익은 각각 3,500원, 2,500원, 2,700원이므로 이를 가중평균하면 3,033원{〈(3,500×3)+(2,500×2)+(2,700×1)〉÷6}이 나오며, 이를 10%로 할인하면 30,330원의 주당수익가치가 산출된다. 마지막으로 주당순자산가치 31,980원과 주당수익가치 30,330원을 2 : 3의 비율로 가중평균하면 주식가치는 30,990원{〈(31,980×2)+(30,330×3)〉÷5}으로 평가된다.

▶▶ 세법상 비상장주식의 평가방법

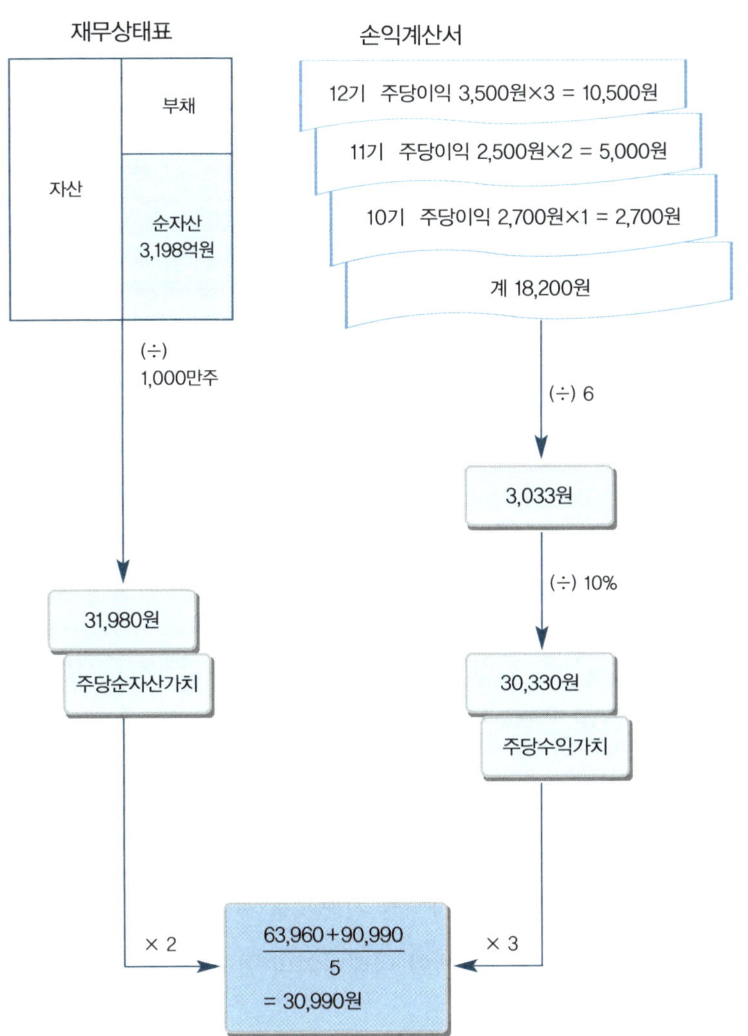

58

영업현금흐름으로 회사의 가치를 평가하는 방법은 무엇인가요?

명 대리의 거래처 사장인 기대만 씨는 투자할 상가건물을 알아보던 중 건물의 적정 평가액이 어느 정도인지를 잘 모르겠다고 명 대리에게 물어왔다. 상가건물은 30억원에 보증금 없이 매월 1,500만원 정도의 임대료가 나오고 있으며, 투자금액은 자기자금 15억원(은행에 두면 정기예금금리 6%의 이자수익이 예상됨)과 대출금 15억원(연 이자율 7%)이다. 답변이 어려웠던 명 대리는 바로 재무팀에 물어봤고 그 결과 다음과 같은 답변을 들었다. "자산가치는 그 자산에서 기대되는 미래 현금흐름을 현재가치로 할인한 것이니까, 매월 1,500만원이면 1년에 1억 8,000만원이고 이를 평균자본비용 6.5%로 할인하면 약 27억 7,000만원으로 평가됩니다." 기업가치도 이렇게 현금흐름을 가지고 평가할 수 있을까?

건물 같은 단일자산의 평가는 물론 기업가치를 평가할 때도 기업운영을 통해 미래에 유입될 현금흐름을 현재가치로 할인해서 기업가치를 따져볼 수 있다.

일반적으로 회사의 가치를 평가하는 방법에는 자산에서 부채를 차감한 현재의 순자산가치를 기준으로 계산하는 방법과 수익가치, 즉 앞으로 매년 발생할 미래이익의 현재가치에 의해 계산하는 방법이 있다.

회사의 본질적인 가치는 영업활동을 통해 미래에 유입될 현금흐름으로부터 나오는 것이라고 보고 미래에 기대되는 영업현금흐름을 일정한 할인율로 할인해 기업가치를 계산할 수 있는데, 이를 영업현금흐름할인법이라고 한다. 이때 할인율은 회사가 사용하고 있는 타인자본과 자기자본의 가중평균자본비용을 사용하는 것이 일반적이다.

$$\text{• 기업가치(value)} = \frac{\text{영업현금흐름 + 이자비용}}{\text{가중평균자본비용(\%)}}$$

예를 들어 평균자본비용이 10%인 어떤 기업이 매년 이자비용 20억원을 지불한 후 80억원의 영업현금흐름을 창출하고 있다면 계속기업을 전제로 했을 때 이 기업의 가치를 1,000억원((80억원 + 20억원)÷10%)으로 본다. 즉, 1,000억원을 투자해 기업을 운영하는 데 연간 10%인 100억원의 자본비용이 소요된다면 매년 영업을 통해 최소한 100억원의 현금흐름이 창출돼야 한다는 것이다.

이러한 가치평가기준에 따르면 영업현금흐름이 많을수록 그리고 자본비용이 낮을수록 기업가치는 극대화된다. 따라서 기업가치를 높이기 위해서는 자본비용을 최소화하고 조달된 자본으로 가급적 많은 영업현금흐름을 확보해나가는 것이 중요하다.

영업현금흐름을 개선시키기 위해서는 매출채권과 재고자산 및 선급금과 미수금같은 항목은 최대한 줄이고 매입채무와 선수금, 미지급금은 최대한 늘리는 방향으로 자산·부채를 관리해야 한다.

가중평균자본비용

타인자본(차입금)에 대한 자본비용과 자기자본에 대한 자본비용을 그 구성비율로 평균한, 회사 전체의 평균적인 자본비용을 말한다. 차입금과 자기자본이 각각 20%와 80%이고 각각의 자본비용이 6%(법인세율이 20%일 경우 세금효과를 감안하면 4.8%)와 10%라면 가중평균자본비용은 8.96%((0.2×0.048)+(0.8×0.1))로 계산된다.

KeyWord_
기업가치, 영업현금흐름할인법, 가중평균자본비용

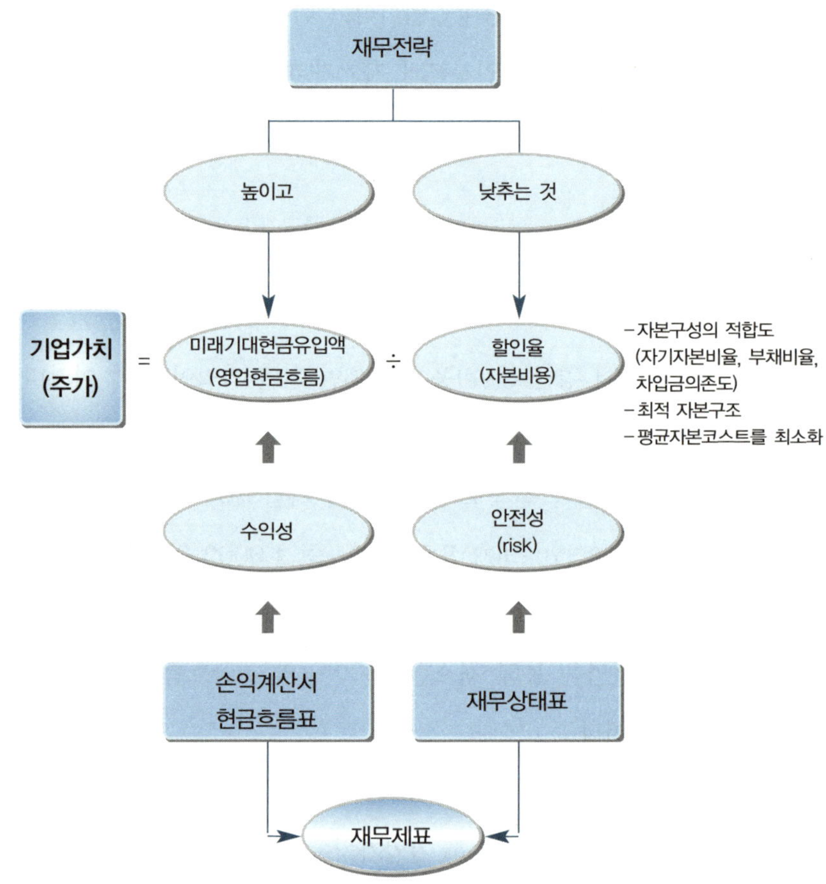

　(주)한경전자의 경우 연간 영업현금흐름은 256억원으로서 가중평균자본비용을 10%라고 가정하면 영업현금할인법에 따른 기업가치는 4,060억원((256억원 + 150억원)÷10%)으로 평가된다.

59

사업을 확장했던 명 대리의 삼촌 나 사장이 사업 확장 1주년을 맞이한 기념으로 명 대리와 점심식사를 했다.

"결산을 해보니까 영업이익이 1억원이더라구. 총자본이 15억원이고 이 가운데 내가 투자한 돈이 10억원이니까 자기자본영업이익률이 10%가 나오네. 이만하면 나도 우량기업의 사장이라고 할 수 있겠지?"

짐짓 흐뭇한 표정에 젖어 있는 나 사장을 바라보던 명 대리는 고개를 갸우뚱하며 말한다.

"삼촌! EVA를 계산해보셨어요? 제가 보기엔 경제적 부가가치가 별로 안 생긴 것 같은데요."

EVA(Economic Value Added : 경제적 부가가치)란 기업이 영업활동을 통해 한 회계기간 동안 얼마나 많은 부가가치를 창출했는지 따져보는 것으로, 법인세를 차감한 후의 영업이익(NOPLAT)에서 기업활동에 사용된 총자본(타인자본과 자기자본 모두 포함된다)에 대한 자본비용을 모두 차감한 금액을 말한다.

회계상의 이익은 회사의 자본사용에 대한 코스트가 제대로 반영되지 않는다는 문제점이 있다. 가령 차입금처럼 명시적인 자본비용이 발생하는 타인자본은 손익계산서상 이익을 계산하는 과정에서 이자비용이 영업외비용으로 차감되지만 자기자본

KeyWord_
경제적 부가가치(EVA), 기회비용,
자기자본비용, 투하자본수익률

처럼 명시적인 자본비용이 발생하지 않거나 주주에 대한 배당금처럼 이익 분배의 성격이 강한 항목은 손익계산서에 전혀 비용으로 반영되지 않는다.

그러나 자기자본을 사용하는 데도 분명 기회비용으로서의 자본비용은 발생하며, 이를 감안할 경우 순이익은 더 줄어들어야 한다. 다시 말해 회계상 순이익은 실제보다 과대평가된 면이 있다.

예를 들어 자기자본 20억원이 투자된 사업체의 1년 순이익이 1억원이라면 사업을 계속할 사업주가 있을까? 회계적으로는 자기자본이익률이 5%로 계산되지만, 자기자본 사용에 대한 비용을 정기예금 이자율에 위험에 대한 보상(프리미엄)을 더해서 10%라고 쳐도 순이익에서 20억원의 자금사용에 대한 원가 2억원을 차감하면 결국 벌어들인 돈이 하나도 없다는 결론이 나온다. 즉, 기업이 아무리 많은 매출과 이익을 달성했다고 하더라도 자기자본에 대한 기회비용을 회수하지 못했다면 부가가치의 창출은 물론이고 기업으로서의 존재의미도 없다고 봐야 한다.

이처럼 기업은 단순한 회계상의 이익이 아니라 투자자(채권자와 주주)들이 제공한 모든 자본(타인자본 + 자기자본)에 대한 자본비용 이상의 이익을 달성했을 때 비로소 그 가치의 창출이 이루어졌다고 보고 이를 기준으로 회계기간 동안 늘어난 기업의 가치를 평가한 것이 EVA다.

EVA를 측정하는 방법에는 영업이익, 법인세차감전순이익,

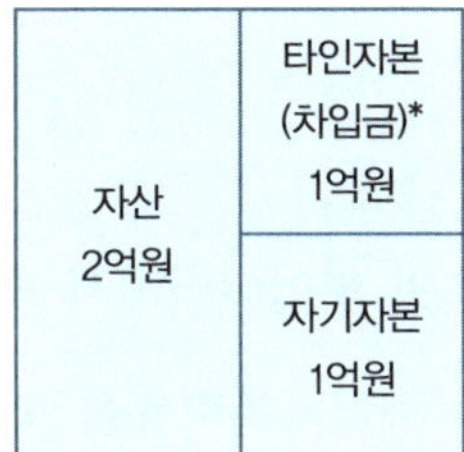

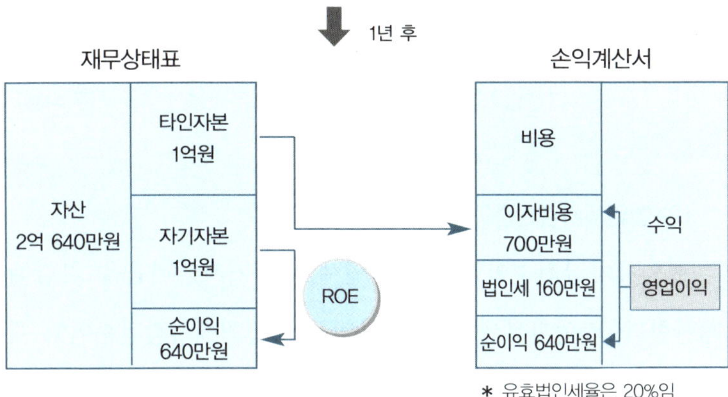

ROE(자기자본이익률)

$$= \frac{\text{순이익}}{\text{평균자기자본}} = \frac{640만원}{1억\ 320만원} = 6.2\%$$

▶ 그러나 자기자본 1억원에 대한 기회비용(10%로 가정)을 감안하면 결과는 달라진다.

EVA(경제적 부가가치)

= 영업이익 1,500만원 − 법인세 300만원 − (타인자본비용 560만원 + 자기자본비용 1,000만원)

= △360만원

▶ 타인자본비용 = 700만원 × (1−법인세율(0.2))

▶ 자기자본비용(10%) = 무위험자산수익률(6%) + 리스크 프리미엄(Risk Premium)

영업현금흐름 등 여러 가지 기준으로 하는 방법이 있는데 각 기준별 계산법은 다음과 같다.

(1) 영업이익 기준법

법인세를 차감한 후의 영업이익에서 타인자본비용(법인세 감세효과를 차감해야 함)과 자기자본비용을 모두 차감해 계산한다.

> • EVA = 세후영업이익(NOPLAT) − 자본비용
> = (영업이익 − 법인세) − (타인자본비용 + 자기자본비용)

(2) 법인세차감전순이익 기준법

법인세차감전순이익에서 법인세와 자기자본비용을 차감해 계산한다. 타인자본에 대한 이자비용은 법인세차감전순이익 계산과정에서 이미 차감되었으므로 여기서는 자기자본비용만 차감하면 된다.

> • EVA = 법인세차감전순이익 − 법인세 − 자기자본비용

(3) 영업현금흐름 기준법

영업활동으로 인한 현금흐름에서 감가상각비와 자기자본비용을 차감해 계산한다. 감가상각비는 현금흐름액을 계산하는 과정

▶▶ (주)한경전자의 EVA – 자기자본의 시가총액 기준

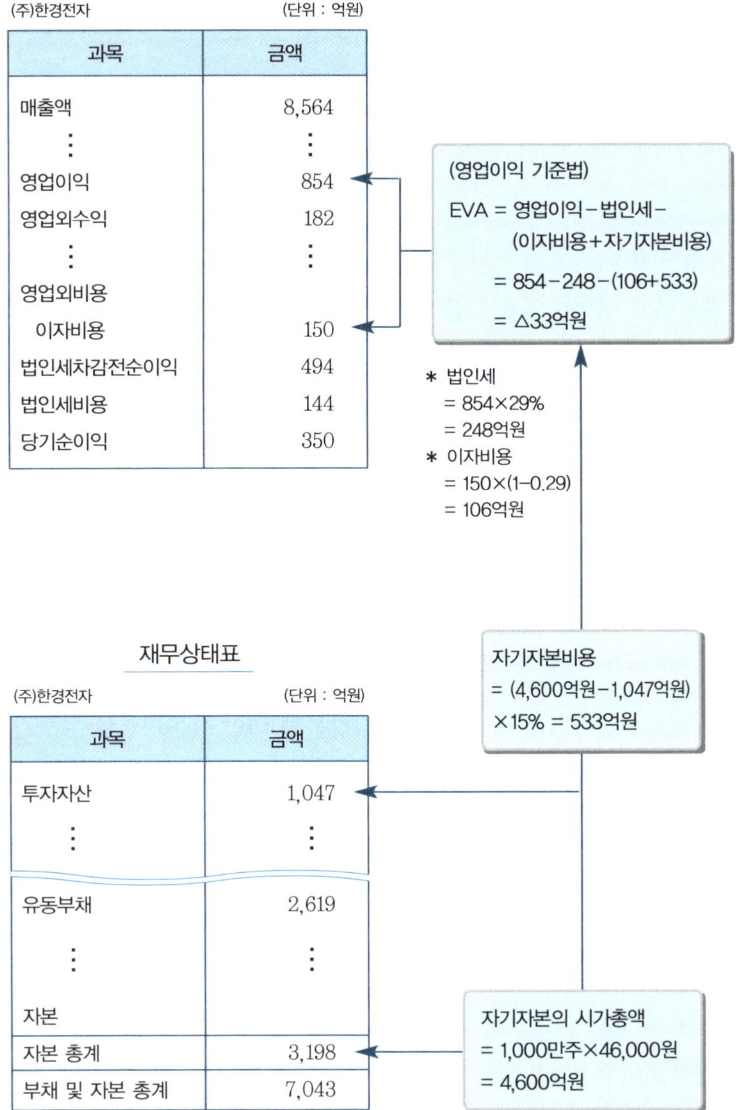

에서 당기순이익에 가산되었지만 이를 다시 차감하고, 영업현금
흐름은 당기순이익을 기초로 계산된 것으로서 이자비용이 이미
차감된 것이므로 이 경우에도 자기자본비용만 차감하면 된다.

- EVA = 영업현금흐름 − 감가상각비 − 자기자본비용

(주)한경전자의 자기자본 시가총액에 대한 기회비용을 15%로
가정하고 영업이익을 기준으로 EVA를 계산해보자. 영업이익 854
억원에서 영업이익에 대한 법인세 248억원과 법인세 감세효과 차
감 후 이자비용 106억원(손익계산서의 이자비용 150억원×(1−0.29))
및 자기자본비용 533억원(3,553억원(발행주식 1,000만주의 시가총액
4,600억원 − 비영업자산 1,047억원)×15%)을 모두 차감하면 △33억
원으로 계산된다. 이는 영업이익에서 법인세와 기업활동에 사용한
모든 자본비용을 차감하고 나면 당기 중에 33억원만큼 기업가치가
감소했다는 의미이다. 그러나 자기자본에 대한 자본비용을 장부가
액(투하자본에서 차입금을 차감한 것) 기준으로 계산하면 EVA는 177
억원으로 계산된다.

일반적으로 자기자본비용을 계산할 때 비상장기업은 장부가
액을 기준으로 하지만 상장기업은 자기자본의 시가, 즉 발행주
식의 시가총액을 기준으로 한다. 왜냐하면 자기자본의 자본비용
은 기회비용을 따지는 것이므로 자기자본의 시가를 기준으로 계

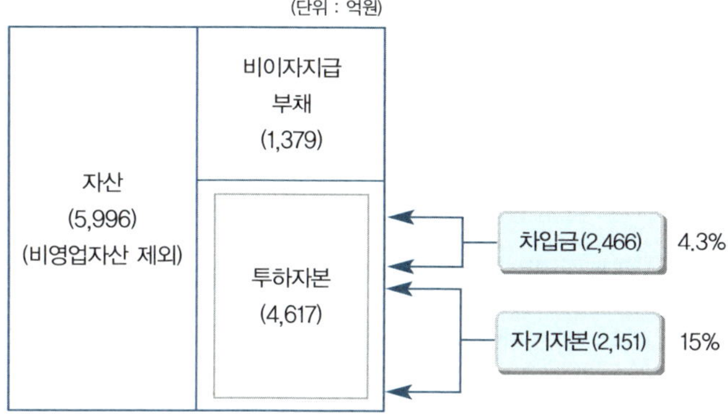

＊ 자기자본(2,151) = 4,617억원 − 2,466억원

EVA = 세후영업이익(NOPLAT) − 자본비용

= 606억 − (2,466억×4.3%) − (2,151억×15%)
= 177억원

＊ 타인자본비용(4.3%) = 6%(차입금리) × (1 − 0.29(유효법인세율))

EVA = (투하자본수익률(ROIC) − 가중평균자본비용(WACC)) × 투하자본(IC)

= (13.1% − 9.26%) × 4,617억
= 177억원

＊ 가중평균자본비용(WACC) 9.26%의 계산근거는 283쪽 참조

산하는 것이 더 합리적이기 때문이다. (주)한경전자의 경우 세후
영업이익(NOPLAT) 606억원에서 이자비용(106억원(이자비용은

150억원이지만 유효법인세율 29%를 곱한 44억원의 감세효과를 감안하면 실제현금유출 이자비용은 106억원임))과 차입금을 제외한 투하자본 2,151억원(4,617억원-2,466억원)에 대한 기회비용 15%(323억원)를 모두 차감하면 EVA는 177억원으로 산출된다. 또는 투하자본수익률(ROIC)과 가중평균자본비용(WACC)의 차이를 가지고도 EVA를 산정할 수 있다. 양자의 차이 3.84%(13.1%-9.26%)에 투하자본금액(4,617억원)을 곱하면 같은 금액의 EVA가 산출된다. 이는 영업에 투하된 자본을 가지고 영업활동을 통해 얻은 이익이 모든 자본의 조달비용을 지불하고도 177억원이 남았음을 의미한다.

투하자본수익률(ROIC)이 가중평균자본비용(WACC)보다 높아야 경제적으로 부가가치가 창출되는 것이므로 EVA를 높이기 위해서는 최대한 투하자본을 적게 보유하거나 세후영업이익(NOPLAT)을 높여야 한다. 결국 '적은 자본으로 많은 이익을 올려야 한다' 는 원칙이 여기에도 적용되는 것이다.

일반적으로 EVA가 플러스이면 가치 있는 사업으로 판단되는데 기존사업 및 신규사업에 대한 사업성 검토와 투자 여부 결정 등 사업구조조정 의사결정을 할 때도 EVA가 사용된다. 이 외에도 사업부별로 성과를 평가해 이를 토대로 인센티브를 지급하는 성과배분시스템(PS : Profit Sharing)을 시행할 때도 EVA 지표가 사용된다.

자본비용은 어떻게 계산하나요

명 대리로부터 EVA에 관해 자세한 설명을 들은 나 사장은 고개를 끄덕이며 말한다.

"흠, 영업이익에서 차입금이자뿐만 아니라 자기자금에 대한 기회비용도 차감해야 한다는 말인데 그건 맞는 말이야. 비록 빌린 돈이 아니라 이자비용은 없지만 다른 데 투자하지 못함으로써 발생한 기회비용은 분명히 있는 셈이지. 그런데 자기자본비용은 실제적으로 발생하는 비용이 아닌데 어떻게 계산하지?"

기업이 채권자 및 주주의 자금을 사용하는 대가로 지불해야 하는, 자금사용에 대한 원가를 자본코스트 또는 자본비용(Cost of Capital)이라고 한다. 기업이 자본비용을 낮추면 그만큼 수익성 있는 사업(투자)을 수행할 수 있다는 의미이므로 자본비용의 최소화는 기업가치의 극대화로 연결된다.

EVA를 창출하기 위해서는 자본비용이 낮을수록 좋으며, 영업현금흐름을 할인해 기업가치를 평가할 때 역시 자본비용이 낮을수록 기업가치가 높게 평가된다. 즉, 자본비용의 최소화는 기업가치의 극대화라는 경영의 목표와도 일치한다. 또한 자본비용

KeyWord_
가중평균자본비용(WACC),
자기(타인)자본비용

은 기업이 자금을 사용하는 데 따르는 최소한의 수익률을 의미
하므로 이는 개별 투자안의 사업성(투자가치)을 분석할 때 기준
이 되는 할인율(cut-off rate)의 기능도 갖는다.

예를 들어 신규사업에 투자되는 자금의 자본비용이 8%라면
신규사업에서 최소한 8%의 수익률을 얻어야 할 것이므로 신규
사업에서 기대되는 미래 현금흐름을 현재가치로 할인할 때는
8%로 할인해 평가해야 한다.

자본비용은 기업이 사용하는 자본이 타인자본이냐 자기자본이
냐에 따라 달라진다. 먼저 타인자본에 대한 자본비용은 차입금에
대한 이자비용으로 측정된다. 단, 이자비용은 법인세법상 회사의
손금으로 인정되므로 이에 대해서는 법인세 감세효과가 발생한다.
따라서 세금효과를 감안하면 실제 타인자본비용은 차입이자율에
'1 − 법인세율(법인세에 대한 지방소득세 포함)'을 곱한 것과 같다.

이에 비해 자기자본비용은 명시적으로 발생하는 비용이 아니
므로 계산이 간단하지 않은데, 일반적으로 무위험자산수익률에
적절한 위험프리미엄(Risk Premium)을 가산해 결정한다. 자기
자본을 사용하는 데 주주들이 요구하는 최소한의 수익률을 위험
이 전혀 없는 자산(예를 들면 국채나 공채)에 투자했을 때 얻을 수
있는 수익률로 보고, 여기에 적절한 위험보상률을 가산한 것을
자기자본비용으로 보는 것이다.

현재 우리나라 우량기업에서 사업부별로 실적을 평가하거나

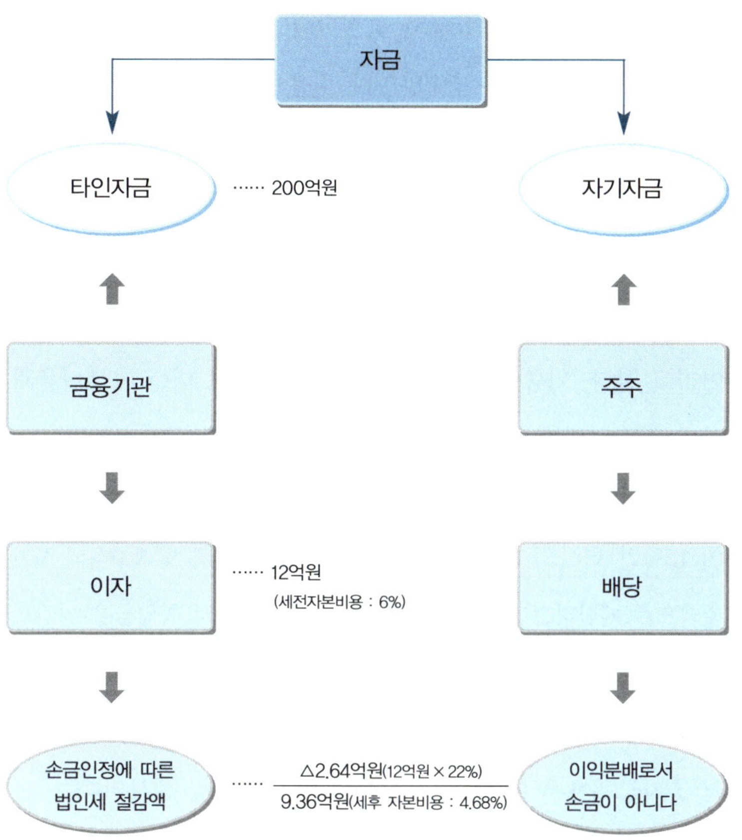

법인세 감세효과를 고려한 타인자본비용

$$= \frac{\text{이자비용} \times (1 - \text{법인세율})}{\text{차입금}} = \frac{12\text{억원} \times (1 - 0.22)}{200\text{억원}} = \frac{9.36\text{억원}}{200\text{억원}}$$

$$= 4.68\%$$

성과상여금을 지급하기 위한 목적으로 EVA를 산정할 때 자기자본비용을 보통 10~15%로 설정한다. 즉, 사업부별로 제공된 주주자금에 대해 10~15%의 자본비용이 있다고 보고 그 이상 영업이익이 달성되어야 경제적으로 부가가치의 창출이 달성된 것으로 보는 셈이다.

이렇게 계산된 원천별 자본비용을 그 구성비율로 곱한 것을 가중평균자본비용(WACC : Weighted Average Cost of Capital)이라고 한다. 가중평균자본비용은 타인자본에 대한 자본비용과 자기자본에 대한 자본비용을 그 구성비율로 평균한 것이다. 예를 들어 차입금에 대한 이자비용이 세후 6%이고 자기자본비용이 15%인 회사의 차입금과 자기자본(상장기업은 발행주식의 시가총액으로 계산하고 비상장기업은 투하자본(IC)에서 차입금을 차감한 자기자본으로 계산한다)이 각각 200억원과 600억원이라면 가중평균자본비용은 12.75%((6%×25%)+(15%×75%))가 된다. 따라서 총자본비용은 102억원(800억원×12.75%)으로 계산된다.

(주)한경전자의 경우 장·단기차입금은 모두 2,466억원이고 이에 대해 모두 150억원의 이자비용이 발생했으므로 차입금리는 평균 6%(기초와 기말의 평균차입금은 2,452억원이므로 이를 기초로 정확히 계산하면 6.1%임)이며, 법인세유효세율 29%를 감안해 실질타인자본비용을 계산하면 4.3%(6%×(1-0.29))이다. 한편 자기자본총액은 장부상으로는 3,198억원이지만 시가총액은

▶▶ 가중평균자본비용(WACC)

자기자본을 발행주식의 시가로 하는 경우

$$\text{WACC} = \left\{ \text{차입금이자율} \times (1 - \text{법인세율}) \times \frac{\text{차입금}}{\text{차입금} + \text{시가총액}} \right\}$$

$$+ \left\{ \text{자기자본 기대수익률} \times \frac{\text{시가총액}}{\text{차입금} + \text{시가총액}} \right\}$$

$$\Rightarrow \text{WACC} = \left\{ 6\% \times (1 - 0.29) \times \frac{2{,}466억}{2{,}466억 + 3{,}553억} \right\}$$

$$+ \left\{ 15\% \times \frac{3{,}553억}{2{,}466억 + 3{,}553억} \right\} = 10.6\%$$

자기자본을 투하자본으로 하는 경우

$$\text{WACC} = \left\{ \text{차입금이자율} \times (1 - \text{법인세율}) \times \frac{\text{차입금}}{\text{투하자본}} \right\}$$

$$+ \left\{ \text{자기자본 기대수익률} \times \frac{\text{투하자본} - \text{차입금}}{\text{투하자본}} \right\}$$

$$\Rightarrow \text{WACC} = \left\{ 6\% \times (1 - 0.29) \times \frac{2{,}466억}{4{,}617억} \right\} + \left\{ 15\% \times \frac{4{,}617억 - 2{,}466억}{4{,}617억} \right\}$$

$$= 9.26\%$$

4,600억원이므로 차입금 2,466억원과 자기자본 4,600억원 중 영업에 투하된 자본 3,553억원을 더한 총투하자본은 6,019억원 (차입금 2,466억원 + 자기자본 4,600억원 − 비영업자산 1,047억원)이고, 그중 차입금이 41%, 자기자본이 59%이다. 따라서 자기자본의 자본비용을 15%로 가정하고 가중평균자본비용을 계산하면 10.6%((4.3%×41%)+(15%×59%))로 계산된다.

EVA(자기자본의 시가총액기준)

(투하자본수익률 − 가중평균자본비용) × 투하자본
= (10%* − 10.6%) × 6,019억원
= △33억원

* 투하자본수익률(10%)
= NOPLAT ÷ IC
$= \frac{606억원}{(1{,}523+943+4{,}600-1{,}047)억원}$
= 10%

EVA(투하자본기준)

(13.1% − 9.26%) × 4,617억원
= 177억원

- 투하자본수익률과 투하자본 계산법은 227쪽 참조

▶▶ (주)한경전자의 가중평균자본비용(WACC)

손익계산서

(주)한경전자 (단위 : 억원)

과목	금액
매출액	8,564
⋮	
판매비와관리비	1,518
영업이익	854
영업외수익	182
⋮	
영업외비용	542
이자비용	150
당기순이익	350

타인자본비용
$= \frac{이자비용 \times (1-법인세율)}{차입금}$
$= \frac{150 \times (1-0.29)}{(1{,}523+943)}$
= 4.3%

재무상태표

(주)한경전자 (단위 : 억원)

과목	금액
투자자산	1,047
유동부채	
단기차입금	1,523
비유동부채	
장기차입금	943
자본 총계	3,198
	4,600

41%

59%

자기자본비용
= (시가총액−비영업자산)×15%
= (4,600억원−1,047억원)×15%
= 533억원

가중평균자본비용(WACC)
= (타인자본비용×구성비율) + (자기자본비용×구성비율)
= (4.3%×41%) + (15%×59%)
= 10.6%

	항목	(주)한경전자
주당가치지표	주당이익(EPS)	3,500원
	주당 EBITDA	9,070원
	주당현금흐름(CFPS)	2,560원
	주당순자산(BPS)	31,980원
	주당매출액(SPS)	85,640원
	주당배당금(DPS)	500원
주가관련지표	주가수익비율(PER)	13배
	주가순자산비율(PBR)	1.4배
	주가매출액비율(PSR)	0.54배
	주가현금흐름비율(PCR)	18배
기업가치지표	EV/매출액	10.6%
	EV/EBITDA	7.1배
	EV/EBITDAP	6.4배[주]
	잉여현금흐름(FCF) : 영업현금흐름기준	253억원
	잉여현금흐름(FCF) : 세후영업이익기준	569억원
	세후영업이익(NOPLAT)	606억원
	투하자본(IC)	4,617억원
	투하자본수익률(ROIC)	13.1%
	가중평균자본비용(WACC)	9.26%
	경제적 부가가치(EVA) : 시가총액기준	△33억원
	경제적 부가가치(EVA) : 장부가기준	177억원

주) EBITDAP = EBITDA(907억) + 퇴직급여충당부채전입액(제조원가 28억 + 판매관리비 76억)
        + 대손상각비(0.5억)
        = 1,011.5억
  EV / EBITDAP = 6,465억 ÷ 1,011.5억 = 6.4배

4부_ 기업위험 평가법

11장_ 손익구조 분석법

:: 얼마나 팔아야 가까스로 본전일까?

중소기업들이 도산하는 주된 이유

삼일스테인레스의 윤 사장은 창업 2년 만에 심각한 자금난에 부딪쳤다. 회계용어로 풀이하면 고정자산 과다투자에 판매대금의 회수부진으로 부도직전에 몰리게 된 것이다. 스테인레스강관을 재고로 쌓아두면 강관 원료값이 올라 저절로 장사가 된다는 생각에서 재고를 총자산의 40%선까지 올려 놓았다. 이에 비해 납품한 대금은 거의 어음으로 받았다. 외상매출금의 비중이 너무 높은 데다 받을어음의 지급이 계속 지연되자 견뎌내기 힘들게 되었다. 3개월을 더 버티다 재고강관을 모두 차압당하는 지경에 이르고 말았다. 우리나라 중소기업으로서 재고자산의 비중이 총자산의 20%를 넘어서는 것은 바람직하지 않은 것으로 본다. 총자산 중 어음 및 외상매출금 등 매출채권이 20%를 넘어서는 것도 위험신호이다.

최근 경영흑자를 내고도 부도나는 회사가 많은 이유는 현금유동성을 확보하지 못했기 때문으로 분석됐다. 이에 따라 주식투자자들은 기업의 재무제표에 나온 수익성보다는 현금자산이 얼마나 있느냐에 관심을 두어야 할 것이라는 지적이다. 대우경제연구소의 〈현금흐름표에 의한 부실기업선별〉이라는 자료에 따르면 51개사 중 90.2%에 해당하는 46개사가 부도 직전년도의 현금유동성이 전년보다 줄어 들었다고 밝혔다. 특히 부도 직전 2개년도의 현금유동성이 줄어든 경우는 72.5%인 37개사였다. 결국 현금이 들어오지 않는 이익은 회사의 자금운용에 별 도움을 주지 못한 것으로 분석되었다. 따라서 기업의 부도가능성을 판단하는 데는 당기순이익보다는 현금흐름이 어떤지 여부를 살펴보는 게 더 유용하다는 지적이다.

(한국경제신문에서 수정 · 발췌)

체크항목	해당여부
1. 비밀 간부회의가 자주 열린다.	
2. 경영자가 부재 중일 때가 많고 비서가 행방을 모른다.	
3. 경영자가 정치가와 교류를 자랑한다.	
4. 경영자가 장황하게 사업계획을 얘기한다.	
5. 공인회계사의 감사의견이 부적정 또는 의견거절이다.	
6. 이유없이 최고경영진을 교체한다.	
7. 경영자가 전문가보다 점쟁이 말을 더 신뢰한다.	
8. 경영자 가정불화 소문이 돈다.	
9. 경영권 분쟁이 진행 중이다.	
10. 경영자 사업경력이 5년 미만이다.	
11. 최근 경리담당 간부가 그만뒀다.	
12. 거래처나 은행에서 파견나온 임원이나 간부가 있다.	
13. 임원이 경영실태를 명확히 설명하지 못한다.	
14. 유능한 직원들의 퇴사가 잦다.	
15. 종업원들의 신경이 날카로워졌다.	
16. 인사철이 아닌데 인사이동이 빈번하다.	
17. 직원의 무단결근, 지각, 조퇴가 늘었다.	
18. 회식자리에서 직원들의 회사 비판이 잦다.	
19. 종업원들의 책상에 개인사물이 많다.	
20. 판매나 생산직보다 사무직이 우대받는다.	
21. 어음결제 마감시간에 은행과 접촉이 잦다.	
22. 결제 때 현금과 어음의 비율이 변했다.	
23. 거래조건이 자주 바뀐다.	
24. 어음 배서인이 들어보지도 못한 기업이다.	
25. 융통어음이 늘었다.	
26. 어음이 사채업자에게 할인되고 있다.	
27. 매입시점을 갑자기 앞당겨 달라고 한다.	
28. 주가가 하락하고 악성풍문이 끊이지 않는다.	
29. 갑자기 광고를 하지 않거나 광고량이 많아졌다.	
30. 철이 아닌데 세일을 자주 한다.	

〈자료 : 삼성경제연구소〉

판정 기준	• 25개 이상 : 도산 확실	• 20~24개 미만 : 위험상태
	• 15~19개 미만 : 도산 가능성	• 10~14개 미만 : 요주의 대상

변동비와 고정비의 적정 규모는
어느 정도인가요

61

결재받을 서류가 있어 담당임원을 찾아간 명 대리는 불쑥 이런 질문을 받았다.
"자네, 우리 회사의 고정비가 어느 정도인지 아나? 매출이 감소할 때는 변
동비를 줄여야 할까 아니면 고정비를 줄여야 할까?"
허걱! 무슨 입사 면접시험도 아니고…. 횡설수설 답변을 마친 명 대리, 곧바
로 재무팀장에게 변동비와 고정비의 차이점이 무엇이며 회사의 이익에 어
떤 영향을 미치는지 물었다.

기업가치를 높이기 위해서는 매출을 늘리는 것만큼 비
용관리에도 신경 써야 한다. 매출이 아무리 많이 늘어도 비용을
제대로 관리하지 못해 수익의 대부분이 비용으로 다시 빠져나간
다면 아무 소용이 없기 때문이다.

관리적인 차원에서 회사의 비용을 통제(control)하려면 그 비
용의 성격부터 알아야 한다. 제조원가와 판매관리비를 포함한
회사의 모든 영업비용은 매출이 변동함에 따라 같이 변화하는
변동비와 매출변화와 관계없이 일정액으로 발생하는 고정비로
나뉜다.

예를 들면 제품을 제조하기 위해 발생하는 원재료비나 노무비, 판매수수료나 운송비, 외주가공비 등은 대표적인 변동비에 해당한다. 그러나 관리직 사원에 대한 인건비, 임차료, 보험료, 감가상각비 등은 매출변화와 전혀 상관없이 일정하게 발생하는 고정비에 해당한다.

변동비와 고정비가 회사의 이익에 미치는 영향은 서로 다르다. 고정비는 매출과는 관계없이 일정액으로 발생하는 비용이므로 회사는 일단 이 고정비를 회수하는 것이 중요하다. 이때 고정비를 회수하는 원동력은 제품판매에 따른 한계이익(Marginal Income), 즉 공헌이익(Contribution Margin)이다.

공헌이익은 매출액에서 모든 변동비를 뺀 것으로서 공헌이익이 최소한 고정비보다는 많아야 이익이 발생한다. 예를 들어 연간 고정비총액이 30억원인 회사가 100억원어치의 제품을 매출하면서 60억원의 변동비가 발생한 경우, 공헌이익 40억원에서 고정비 30억원을 차감하면 영업이익은 10억원으로 계산된다. 이렇게 보면 고정비이건 변동비이건 비용이 낮을수록 이익이 많아지는 것은 당연한데, 문제는 변동비와 고정비의 원가비중이 어느 정도가 적당한가이다.

고정비가 너무 많으면 매출이 아주 높지 않은 이상 이익을 달성하기가 매우 어렵다. 즉, 손익분기점이 매우 높아져 불리하다. 또한 매출이 부진하거나 줄어들면 공헌이익으로 고정비를

✓ **외주가공비**

원재료는 발주회사가 제공하되, 그 가공만 다른 회사에 위탁해 제품을 만드는 경우 일정 수수료를 지급하게 되는데 이를 외주가공비라고 한다. 외주가공비는 제조원가 중 경비항목으로서 변동비에 해당한다.

✓ **공헌이익**

매출액에서 변동비를 제외하고 난 후의 이익을 말한다. 공헌이익은 먼저 회사의 고정비를 회수하는 데 공헌하고, 남는 부분은 이익창출에 공헌하게 된다.

✓ **손익분기점**

회사의 수익과 비용이 정확히 일치해 이익도 손실도 발생하지 않는 조업도(매출액이나 생산량 등)를 가리킨다.

KeyWord_
변동비, 고정비, 공헌이익, 손익분기점

☑ 고정비와 변동비의 간편분해법

한국은행에서 매년 기업경영 분석을 발간할 때는 개별기업의 고정비와 변동비를 정밀하게 구분하기 어렵기 때문에 다음과 같이 간편법으로 비용을 구분하고 있다. 재료비는 전액 변동비로, 경비(외주가공비는 제외)와 판매관리비는 모두 고정비로 분류하고, 노무비는 반반씩 나누어 변동비와 고정비로 분류한다. 이 경우 제조원가 중 고정비 금액에 대해서는 당기에 기말재고로 남아 있는 부분을 제외시켜야 한다. 이 기준으로 비용을 분해할 경우 ㈜한경전자의 매출액 대비 고정비율은 33%, 변동비율은 57%이며, 손익분기점은 6,600억원으로서 실제 분류법에 따른 6,697억원과 큰 차이가 없다.

〈고정비〉
- 노무비×1/2 + (제조경비-외주가공비) - 고정비 중 재고조정분* + 판매관리비
  = (54,325×1/2)+(159,437-50,487)-3,893+151,790
  = 2,840억원(33%)
- * 고정비 중 재고조정분
  136,112 × 2.86%((516,036(총제조비용)-501,275(매출원가))/516,036(총제조비용))
  = 3,893백만원

〈변동비〉
- 재료비
  293,628(302,274-8,646*)
- 노무비의 1/2
  27,163(54,325 × 1/2)
- 외주가공비   50,487
- 상품매출원가   117,998
  4,893억원(57%)

모두 커버하지 못하는 상황, 즉 영업손실의 상황에 직면할 가능성이 높다. 반면 변동비가 너무 높으면 공헌이익이 매우 낮기 때문에 어지간히 팔아서는 고정비를 충당하기가 어렵다.

일반적으로 변동비는 매출액의 30% 이하, 고정비는 매출액의 50% 이하를 적정한 수준으로 본다. 만약 회사의 비용구조상 변동비가 30%를 넘거나 고정비가 50%를 넘는다면 원가구조를 변화시키는 노력이 필요하다. 그러나 조선업, 자동차제조업, 석유화학업과 같이 막대한 시설투자를 필요로 하는 자본집약적 업종의 경우에는 고정비의 비중이 상대적으로 더 높고, 노동집약적인 서비스업종의 경우에는 변동비의 비중이 더 높으므로 이러한 업종간의 특성도 감안해야 한다.

㈜한경전자의 경우 변동비는 모두 5,333억원으로서 상품매출원가 1,180억원 및 제조원가 5,160억원 중에서 4,097억원, 판매비와관리비 1,518억원 중에서 56억원이 변동비이다. 그리고 고정비는 모두 2,525억원으로 제조원가에서 1,063억원, 판매비와관리비에서 1,462억원이 고정비이다. 따라서 매출액 8,564억원에서 변동비가 차지하는 비율은 62.3%이며 고정비가 차지하는 비율은 29.5%이다.

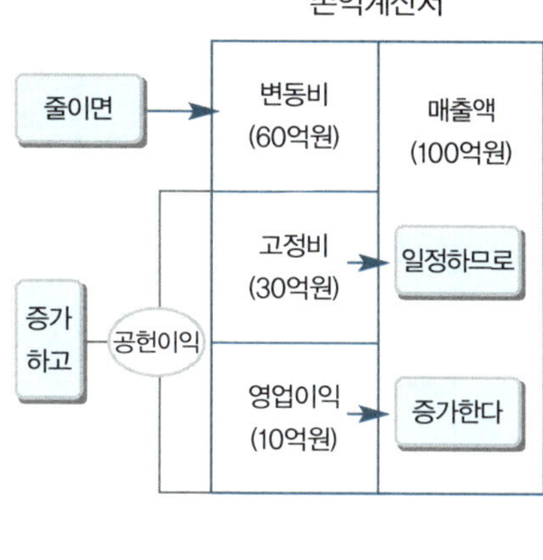

$$\text{손익분기점매출액} = \frac{\text{고정비}}{\text{공헌이익률}}$$

$$= \frac{\text{고정비}}{1-\text{변동비율}}$$

$$= \frac{30\text{억원}}{1-0.6}$$

$$= 75\text{억원}$$

손익분기점은 고정비가 많을수록, 변동비율이 높을수록 높아진다.

* 재료비 중 재고조정분
  302,274 × 2.86%
  = 8,646백만원

* ㈜한경전자의 손익분기점
  = 고정비 / (1−변동비율)
  = 2,840억원 / (1−0.57)
  = 약 6,600억원

(단위 : 억원)

항목		원가행태		금액	
		고정비	변동비	고정비	변동비
재료비	1. 주요재료비		○		3,023
	2. 보조재료비		○		
	3. 부분품비		○		
	4. 소모공기구비품비		○		
노무비	1. 직접임금	○	○		452
	2. 간접임금	○		20	
	3. 급여	○		21	
	4. 잡급	○		3	
	5. 상여금	○	○	2	45
경비	1. 복리후생비	○		49	
	2. 임차료	○		3	
	3. 특허권사용료		○		
	4. 보험료	○		15	
	5. 수선비	○	○	72	
	6. 전력비	○	○	4	50
	7. 가스수도비	○	○	2	22
	8. 운임		○		
	9. 포장비		○		
	10. 차량유지비	○		32	
	11. 세금과공과	○		16	
	12. 여비교통비	○			
	13. 통신비	○			
	14. 접대비	○			
	15. 재고감모비	○			
	16. 외주가공비		○		505
	17. 사무용 소모품비	○			
	18. 감가상각비	○		224	
	19. 기타	○		600	
계				1,063	4,097

항목	원가행태		금액	
	고정비	변동비	고정비	변동비
1. 판매원급여	○			
2. 여비교통비	○			
3. 광고선전비	○			
4. 견본비		○		32
5. 접대비	○			
6. 판매수수료		○		24
7. 임원급여 · 수당	○			
8. 사무원급여 · 수당	○			
9. 사무용 소모품비	○			
10. 통신비	○			
11. 가스수도비	○			
12. 수선비	○			
13. 복리후생비	○			
14. 임차료	○			
15. 감가상각비	○			
16. 보험료	○			
17. 제세공과금	○			
18. 기부금	○			
계			1,462*	56

위 표에서 항목 앞의 구분(판매비와관리비)은 오른쪽 표 전체에 해당한다.

* 판매비와관리비 총액 1,518억원에서 변동비 56억원(견본비 32억원과 판매수수료 24억원)을 차감한 수치임

▶▶ (주)한경전자의 원가구성비

항목	(주)한경전자의 구성비	표준비율	업종평균비율*	
			전자부품 제조업	제조업 전체
매출액	100%	–	100%	100%
매출원가	72.3%	70% 이하	80%	82.2%
판매비와관리비	17.7%	10% 이하	14.5%	11.9%
영업이익	10%	20% 이상	5.5%	5.9%
변동비 대 매출액	62.3%	30% 이하	58.0%	66.5%
고정비 대 매출액	29.5%	50% 이하	40.9%	31.4%
손익분기점률	89.4%	70% 이하	83.9%	81.0%

＊ 한국은행 〈기업경영분석〉에서 인용

(주)한경전자의 매출원가율은 낮은 편이지만 판매비와관리비의 비율이 높은 편이고 이 때문에 영업이익률이 떨어지고 있다. 고정비의 비율은 낮은 반면 변동비의 비율이 높은 편이지만 업종평균치에 비하면 큰 차이는 없다.

62

원가구조를 통해 손익분기점을 파악하는 방법은 무엇인가요

변동비와 고정비에 대해 확실하게 이해한 명 대리는 회사의 고정비를 100% 커버할 수 있는 매출수준, 즉 손익분기점이 궁금해졌다. 손익분기점은 어떻게 계산하며 그 의미는 무엇일까?

손익분기점

회사의 수익과 비용이 정확히 일치해 이익도 손실도 발생하지 않는 조업도(매출액이나 생산량 등)를 가리킨다.

회사의 원가구조만 파악하면 이를 통해 손익분기점(BEP : Break Even Point)을 쉽게 계산할 수 있다. 손익분기점이란 회사의 매출수익과 총비용(매출원가와 판매비와관리비를 모두 포함)이 일치해 손실도 이익도 발생하지 않는 매출액, 즉 영업이익이 0인 매출수준을 말한다. 손익분기점을 계산하기 위해서는 회사의 고정비총액과 변동비총액을 파악한 다음 변동비율을 계산해야 하는데, 이때 고정비와 변동비는 제조원가뿐만 아니라 판매비와관리비를 포함한 모든 영업비용을 대상으로 해야 한다.

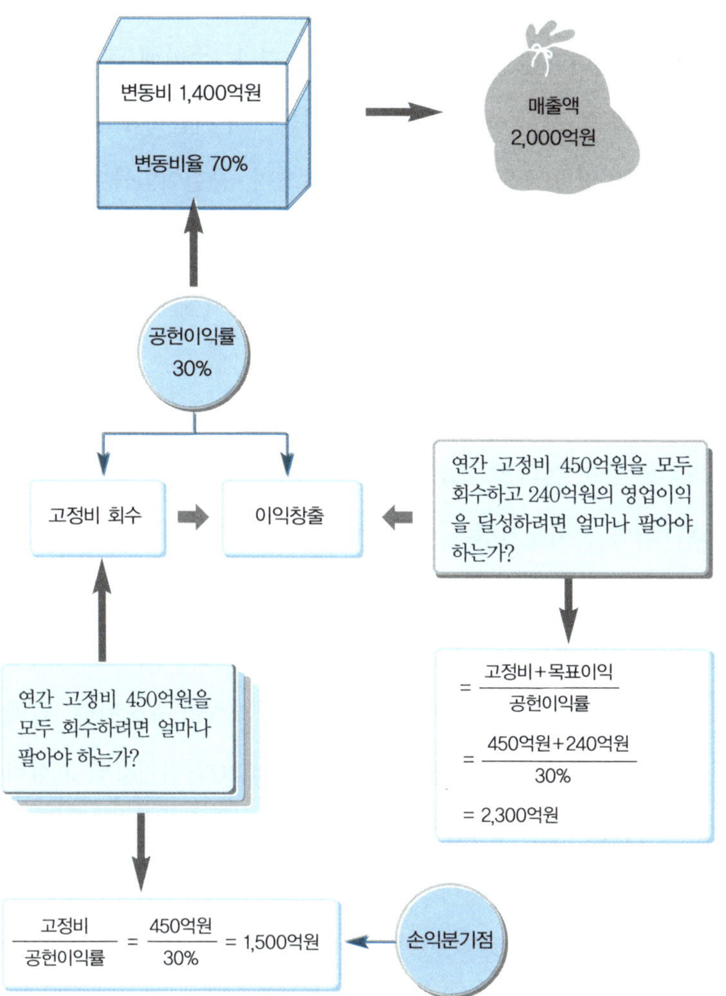

KeyWord_
손익분기점(BEP), 변동비율, 공헌
이익률

　　변동비율이란 매출액에서 변동비가 차지하는 비율을 의미한다. 예를 들어 매출액이 2,000억원인 회사의 변동비총액이 1,400억원이라면 변동비율은 70%가 된다. 그런데 매출액에서 변동비를 뺀 것이 공헌이익이므로 변동비의 비율이 70%라는 것은 공헌이익률이 30%라는 의미와 같으며, 공헌이익률이 30%라는 것은 회사가 매출을 1억원 늘릴 때마다 비용도 70%(변동비율)인 7,000만원이 늘어나므로 이익은 30%(공헌이익률)인 3,000만원씩 늘어난다는 뜻이다.

　　따라서 매출금액의 30%인 공헌이익으로 고정비총액을 전액 회수할 수만 있다면 그것이 바로 손익분기점이라고 할 수 있다. 왜냐하면 손익분기점은 영업이익이 0이 되는 매출액으로서 영업이익이 0이라는 것은 매출액에서 변동비를 뺀 공헌이익이 고정비총액과 정확히 일치한다는 뜻이기 때문이다. 따라서 회사의 고정비를 공헌이익률로 나눠주면 손익분기점이 계산된다. 앞에 예를 든 회사의 경우 고정비총액이 연간 450억원이라면 고정비 450억원을 공헌이익률 30%로 나누면 되므로 손익분기점은 1,500억원으로 계산된다.

　　회사가 목표로 하는 이익수준에 도달하기 위한 목표매출 수준을 알고 싶을 때도 이 같은 방식으로 하면 된다. 이때는 공헌이익으로 고정비 회수는 물론이고 목표하는 이익도 함께 얻어야 하므로 고정비에 목표이익을 더한 수치를 공헌이익률로 나눠주면 된다. 가령 위의 회사가 원하는 영업이익 수준이 240억원일 경우 고정비에 목표이익을 더한 690억원을 공헌이익률 30%로 나누면 달성해야 할 매출액은 2,300억원이 된다.

(주)한경전자의 경우 고정비총액은 2,525억원이고 매출액 8,564억원에서 변동비총액은 5,333억원이므로 변동비율은 62.3%이다. 따라서 공헌이익률은 37.7%이므로 손익분기점은 6,697억원(2,525억원÷37.7%)이 된다. 회사의 현재 매출액 (8,564억원)이 손익분기점(6,697억원)보다 많기 때문에 854억원 의 영업이익이 발생하고 있음을 알 수 있다.

한편 한국은행 〈기업경영분석〉에서는 손익분기점을 영업이 익기준법이 아니라 법인세차감전순이익을 기준으로 계산한다. 따라서 영업외비용에서 영업외수익을 차감한 순액을 고정비에 추가로 포함시켜 계산한다. 이렇게 하는 이유는 이자비용 등 금 융고정비가 많이 발생하는 기업의 특성을 반영하기 위해서이다. 영업이익이 0인 손익분기점매출액이라 하더라도 이자비용을 차 감하면 순손실이 발생할 수밖에 없기 때문이다.

그러나 이자비용을 제외한 다른 영업외비용은 대부분 비반복 적이고 일시적인 것이기 때문에 이 방법은 문제가 있다. (주)한 경전자의 경우 영업외비용에서 영업외수익을 차감한 360억원 을 고정비 2,525억원에 더하면 손익분기점은 7,652억원으로 상승한다. 이는 세전순이익이 0이 되는 매출수준을 뜻한다.

▶▶ (주)한경전자의 손익분기점

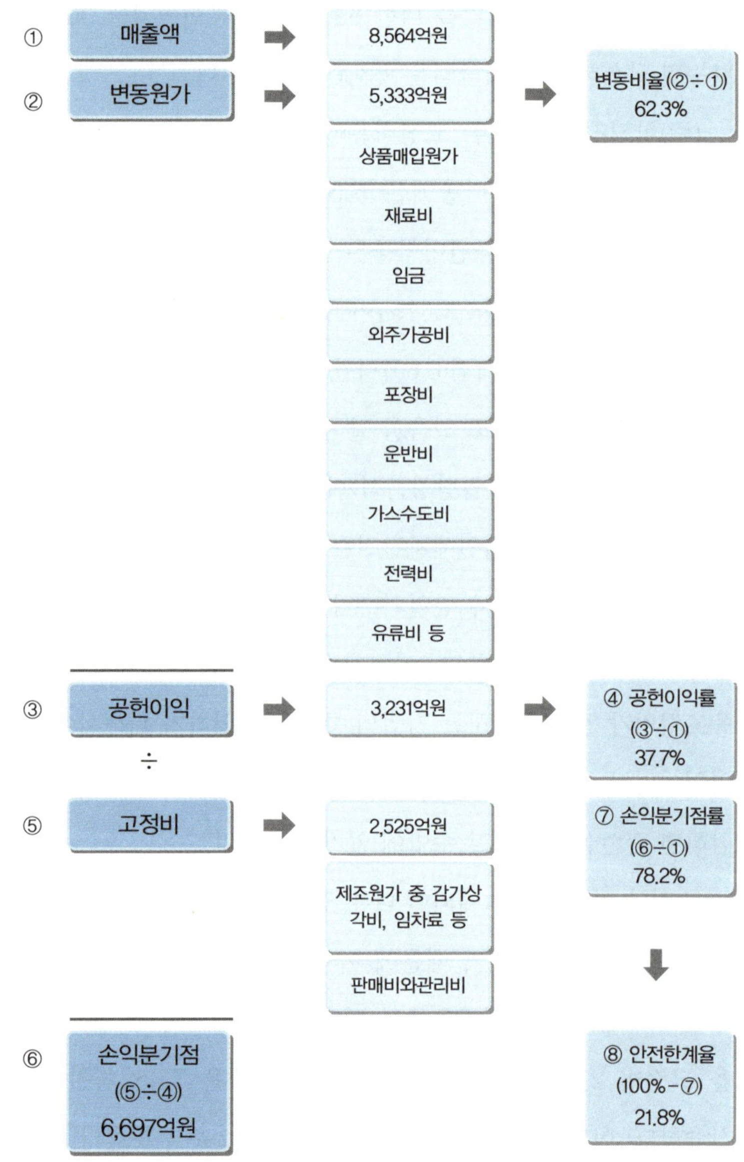

손익분기점은 어느 정도가 돼야 하나요

63

(주)한경전자의 손익분기점을 계산해본 명 대리는 생각보다 손익분기점이 높은 것을 보고 놀랐다. 손익분기점이 높다는 것은 고정비가 많기 때문에 그만큼 많이 팔아야 본전이 된다는 뜻이니까 낮을수록 좋을 텐데, 그렇다면 어느 정도가 돼야 안심할 수 있을까?

손익분기점 수준으로 회사의 재무적인 안전도를 따져볼 수 있다. 손익분기점은 낮을수록 유리한데 그 이유는 손익분기점이 높으면 이익을 달성하기가 더욱 어려워지기 때문이다. 따라서 손익분기점이 높을 경우 이를 낮추기 위한 방안을 강구해야 한다. 일반적으로 고정비를 낮추는 방법이 가장 효과적이며 가격을 올리거나 변동비를 낮추는 방법도 가능하다. 그러나 가격을 올리는 방법은 가격경쟁력을 떨어뜨려 오히려 매출량을 감소시킬 위험이 있다는 점을 고려해야 한다.

회사의 손익분기점 매출수준이 현재의 매출액에서 차지하는

KeyWord_
손익분기점률, 안전한계율(MS)

비율을 손익분기점률이라고 한다. 따라서 손익분기점률은 손익분기점매출액을 현재의 매출액으로 나눠 계산한다. 손익분기점률이 60%라는 것은 현재 매출의 60%가 손익분기점 상태라는 의미로서, 지금보다 매출이 40% 줄어들면 영업이익이 전혀 발생하지 않는다는 뜻이다.

따라서 손익분기점률은 낮을수록 유리하다. 일반적으로 70% 이하를 안전하다고 보며 80%를 넘는 경우에는 위험하다고 본다. 손익분기점률이 70%라는 것은 회사가 손실을 보지 않고 매출감소를 지탱할 수 있는 여력이 30%라는 뜻으로 이를 안전한계율(MS : Margin of Safety)이라고 표현한다. 안전한계율이란 회사의 현재 매출수준이 손익분기점 수준보다 얼마나 초과했는지를 보여줌으로써 장래에 매출이 감소하더라도 적자를 보지 않고 견뎌낼 수 있는 여유능력을 보여주는 지표이다. 그러므로 안전한계율은 손익분기점과는 달리 높을수록 유리하다. 만약 손익분기점률이 90%라면 안전한계율은 고작 10%로서 매출이 지금보다 10%만 줄어도 영업손실이 발생한다는 뜻이다.

(주)한경전자의 경우 손익분기점은 6,697억원이고 현재 매출액은 8,564억원이므로 손익분기점률은 78.2%(6,697억원÷8,564억원), 안전한계율은 21.8%이다. 하지만 한국은행 기준에 따른 손익분기점률은 89.4%(7,652억원 ÷ 8,564억원)로서 전자부품업계의 평균비율(83.9%)보다 높은 수준이므로 변동비의 절감을 통해 이를 지금보다 좀더 낮출 필요가 있다.

▶▶ 손익분기점률과 안전한계율

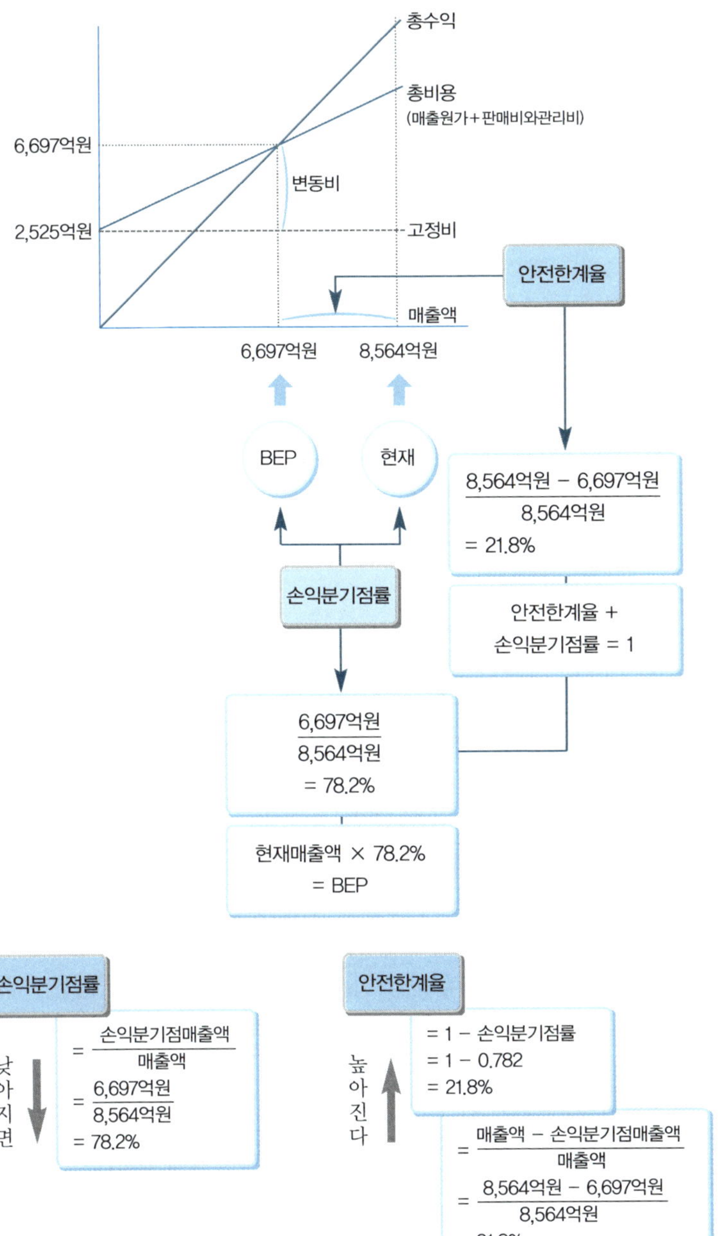

총수익
총비용
(매출원가＋판매비와관리비)
6,697억원
변동비
2,525억원
고정비
안전한계율
매출액
6,697억원   8,564억원
BEP   현재
손익분기점률
$\dfrac{8,564억원 - 6,697억원}{8,564억원}$
= 21.8%
안전한계율 +
손익분기점률 = 1
$\dfrac{6,697억원}{8,564억원}$
= 78.2%
현재매출액 × 78.2%
= BEP
손익분기점률
낮아지면
$= \dfrac{손익분기점매출액}{매출액}$
$= \dfrac{6,697억원}{8,564억원}$
= 78.2%
안전한계율
높아진다
= 1 − 손익분기점률
= 1 − 0.782
= 21.8%
$= \dfrac{매출액 - 손익분기점매출액}{매출액}$
$= \dfrac{8,564억원 - 6,697억원}{8,564억원}$
= 21.8%

64

회사의 손익구조는 장래 이익에 어떤 영향을 미치나요

명 대리에게 내년도 매출이 올해보다 20% 증가할 것이라는 전제 아래 추정손익계산서를 만들어 오라는 특명이 떨어졌다. 손익계산서를 한참이나 들여다보던 명 대리, 매출은 올해보다 20% 늘리면 되겠는데 비용을 어떻게 수정해야 할지 막막하다. 미래의 이익예측은 어떻게 하는 것일까?

회사의 비용구조를 알면 재무예측은 한결 수월해진다. 재무예측이란 장래에 매출이 변화했을 때 여러 가지 지표들이 어떻게 변할지를 예측하는 것으로서 그중 가장 중요한 것은 이익예측이다. 그런데 손익계산서의 비용분류 방식으로는 도저히 이익예측을 할 수가 없다. 손익계산서의 매출원가와 판매비와관리비에는 매출변화에 따라 움직이는 변동비와 움직이지 않는 고정비가 섞여 있기 때문이다.

그러나 변동비와 고정비의 구성항목과 규모를 알면 매출변화를 토대로 미래의 이익을 예측할 수 있다. 이때 중요한 전제는

'변동비율(매출액에 대한 변동비의 비율)은 일정하다' 는 점이다. 즉, 매출이 늘어남에 따라 변동비의 총액은 늘어나겠지만 그 비율은 변하지 않는다는 점이 전제되어야 한다.

예를 들어 변동비율이 60%인 회사의 매출이 현재의 10억원에서 15억원으로 50% 늘어난다면 변동비는 현재의 6억원에서 9억원으로 매출과 똑같이 50% 늘어난다고 가정한다. 만약 원자재 가격이나 노무비의 상승으로 변동비율이 증가할 것으로 예상된다면 이 점은 별도로 고려해야 한다.

고정비도 매출이 일정한 규모를 벗어나면 더 이상 고정적일 수는 없다. 예를 들어 매출이 지금보다 100% 늘어난다면 관리나 영업직원의 추가고용으로 고정적인 급여가 증가하고 공장의 증설로 감가상각비도 증가할 수밖에 없을 것이다. 그러나 단기적으로는 이러한 변화가 없다는 전제 아래 분석을 진행한다.

매출이 지금보다 늘어났을 때 회사에 추가로 유입되는 이익이란 변동비를 제외한 공헌이익이 될 것이므로 매출증가액에 공헌이익률을 곱하면 이익의 증가액이 바로 산출된다. 따라서 공헌이익률이 높을수록 매출증가폭에 대한 이익의 증가폭도 커지게 되므로 공헌이익률은 일종의 이익탄력도와 같다. 이때 고정비는 전혀 변화가 없을 것이므로 이익증가액을 계산할 때 무시하면 되고, 앞서 언급한 이유로 고정비의 증가가 예상된다면 그 금액만 감안하면 된다.

KeyWord_
재무예측, 이익예측

(단위 : 억원)

항목	올해	내년	목표 매출액
매출액	100	140	150
변동비(70%)	70	98	45÷0.3
공헌이익(30%)	30	42	45
고정비	20	20	20
영업이익	10	22	25

예를 들어 공헌이익률이 30%이고 연간 고정비가 20억원인 회사가 내년도의 매출을 현재의 매출 100억원보다 40% 늘어난 140억원으로 계획했다면 영업이익은 현재의 10억원보다 12억원(40억원×30%) 늘어난 22억원임을 예측할 수 있다.

거꾸로 회사가 목표로 하는 영업이익을 달성하기 위해서는 현재보다 매출을 얼마나 늘려야 하는지도 추정할 수 있다. 가령 목표이익을 25억원으로 정했다면 지금보다 이익이 15억원 증가해야 하므로 이를 공헌이익률 30%로 나누면 필요한 매출증가액이 50억원임을 알 수 있다. 즉, 매출액이 150억원일 경우 70%인 변동비 105억원과 고정비 20억원을 차감하면 목표했던 영업이익 25억원이 달성된다.

(주)한경전자의 현재 매출액은 8,564억원으로 만약 내년도에 매출이 1조원으로 늘어난다면 예상되는 영업이익은 약 1,395억원(854억원+(1조원−8,564억원)×37.7%(공헌이익률))으로 추정된다.

원가절감이 중요한 이유는 무엇 때문인가요

65

'원가절감만이 살 길이다' '낭비를 제거하면 회사가치가 올라간다'
공장 회계팀과의 회의가 있어 오랜만에 공장을 방문한 명 대리는 공장 곳곳
에 걸려 있는 이와 같은 원가절감 현수막을 보자 마치 회사가 원가와의 전
쟁을 하는 것처럼 느껴졌다. 원가절감에 성공할 경우 회사에는 어떤 이점이
있을까?

회사의 이익은 매출수익에서 비용을 차감해 계산된다. 따
라서 단순히 생각하면 회사가 이익을 늘리는 방법은 매출을 늘
리거나 비용을 줄이는 2가지 방법이 있는데, 이 가운데 이익창
출에 더 효과적인 것은 비용을 줄이는 방법이다. 예를 들어 어떤
회사의 비용 중 변동비의 비율이 80%이고 고정비총액이 연간
15억원이라는 가정하에 회사 매출이 현재의 100억원에서 20%
증가한 120억원이 된다고 하자. 현재의 매출 100억원에서 회사
의 이익은 5억원(100억원×20%−15억원)으로, 매출이 120억원으
로 늘어나면 이익은 지금보다 80% 증가한 9억원(120억원×

▶▶ 비용(원가)절감이 이익에 미치는 영향

(단위 : 억원)

항목	현재	매출증가 20%	비용절감 4%
매출액	100	120	100
변동비(80%)	80	96	77
공헌이익(20%)	20	24	23
고정비	15	15	14
영업이익	5	9	9

20%-15억원)이 된다.

매출이익률이 현재의 5%에서 7.5%로 증가하는 것은 고정비 때문인데, 이는 매출은 늘어나도 고정비는 그대로이기 때문이다. 그럼 만약 회사가 비용을 줄여 순이익을 지금보다 80% 증가시키려면 비용을 얼마나 줄여야 할까? 놀랍게도 4%라는 답이 나온다. 즉, 변동비와 고정비를 지금보다 4%만 줄여도 매출을 20% 늘렸을 때와 동일한 이익을 얻을 수 있다. 매출이 100억원일 때 변동비는 80%인 80억원으로 이를 4%만 줄이면 77억원이 된다. 고정비도 15억원에서 4%만 줄이면 14억원이 되는데 매출 100억원에서 두 비용을 모두 빼면 순이익은 9억원으로서 매출을 20% 증가시키는 경우와 같은 결과가 나온다. 불과 4%(4

억원)의 원가절감이 20%의 매출증가효과와 맞먹는 셈이다. 이렇듯 비용절감이 회사 이익을 증대시키는 데 더 효과적이다 보니 많은 회사가 비용(원가)절감을 강조하는 것이다.

또한 원가절감은 가격경쟁력의 기초로서 아무리 품질경영을 표방하고 회사의 브랜드가치가 높아도 원가를 줄이지 않고서는 경쟁력을 확보할 수 없다. 제품가격의 경쟁력을 확보하기 위해서는 가격책정의 기초가 되는 원가, 즉 판매원가를 낮춰야 한다. 판매원가란 제조원가에 비제조원가인 판매비와관리비를 더한 것으로서 결국 원가절감 노력은 생산현장뿐만 아니라 일반 관리부서나 영업조직에서도 같이 이루어져야 함을 의미한다.

특히 경기가 불황일 때에는 원가절감에 더욱 신경써야 한다. 불황기에 접어들면 많은 기업이 판매량 감소를 막기 위해 가격을 인하하는 경우가 많은데, 여기서 주목해야 할 것은 판매가격을 인하하더라도 원가는 그대로 발생한다는 점이다. 앞서 예를 든 회사의 경우 제품판매가격을 15% 인하할 경우 매출은 100억원에서 85억원으로 줄어드는데, 이는 생산량이 줄어든 것이 아니라 가격만 내린 것이므로 변동비(80억원)와 고정비(15억원)는 똑같이 발생한다. 따라서 10억원의 영업손실이 발생하므로 불황기에 가격을 내릴 때는 원가절감이 병행되어야만 회사가 생존할 수 있다는 점을 알아야 한다.

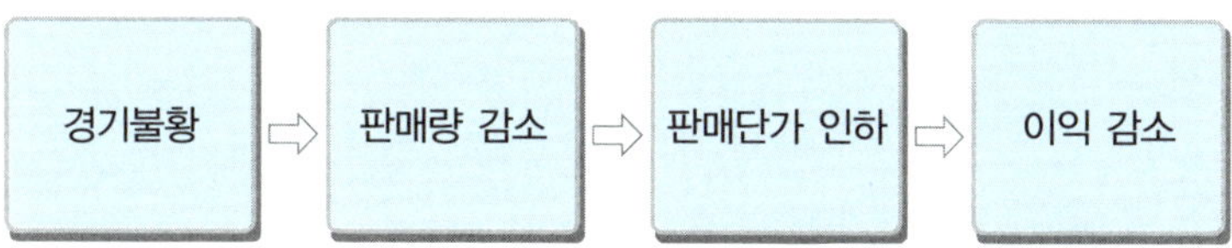

판매단가 인하가 이익에 미치는 영향

현행		판매단가 15% 인하시	
매출	100억	85억	15% 인하
매출원가(변동비)	80억	80억	
매출총이익	20억	5억	75% 감소
판매비와관리비(고정비)	15억	15억	
영업이익	5억	△10억	300% 감소

판매단가 인하의 영향은 매출총이익, 영업이익으로 내려갈수록 기하급수적으로 매우 민감한 영향을 미친다. 판매단가가 인하되는 데도 원가절감 노력을 기울이지 않는다면 회사는 생존할 수 없다.

4부_ 기업위험 평가법

12장_ 경영 및 재무위험(레버리지) 분석법

:: 매출이 줄어들면 얼마나 위험할까?

경영위험과 재무위험은 어떻게 평가하나요

66

그동안 알뜰하게 모아온 전 재산 5억원에 은행에서 5억원을 더 대출받아 10억원짜리 아파트를 구입한 오억만 사장은 몇 년 뒤 집값이 15억원으로 오르자 '집값은 50% 올랐지만 투자금액 대비 200%의 수익을 올렸다' 라며 흐뭇해했다. 이는 자신이 빌린 대출금 이자가 고정비이기 때문에 생기는 '레버리지효과'를 잘 이용했기 때문이라는 설명도 덧붙였다. 레버리지란 왜 생기며 어떻게 따질까?

고정비는 매출의 변화와 전혀 관계없이 일정하게 발생하는 비용으로서 매출이 늘어나더라도 비용은 더 이상 늘어나지 않기 때문에 순이익증가율이 매출증가율보다 훨씬 더 크게 나타난다.

예를 들어 변동비율이 80%이고 고정비가 100억원인 회사의 매출이 현재 1,000억원에서 50%가 늘어난 1,500억원이 되었다고 가정해보자. 현재의 영업이익은 100억원이지만 매출이 50% 증가한 후의 영업이익은 200억원으로 100%가 증가하는데, 매출증가율(50%)보다 이익증가율(100%)이 더 높게 나타나는 이유는 매출이 증가하는데도 고정비는 늘어나지 않기 때문이다.

이런 현상은 매출이 감소할 때도 똑같이 발생한다. 즉, 매출수익이 감소하더라도 고정비는 전혀 줄어들지 않기 때문에 순이익의 감소율은 매출감소율보다 더 크게 나타난다. 이처럼 고정비 때문에 매출의 변화보다 손익 변화가 더욱 확대돼서 나타나는 효과를 레버리지효과(Leverage Effect)라고 한다.

회사의 고정비에는 감가상각비와 같이 영업비에 해당하는 고정비가 있고 이자비용과 같이 영업외비용에 해당하는(즉, 재무적인) 고정비가 있다. 영업적 고정비 때문에 매출액의 변화율보다 영업이익(이자 및 법인세차감전순이익)의 변화율이 더 크게 나타나는 현상을 영업레버리지효과라고 하고, 재무적인 고정비 때문에 영업이익의 변화율보다 당기순이익의 변화율이 더 크게 나타나는 현상을 재무레버리지효과라고 한다. 여기서 영업레버리지는 영업레버리지도(DOL : Degree of Operating Leverage)에 의해 측정되는데, 영업레버리지도는 공헌이익을 영업이익으로 나눠 계산한다.

앞의 사례에서 매출액이 1,000억원일 때 변동비를 뺀 공헌이익은 200억원이고, 고정비 100억원을 차감한 영업이익은 100억원이므로 영업레버리지도는 2(200억원÷100억원)가 된다. 이는 매출이 50% 변화할 때 영업이익은 2배, 즉 100%가 변화한다는 뜻이다. 따라서 영업레버리지도는 고정비가 많을수록 높게

KeyWord_
레버리지효과, 영업레버리지도,
재무레버리지도, 결합레버리지도

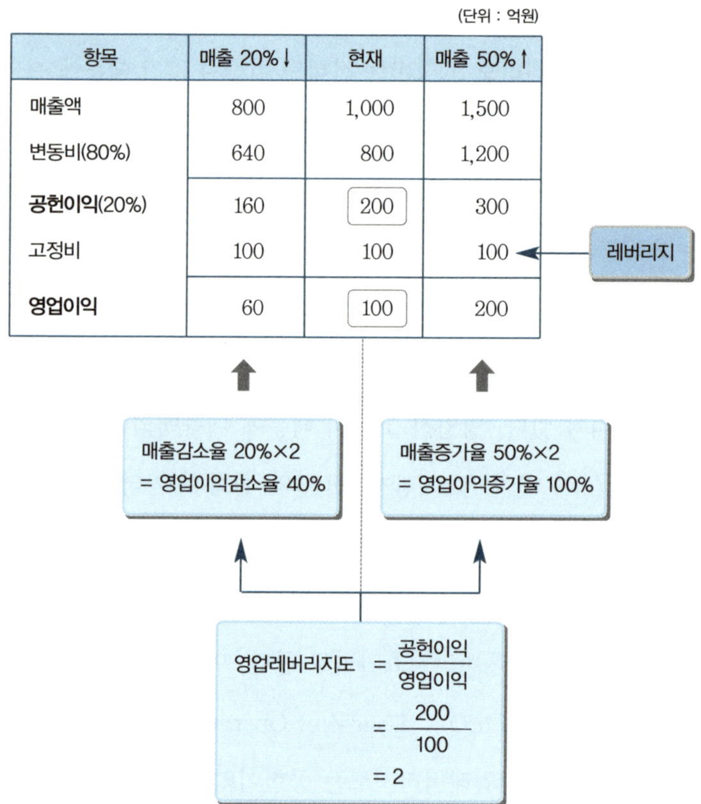

항목	매출 20%↓	현재	매출 50%↑
매출액	800	1,000	1,500
변동비(80%)	640	800	1,200
공헌이익(20%)	160	200	300
고정비	100	100	100
영업이익	60	100	200

나타난다. 만약 고정비가 150억원이라면 레버리지도는 4(200÷

50)가 되고 매출변화율의 4배만큼 영업이익이 변화한다는 의미

이다. 영업레버리지는 영업적 고정비의 크기에 따라 매출액의

변화율보다 영업이익의 변화율이 커지는 현상을 의미하므로 경

영위험(Business Risk)의 지표로 사용된다.

한편 재무레버리지는 기업이 조달한 자금 가운데서 이자비용이 수반되는 차입금의 사용 때문에 발생한다. 이자비용은 영업이익의 증가나 감소에 관계없이 일정 금액으로 지급되어야 하는 고정비적 성격 때문에 이자비용 차감 후 당기순이익은 영업이익의 증감률에 정비례해 변화하지 않고 영업이익의 증감률보다 더 크게 변화하게 된다. 이를 재무레버리지효과라고 하며 재무위험(Financial Risk)의 지표로 사용된다.

재무레버리지는 재무레버리지도(DFL : Degree of Financial Leverage)에 의해 측정되는데, 재무레버리지도는 영업이익을 세전순이익으로 나눠 계산한다. 앞의 사례에서 이자비용과 같은 고정재무비용이 20억원이라면 세전순이익은 영업이익 100억원에서 20억원을 차감한 80억원이 된다. 따라서 재무레버리지도는 1.25(100억원÷80억원)로 계산된다. 이는 영업이익이 100% 변화하면 이자비용 차감 후 세전이익은 125%가 변화함을 의미한다.

또한 영업레버리지도에 재무레버리지도를 곱한 것을 결합레버리지도(DCL : Degree of Combined Leverage)라고 하는데, 결합레버리지도는 매출변화율에 대한 세전(또는 세후)순이익의 변화율로서 앞의 사례의 경우 2.5(2×1.25)가 된다. 이는 매출이 현재보다 50% 증가하면 세전(세후)이익은 2.5배인 125%가 증

영업레버리지와 재무레버리지를 합친 것으로서 영업적 고정비와 재무적 고정비 때문에 매출액의 변화폭에 비해 당기순이익의 변화폭이 더 크게 나타나는 정도를 의미한다.

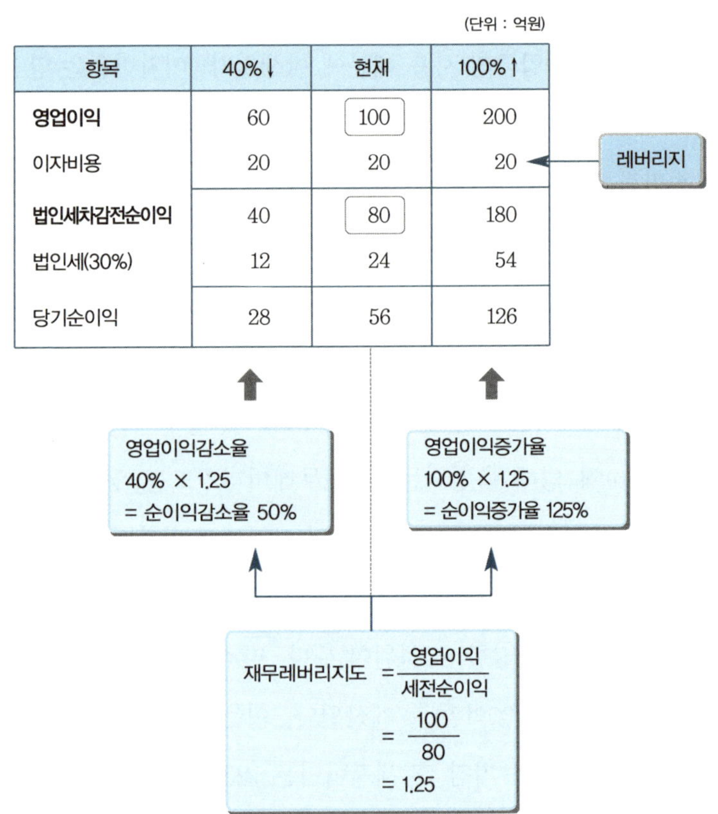

가한다는 뜻으로서, 매출이 현재 1,000억원에서 1,500억원으로 증가하면 세전순이익은 80억원에서 125% 증가한 180억원으로, 세후순이익은 56억원에서 125% 증가한 126억원으로 예상된다.

고정비가 많을수록 위험이 높은 이유는 무엇 때문인가요

67

결산업무로 바쁜 나날을 보내던 재무팀에 전략기획팀에서 서류가 도착했다. 내년도 사업계획과 관련하여 '경기 회복으로 매출이 증가할 것으로 전망되므로 공장을 증설해 생산능력을 확충할 필요가 있으며 이에 필요한 자금의 일부는 차입금으로 조달할 계획'이라는 내용의 검토요청서를 보내온 것이다. 이에 재무팀에서는 고정비가 증가하면 위험하다는 이유를 들어 공장 증설에 난색을 표명했다.

고정비가 증가할 경우 회사경영에 위험요인이 생기는 이유는 무엇일까?

고정비의 존재를 위험요소로 보는 이유는 매출이 감소할 경우 매출감소율보다 순이익의 감소율이 더 크게 나타나기 때문이다. 원가구조가 서로 다른 두 회사의 비교를 통해 고정비의 크기가 회사의 이익에 미치는 영향을 따져보기로 하자.

A회사와 B회사 모두 판매가격이 20,000원인 제품을 취급하고 있다. 그러나 제품의 단위당 변동비를 보면 A회사는 15,000원(변동비율은 75%)이고 B회사는 10,000원(변동비율은 50%)이며, 고정비총액은 A회사가 2억원, B회사가 6억원으로 A회사는 변동비의 비중이 높고 B회사는 고정비의 비중이 높다.

KeyWord_
원가구조, 손익분기점률, 안전한 계율

두 회사 모두 100,000개를 판매한다고 가정하면 매출액은 20억원이 되는데, 이때 A회사의 영업이익은 3억원이고 B회사의 영업이익은 4억원이다. 만약 매출이 지금의 2배, 즉 100%만큼 늘어난 40억원이 된다면 A회사의 영업이익은 8억원으로서 지금보다 167%가 증가하지만, B회사의 영업이익은 14억원으로서 지금보다 250%가 증가한다. 이처럼 B회사의 영업이익이 훨씬 더 많이 증가하는 이유는 B회사의 경우 고정비가 많아 레버리지효과가 더 크게 나타나기 때문이다(A회사의 레버리지도는 1.67인 반면 B회사의 레버리지도는 2.5이다).

그러나 매출이 감소하는 경우에는 A회사가 더 유리하다. 매출이 지금보다 50% 감소해 10억원이 된다면 A회사의 영업이익은 5,000만원으로 지금보다 83%가 감소하지만, B회사의 영업이익은 △1억원으로 지금보다 125%나 감소한다. 이처럼 B회사의 영업이익이 훨씬 더 많이 감소하는 이유도 B회사의 고정비가 더 많아 레버리지효과가 더 크게 나타나기 때문이다. 그러므로 경기가 악화돼 매출이 감소할 경우에는 고정비가 순이익에 악영향을 끼칠 수도 있다는 점을 미리 감안해야 한다.

과다한 고정비 부담은 회사의 손익분기점률을 높게 만들어 안전한계율을 떨어뜨리는 요인이 되기도 한다. 안전한계율이 낮아지면 매출액순이익률도 낮아지게 되어 수익성에도 좋지 않은 영향을 미친다. 따라서 고정비를 적정한 수준에서 유지·관리하

(단위 : 억원)

항목	50,000개 판매		100,000개 판매		200,000개 판매	
	A	B	A	B	A	B
매출액	10	10	20	20	40	40
변동비	7.5	5	15	10	30	20
공헌이익	2.5	5	5	10	10	20
고정비	2	6	2	6	2	6
영업이익	0.5	△1	3	4	8	14

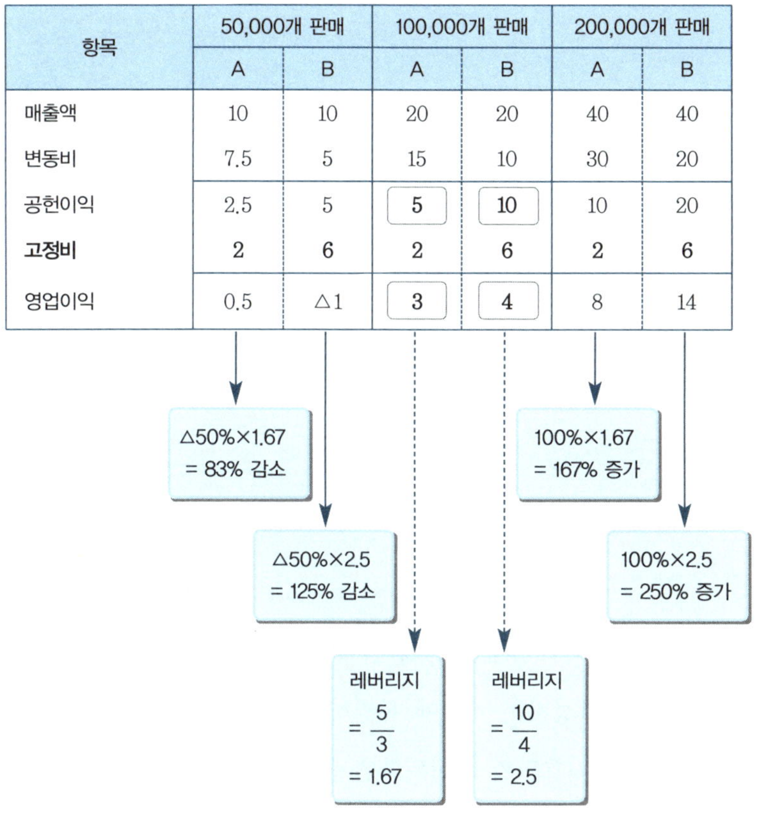

는 것은 위험관리 차원에서 매우 중요하다. 만약 고정비의 증가
가 불가피하다면 변동비의 비율을 줄여야 한다. 변동비율의 하
락에 따라 공헌이익이 증가하면 고정비의 상승에 따라 손익분기
점이 올라가는 부분을 충분히 커버해줄 수 있기 때문이다.

레버리지는 회사의 성과에 항상 유리하게 작용하나요

명 대리는 요즘 오억만 사장처럼 대출을 받아 중대형 아파트를 구입할까 고민 중이다. 그러나 명 대리의 생각을 들은 오 사장은 레버리지가 항상 유리한 것만은 아니며, 자신의 경우 집값이 올랐으니 다행이지 만약 집값이 50% 떨어졌다면 오히려 투자금액 대비 100%의 손해를 보았을 것이라고 했다. 레버리지가 유리 또는 불리하게 작용하는 경우는 어떤 경우일까?

고정비의 존재 때문에 이익이 확대되는 효과를 얻을 수만 있다면 고정비는 기업에 유리하게 작용할 것이다. 즉, 긍정적인 레버리지효과가 기대된다면 총비용 중에서 고정비의 비중을 상향조정함으로써 매출액의 변화보다 더 큰 이익을 얻을 수 있을 것이다. 그러나 레버리지효과가 항상 긍정적인 효과만 가져다주는 것은 아니다.

예를 들어 현재 매출액이 1,000억원인 회사의 변동비율이 80%이고, 고정비 총액이 120억원이라면 현재 상태에서 법인세차감전순이익은 80억원으로 계산된다. 법인세율이 30%라면 세후순이익은 56억원이고 발행주식이 100만주라면 주당이익은 5,600원으로 산출된다.

그러나 매출이 현재보다 30% 감소해 700억원으로 떨어진다면 순이익은 30%가 아니라 그 이상 줄어들게 된다. 이는 고정비의 존재 때문인데 이런 경우에는 고정비가 오히려 기업에 위험요인이 되는 셈이다.

매출액 700억원에서 변동비 560억원을 차감하면 공헌이익은 140억원이 되고, 여기서 고정비 120억원을 차감하면 법인세차감전순이익은 20억원이 된다. 또한 30%의 법인세 6억원을 빼면 세후순이익은 14억원으로 줄어들고 주당이익도 1,400원으로 감소한다.

매출은 30% 감소했는데도 법인세차감후순이익과 주당이익은 무려 75%나 감소한 셈인데, 이렇게 순이익이 매출보다 훨씬 더 많이 감소하는 이유는 매출이 감소하더라도 고정비는 줄어들지 않기 때문이다.

따라서 앞으로 회사의 고정비 부담을 늘릴 것인지 아니면 위험관리 차원에서 줄일 것인지는 미래에 대한 경기전망에 따라 달라져야 한다. 경기회복 등의 이유로 미래에 매출이 늘어날 것이 확실하다면 고정비를 늘림으로써 긍정적인 레버리지효과를 기대할 수 있을 것이다. 그러나 매출이 정체되거나 줄어드는 상황이라면 고정비는 오히려 독(Risk)이 될 수도 있다.

KeyWord_
레버리지효과, 영업적 고정비,
재무적 고정비

　그러므로 영업적 고정비가 수반되는 시설투자 등 자산구조의 변화나 재무적 고정비인 이자비용을 수반하는 차입금 조달 등 자본구조가 변화할 때는 이에 따른 레버리지효과를 미리 분석해 경영위험을 극소화시켜야 한다.

　이밖에 회사가 외부차입에 의해 자금조달을 할 경우 의사결정에 영향을 미치는 변수로는 차입금 사용에 따른 재무위험의 크기와 이자비용에 대한 법인세 감세효과, 차입금 사용에 대한 경영자의 태도 등이 있다.

항목	금액	
• 매출액(S)	1,000	700
변동영업비용(V)	800	560
공헌이익(CM)	200	140
⊙고정영업비용(F)	100	100
• 영업이익(EBIT)	100	40
⊙고정재무비용(I)	20	20
세전순이익(EBT)	80	20
법인세(T)	24	6
• 세후순이익(EAIT)	56	14
발행주식수(N)	100만주	100만주
주당이익(EPS)	5,600원	1,400원

$$\cdot DOL = \frac{공헌이익}{영업이익} = \frac{200}{100} = 2$$

$$\cdot DFL = \frac{영업이익}{세전순이익} = \frac{100}{80} = 1.25$$

$$\cdot DCL = 2 \times 1.25 = 2.5$$

4부_ 기업위험 평가법

13장_ 기업부실 예측법

:: 혹시 망해가는 회사가 아닐까?

한국기업들이 망하는 주된 이유는
무엇 때문인가요

경제신문에서 최근 한 달 동안 새로 신설된 법인을 살피던 명 대리는 '누구나 회사를 만들 때는 망한다는 생각을 전혀 하지 않겠지만, 이렇게 많은 회사들이 새로 생겼다면 망한 회사들도 많겠지?' 라는 생각을 했다.
우리나라 기업들이 문을 닫을 수밖에 없는 이유는 무엇일까?

우리나라 기업들이 도산하는 원인과 그에 따른 유형을 살펴보면 다음과 같이 분류할 수 있다.

첫째, 모회사나 거래기업이 도산하면 자회사나 하청업체 등이 연쇄적으로 도산하는 연쇄도산형으로서 특히 우리나라 중소기업에서 특징적으로 나타나는 유형이다. 이는 거래대금의 결제방식이 대부분 외상이거나 어음결제인 경우가 많아 생기는 현상으로서, 상대 회사가 도산하면 채권을 회수하지 못해 함께 도산하게 되는 것이다.

둘째, 자본부족형으로서 자기자본의 부족으로 은행이나 사채 등 타인자본에 지나치게 의존하는 등 만성적인 자금부족을 겪다가 결국은 도산하는 경우이다. 과다한 차입금과 방만한 자금관리가 직접적인 원인이다.

셋째, 무리하게 사업을 확장하거나 시설투자 또는 다른 기업을 인수·합병하면서 동반 부실화해 도산하는 확장붕괴형으로서 우리나라 대기업 부실의 대부분을 차지한다.

넷째, 방만경영형으로서 비합리적인 경영(비효율적인 생산과 판매부진 및 재고과다에 따른 덤핑 등)과 이에 따른 과다한 경비지출 등이 도산의 직접적인 원인이 되는 경우이다.

이외에도 경쟁기업의 출현이나 소비자의 수요변화 등 경영환경의 변화를 제대로 파악하지 못하고 이에 대응하지 못함으로써 도산하는 경우를 들 수 있다.

329
KeyWord_
연쇄도산형, 자본부족형, 확장붕괴형, 방만경영형

70

부실기업 재무제표에는 어떤 공통된 특징이 있나요

기업들이 문을 닫는 주된 이유가 대부분 재무적인 이유 때문이라는 점을 알게된 명 대리, '그렇다면 부실의 징후를 재무제표를 통해 미리 알 수 있지 않을까?' 라는 생각이 든다. 부실기업의 재무적 징후는 재무제표에 구체적으로 어떻게 나타날까?

부실기업의 재무제표를 보면 다음과 같은 몇 가지 특징을 엿볼 수 있다. 따라서 이 점만 유심히 체크해도 기업의 부실화 가능성을 사전에 미리 탐지할 수 있다.

우선 재무상태표를 보면 현금및현금성자산이나 단기금융상품 같은 회사의 유동성이 급격하게 감소하는 것을 볼 수 있다. 이는 회사의 자금사정이 좋지 않다는 증거로서 자금사정 여부는 매출채권과 재고자산을 들여다보면 좀 더 확실하게 알 수 있다. 만약 매출채권과 재고자산이 작년보다 급격하게 늘어난다면 이는 일단 위험한 징후이다.

또한 비유동자산에 대한 투자가 과다하게 이루어짐으로써 금융비용부담이 더욱 가중되는데, 이때 차입조건이나 금리 면에서 불리한 신규차입이 증가하면 회사의 수익성을 악화시키게 된다.

손익계산서에서는 매출액이 지속적으로 감소하고 영업이익도 줄어드는 것을 확인할 수 있다. 게다가 이자비용이 급격하게 증가하면서 수익성이 저하되어 매출이익률이 현저하게 감소하는데, 어떤 회사는 영업이익이 이자비용에도 못미치는 경우도 있다. 그리고 연속적자로 결손누적이 심화되고 경우에 따라서는 자본금이 잠식되기도 한다.

한편 현금흐름표에서는 현금및현금성자산의 잔액이 감소하는데 특히 영업활동으로 인한 현금흐름이 급격하게 감소한다. 그리고 이를 커버하기 위해 재무활동에 의한 현금흐름이 증가하고 단기부채를 조달해서 장기부채를 상환하는 사례가 잦으며, 매출이 감소함에 따라 자산 규모가 매출액보다 더 많은 상황, 즉 총자산회전율이 1배 미만인 경우도 있다.

그밖에 계열회사를 비롯한 특수관계자에 대한 거액의 자금대여가 빈번하게 발생한다든지, 대표이사에 대한 가지급금이나 가수금이 빈번하게 발생하는 것도 좋지 않은 징조이다. 또한 거액의 개발비가 자산으로 잡힌 경우에도 부실을 숨기기 위한 것일 수 있다는 점을 염두에 두어야 한다.

☑ **가지급금**

회사가 대표이사나 임직원 등 특수관계자에게 업무와 관계없이 회사자금을 제공한 것을 말한다. 가지급금에 대해서는 세무상 인정이자를 계산해 법인의 소득금액에 합산하고 동시에 당해 임직원에게 상여처분해서 갑근세를 부과한다.

☑ **가수금**

회사가 대표이사나 임직원 등 특수관계자에게서 업무와 관계없이 제공받은 자금을 말한다.

☑ **개발비**

신제품이나 신기술의 개발을 위한 비용은 그 지출에 따른 효익이 미래에 걸쳐 나타나기 때문에 이를 모두 발생시점에서 비용으로 처리하지 않고 일단 무형자산인 개발비로 계상했다가 일정 기간(20년) 이내에 비용(무형자산상각비)으로 배분해야 한다. 그러나 경상개발비와 연구비는 전액 당기에 비용으로 처리해야 한다.

KeyWord_
부실기업, 가지급금, 가수금

부도징후를 미리 알아내는 방법은 없나요

71

기업부실의 징후는 재무제표에 미리 나타난다는 점을 알게 된 명 대리, 이 번에는 기업부실의 최대 피해자가 될 수 있는 채권금융기관의 경우 어떤 방 법으로 기업의 재무적 부실을 미리 진단하는지 궁금하다.

☑ 외부감사 대상기업

직전 사업년도말의 자산총액이 120억원 이상인 주식회사(자산총액이 70억원 이상인 회사로서 부채총액이 70억원 이상이거나 종업원수가 300명 이상인 회사를 포함)와 주권상장법인(해당 사업년도 또는 다음 사업년도에 상장 예정인 회사 포함)은 '주식회사의 외부감사에 관한 법률'에 따라 회사가 작성한 재무제표에 대해 반드시 공인회계사의 외부감사를 받아야 한다.

금융기관 등에서 대출업체의 원리금 지불능력이나 경쟁업체와의 비교평가를 통해 신용위험을 분석하는 것을 신용분석이라고 한다.

국내 은행의 기업 신용평가시스템은 대부분 재무비율·현금흐름 등 재무적 요소에 대한 계량평가와 사업성·경영능력 등 비재무적 요소에 대한 비계량평가를 병행하는 형태로 구축되어 있다. 계량평가(재무평가)와 비계량평가(비재무평가)의 가중치는 외부감사 여부 등 재무제표에 대한 신뢰도에 따라 은행마다 달리 적용되고 있으며, 일반적으로 외부감사 대상기업의 경우 60 : 40,

외부감사 대상이 아닌 기업의 경우 동일한 가중치(50%)를 적용해 종합평점을 산출한 후 이에 해당하는 신용등급을 부여하고 있다.

또한 일부 은행의 경우 재무자료의 신뢰도가 떨어지는 외부감사 대상이 아닌 기업에 대해서는 신용등급 상한선(10등급 체계의 경우 3등급)을 설정해 운용하고 있다.

계량평가(재무평가)의 경우 대부분의 은행이 평가부문을 수익성·안정성·활동성·성장성 및 생산성 등으로 분류하고, 부문별 평가지표에 가중치를 감안해 평점을 산출하는 종합평점방식을 채택하고 있다. 그러나 일부 은행의 경우 종합평점을 산출하지 않고 현금흐름 등을 이용한 부도예측모형에 의해 직접 부도확률을 산정하고 이에 해당하는 신용등급을 부여하는 부도확률 추정방식을 채택하기도 한다.

그리고 비계량평가(비재무평가)의 경우에는 평가항목을 사업성·경쟁력·경영능력·신뢰성 등으로 분류하고, 부문별 평가항목에 따라 평가자가 주관적으로 평가한다.

한편 기업부실의 초기단계는 기업의 총수익이 총비용에 미달하는 경우, 기업의 투하자본수익률이 자금코스트보다 낮은 경우, 기업의 투하자본수익률이 동종 업종의 평균수익률보다 낮은 경우 등 경제적 부실의 단계로부터 시작된다. 그리고 장부상 자산은 여전히 부채를 초과하는 상태이지만 일시적인 자금부족 때

KeyWord_
신용분석, 계량평가, 비계량평가,
기업부실의 주요 징후

업체명 :
결산년도 :

평가요소		평가항목	배점 (가중치)	평점등급					평점
				A급	B급	C급	D급	E급	
재무항목 (양적요소)	안정성	자기자본비율	6	6	4.8	3.6	2.4	1.2	
		비유동장기적합률	4	4	3.2	2.4	1.6	0.8	
		당좌비율	4	4	3.2	2.4	1.6	0.8	
		차입금의존도	5	5	4	3	2	1	
	수익성	총자산이익률	7	7	5.6	4.2	2.8	1.4	
		매출액영업이익률	6	6	4.8	3.6	2.4	1.2	
		금융비용/매출액	5	5	4	3	2	1	
	활동성	총자산회전율	4	4	3.2	2.4	1.6	0.8	
		영업자산회전율	4	4	3.2	2.4	1.6	0.8	
	생산성	총자본투자효율	4	4	3.2	2.4	1.6	0.8	
		부가가치율	4	4	3.2	2.4	1.6	0.8	
	성장성	유형자산증가율	3	3	2.4	1.8	1.2	0.6	
		매출액증가율	4	4	3.2	2.4	1.6	0.8	
재무항목 평점 소계			60						
비재무항목 (질적요소)	사업성	성장전망	2	2	1.6	1.2	0.8	0.4	
		수익전망	2	2	1.6	1.2	0.8	0.4	
		시장성	5	5	4	3	2	1	
		미래현금흐름	2	2	1.6	1.2	0.8	0.4	
		업종 유망성	2	2	1.6	1.2	0.8	0.4	
	경쟁력	인력개발	2	2	1.6	1.2	0.8	0.4	
		기술개발 및 품질혁신	4	4	3.2	2.4	1.6	0.8	
		정보화 기반	1	1	0.8	0.6	0.4	0.2	
		가격 경쟁력	2	2	1.6	1.2	0.8	0.4	
		국제 경쟁력	2	2	1.6	1.2	0.8	0.4	
	경영능력	경영자의 경영능력	4	4	3.2	2.4	1.6	0.8	
		노사관계	2	2	1.6	1.2	0.8	0.4	
		근로조건 및 복지수준	1	1	0.8	0.6	0.4	0.2	
	신뢰성	은행거래 신뢰도	3	3	2.4	1.8	1.2	0.6	
		세평	2	2	1.6	1.2	0.8	0.4	
	기타	업력	2	2	1.6	1.2	0.8	0.4	
		규모	2	2	1.6	1.2	0.8	0.4	
비재무항목 평점 소계			40						
신용평점			100						

문에 만기도래된 채무를 상환할 수 없는 일시적 지급불능의 단계를 거친 후, 마지막으로 만성적인 결손누적에 의해 부채가 자산을 초과해 순자산가치가 마이너스인 완전자본잠식 상태에서 만기도래된 채무를 상환하지 못하는 실질적 지급불능의 단계에 이른다.

기업부실의 마지막 단계는 파산으로서 법원의 파산선고에 의해 법률적인 도산을 맞게 되는데, 만약 법정관리 신청이 기각되면 즉시 파산절차에 들어가 보유자산을 청산하게 된다.

따라서 회사의 자금관리와 이에 대한 체크가 매우 중요한데 매출액의 지속적인 감소, 외상매출대금의 회수지연, 매입채무 지불기간의 단축, 재고의 증가, 설비투자금액 증가 등은 모두 기업부실의 주요 징후라고 있다. 또한 인건비나 판매비와관리비 등 각종 경비의 증가 및 대손의 발생, 선급금과 대여금, 계열사에 대한 투자 및 대여액의 증가 등 불필요한 임시지출의 증가액도 주의를 요하는 항목이다.

▶▶ 기업부실의 진행과정

(1단계)
비효율적인 경영
(부실요인 및 징후)
- 경영자의 경험 · 지식 · 능력 부족
- 환경변화에 대한 대응 능력 부족
- 불합리한 의사결정체계(독단적)
(관련 재무비율)
- 활동성 검토
• 총자산회전율
• 자기자본회전율
• 매출채권회전율
• 매출채권회수기간
• 재고자산회전율
• 재고자산회전기간
(2단계)
매출부진
- 재고누적
- 공장가동률 저하
- 과당경쟁으로 인한 출혈판매
- 성장성 검토
• 매출액증가율
• 총자산증가율
(3단계)
수익성 저하
- 수익성 저하, 적자시현, 적자누적, 내부자금 감소
- 투자를 위한 유보자금 감소
- 장기적 경영 불가능
- 수익성 검토
• 매출액이익률
• 주당이익(EPS)
• 총자산이익률(ROA)
• 자기자본이익률(ROE)
(4단계)
운전자금 부족
- 외부차입 증가
- 금융비용, 이자비용 증가
- 영업자본 검토
• 매출채권회전율
• 매출채권회수기간
(5단계)
자금조달능력 부족
- 자산 매각
- 악성사채 유입
- 고금리 단기자금에 의존
- 투자재원 부족
- 지불능력 검토
• 유동비율
• 당좌비율
• 부채비율
• 자기자본비율
• 이자보상비율
• 비유동장기적합률
(6단계)
도산(부실)
- 부도발생, 지급불능
- 파산

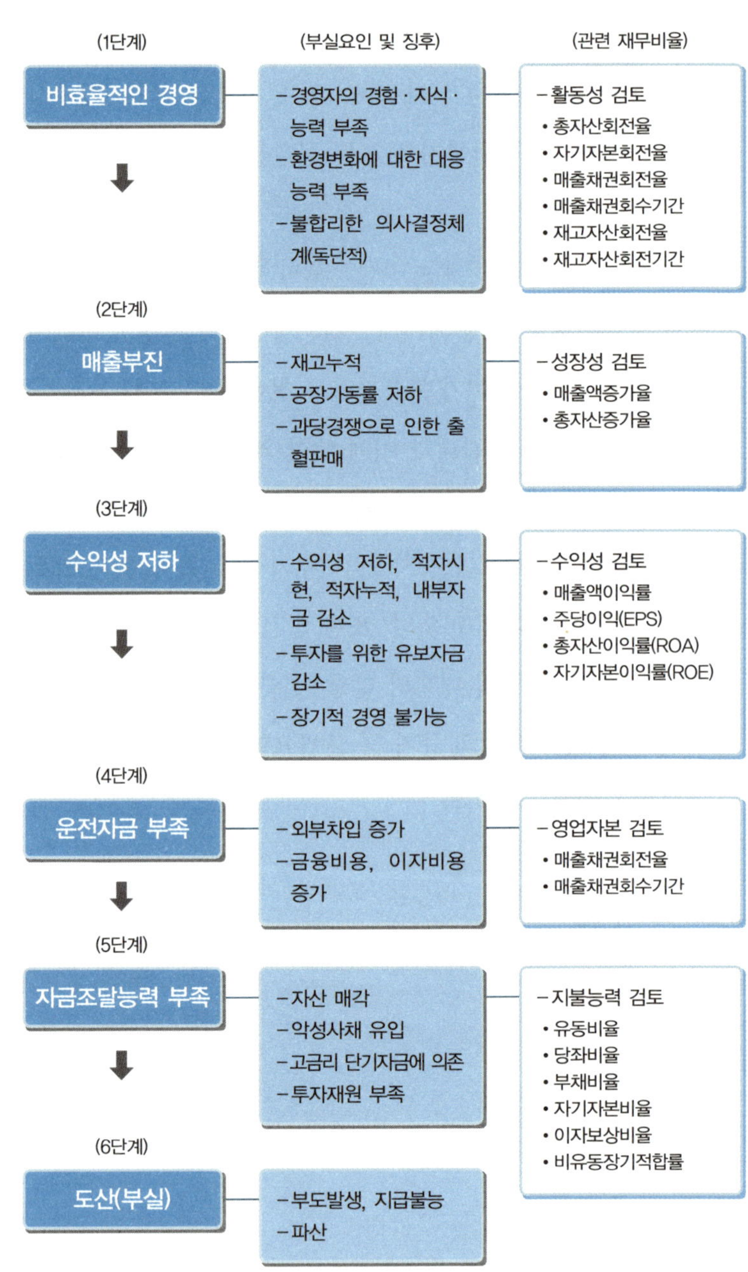

재무상태표

당기(12기) 20XX년 12월 31일 현재
전기(11기) 20XX년 12월 31일 현재

(주)한경전자

(단위 : 백만원)

과목	당기(12기)	전기(11기)	과목	당기(12기)	전기(11기)
Ⅰ. 유동자산	366,724	324,919	Ⅰ. 유동부채	261,943	247,325
(1) 당좌자산	235,203	212,383	1. 매입채무	83,641	56,744
1. 현금및현금성자산	7,830	12,457	2. 단기차입금	152,360	167,240
2. 단기금융상품	52,327	46,575	3. 미지급법인세	12,450	11,639
3. 매출채권	174,625	152,831	4. 선수금	4,724	2,914
4. 단기대여금	237	362	5. 예수금	6,852	7,362
5. 미수수익	95	72	6. 기타 유동부채	1,916	1,426
6. 선급금	37	54			
7. 선급비용	52	32	Ⅱ. 비유동부채	122,567	125,629
(2) 재고자산	131,521	112,536	1. 장기차입금	94,273	76,561
1. 상품	24,321	17,264	2. 퇴직급여충당부채	21,468	19,247
2. 제품	58,398	52,586	3. 기타 비유동부채	6,826	29,821
3. 원재료	12,529	15,362			
4. 재공품	36,273	27,324	부채 총계	384,510	372,954
Ⅱ. 비유동자산	337,618	346,309	Ⅰ. 자본금	50,000	50,000
(1) 투자자산	104,720	127,859			
1. 장기금융상품	88,240	115,019	Ⅱ. 자본잉여금	31,625	31,625
2. 매도가능증권	12,880	9,240	1. 주식발행초과금	29,547	29,547
3. 장기대여금	3,600	3,600	2. 기타자본잉여금	2,078	2,078
(2) 유형자산	224,632	209,365			
1. 토지	120,416	104,212	Ⅲ. 이익잉여금	235,012	215,001
2. 건물	42,512	37,365	1. 법정적립금	19,271	17,771
3. 기계장치	39,249	28,321	2. 임의적립금	173,469	162,142
4. 비품	6,837	7,625	3. 미처분이익잉여금	42,272	35,088
5. 차량운반구	11,256	24,321			
6. 기타	4,362	7,521	Ⅳ. 기타포괄손익누계액	6,410	4,863
(3) 무형자산	3,126	3,945	1. 매도가능증권평가이익	6,410	4,863
1. 산업재산권	1,427	1,826			
2. 개발비	1,699	2,119	Ⅴ. 자본조정	(3,215)	(3,215)
(4) 기타비유동자산	5,140	5,140	1. 자기주식	(3,215)	(3,215)
1. 보증금	5,140	5,140			
			자본 총계	319,832	298,274
자산 총계	704,342	671,228	부채 및 자본 총계	704,342	671,228

∗ 절취하신 후 본문에서 (주)한경전자의 재무비율과 투자지표를 계산할 때 참조하시기 바랍니다.

손익계산서

당기(12기) 20XX년 1월 1일부터 20XX년 12월 31일까지
전기(11기) 20XX년 1월 1일부터 20XX년 12월 31일까지

(주)한경전자 (단위 : 백만원)

과목	당기(12기)	전기(11기)
Ⅰ. 매출액	856,425	832,519
(1) 상품매출액	232,060	224,172
(2) 제품매출액	624,365	608,347
Ⅱ. 매출원가	619,273	626,842
(1) 상품매출원가	117,998	109,275
1. 기초상품재고액	17,264	22,365
2. 당기상품매입액	125,055	104,174
3. 기말상품재고액	24,321	17,264
(2) 제품매출원가	501,275	517,567
1. 기초제품재고액	52,586	49,276
2. 당기제품제조원가	507,087	520,877
3. 기말제품재고액	58,398	52,586
Ⅲ. 매출총이익	237,152	205,677
Ⅳ. 판매비와관리비	151,790	130,454
1. 급여	39,326	36,753
2. 퇴직급여	7,619	6,214
3. 복리후생비	6,324	2,149
4. 임차료	2,415	2,242
5. 접대비	915	849
6. 감가상각비	3,218	3,326
7. 무형자산상각비	819	725
8. 세금과공과	3,624	3,213
9. 광고선전비	24,386	18,472
10. 대손상각비	47	68
11. 차량유지비	1,024	748
12. 판매수수료	2,436	1,249
13. 수선비	4,128	2,427
14. 교육훈련비	3,241	2,736
15. 여비교통비	2,109	1,927
16. 운반비	14,326	925
17. 보험료	1,432	1,527
18. 통신비	928	463
19. 수도광열비	2,514	2,348
20. 견본비	3,215	1,292
21. 소모품비	10,426	11,274
22. 지급수수료	17,025	29,344
23. 도서인쇄비	293	183
Ⅴ. 영업이익	85,362	75,223
Ⅵ. 영업외수익	18,264	5,342
1. 이자수익	7,319	3,217
2. 배당금수익	842	421
3. 유형자산처분이익	6,274	319
4. 외환차익	2,456	521
5. 외화환산이익	1,246	642
6. 기타 영업외수익	127	222
Ⅶ. 영업외비용	54,230	46,311
1. 이자비용	15,084	14,921
2. 외환차손	1,402	−
3. 외화환산손실	3,126	15,830
4. 기부금	1,736	1,492
5. 유형자산처분손실	4,253	−
6. 기타 영업외비용	28,629	14,068
Ⅷ. 법인세비용차감전순이익	49,396	34,254
Ⅸ. 법인세비용	14,385	9,247
Ⅹ. 당기순이익	35,011	25,007
Ⅺ. 주당이익	3,500원	2,500원

<h2 style="text-align:center">제조원가명세서</h2>

당기(12기) 20XX년 1월 1일부터 20XX년 12월 31일까지

(주)한경전자   (단위 : 백만원)

과목	금액	
Ⅰ. 원재료비		302,274
Ⅱ. 노무비		54,325
1. 급여 및 임금	51,483	
2. 퇴직급여	2,842	
Ⅲ. 제조경비		159,437
1. 전력비	5,372	
2. 차량유지비	3,246	
3. 감가상각비	22,372	
4. 수선비	7,236	
5. 가스수도비	2,363	
6. 임차료	352	
7. 보험료	1,537	
8. 복리후생비	4,924	
9. 세금과공과	1,638	
10. 외주가공비	50,487	
11. 기타	59,910	
Ⅳ. 당기 총제조비용		516,036
Ⅴ. 기초 재공품재고액		27,324*
Ⅵ. 기말 재공품재고액		(36,273)*
Ⅶ. 당기 제품제조원가		507,087*

* 기초 및 기말 재공품은 재무상태표의 수치와 일치하고 당기 제품제조원가는 손익계산서의 수치와 일치한다.

<h2 style="text-align:center">이익잉여금처분계산서</h2>

제12(당)기 20XX년 1월 1일부터   제11(전)기 20XX년 1월 1일부터
              20XX년 12월 31일까지   20XX년 12월 31일까지
처분확정일 20XX년 3월 30일   처분확정일 20XX년 3월 23일

(주)한경전자   (단위 : 백만원)

과목	제12(당)기		제11(전)기	
	금액		금액	
Ⅰ. 미처분이익잉여금		42,272		35,088
1. 전기이월미처분이익잉여금	7,261		10,081	
2. 당기순이익	35,011		25,007	
Ⅱ. 이익잉여금처분액		25,624		27,827
1. 이익준비금	624		1,500	
2. 배당금(주석17)	5,000		15,000	
가. 현금배당(주당배당금(율))				
당기 : 500원 (10%)				
전기 : 1,500원 (30%)				
3. 임의적립금	20,000		11,327	
Ⅲ. 차기이월미처분이익잉여금		16,648		7,261

자본변동표

20XX년 1월 1일부터 20XX년 12월 31일까지

(주)한경전자   (단위 : 억원)

구분	자본금	자본잉여금	자본조정	기타포괄손익누계액	이익잉여금	총계
20XX.12.31.(11기말)	500	316	(32)	48	2,150	2,982
연차배당					(150)	(150)
처분후이익잉여금					2,000	2,832
유상증자(감자)					–	–
(12기)당기순이익(손실)					350	350
자기주식 취득					–	–
매도가능증권평가이익				16	–	16
20XX.12.31.(12기말)	500	316	(32)	64	2,350	3,198

현금흐름표

20XX년 1월 1일부터 20XX년 12월 31일까지

(주)한경전자   (단위 : 억원)

과목	금액	
I. 영업활동으로 인한 현금흐름		256
1. 당기순이익	350	
2. 현금유출이 없는 비용 가산		
(1) 감가상각비	255	
(2) 기타	63	
3. 현금유입이 없는 수익 차감		
(1) 외환차익	(24)	
(2) 외화환산이익	(12)	
(3) 기타	(93)	
4. 영업활동으로 인한 자산 · 부채의 변동		
(1) 매출채권의 증가	(218)	
(2) 재고자산의 증가	(190)	
(3) 매입채무의 증가	269	
(4) 기타	(144)	
II. 투자활동으로 인한 현금흐름		(127)
1. 토지의 취득	(162)	
2. 기계장치의 취득	(109)	
3. 기타	144	
III. 재무활동으로 인한 현금흐름		(175)
1. 차입금의 상환	(42)	
2. 배당금의 지급	(150)	
3. 기타	17	
IV. 현금의 증가(감소)		(46)
V. 기초의 현금		124
VI. 기말의 현금		78